广东省本科高校心理学类专业教学指导委员会组织编写

普通高等学校"十四五"规划应用心理学类
一流本科专业建设示范教材

总顾问◎莫雷　刘鸣　　**总主编**◎何先友　刘学兰

职业与组织心理学

主　编　　王化田　　刘伟　　屈金照　　萧爱铃

编　委　　（按姓氏拼音排序）

　　　　　韩　雪（合肥工业大学）

　　　　　刘甲坤（山东青年政治学院）

　　　　　刘　伟（华东师范大学）

　　　　　秦　歌（辽宁大学）

　　　　　屈金照（西交利物浦大学）

　　　　　王化田（岭南大学）

　　　　　萧爱铃（岭南大学）

　　　　　喻宝华（香港城市大学）

　　　　　张宇轩（岭南大学）

U0641851

CHOLOGY

华中科技大学出版社
http://press.hust.edu.cn
中国·武汉

图书在版编目（CIP）数据

职业与组织心理学 / 王化田等主编. -- 武汉：华中科技大学出版社，2025.7. --（普通高等学校
"十四五"规划应用心理学类一流本科专业建设示范教材). -- ISBN 978-7-5772-2094-9

Ⅰ. C913.2；C936

中国国家版本馆CIP数据核字第202551R0U9号

职业与组织心理学
Zhiye yu Zuzhi Xinlixue

王化田　刘伟　屈金照　萧爱铃　主编

策划编辑：周晓方　周清涛　袁文娣

责任编辑：陈　孜

封面设计：廖亚萍

责任监印：曾　婷

出版发行：华中科技大学出版社（中国·武汉）　　　电话：(027) 81321913
　　　　　武汉市东湖新技术开发区华工科技园　　　邮编：430223

录　　排：华中科技大学惠友文印中心

印　　刷：武汉市洪林印务有限公司

开　　本：787mm×1092mm　1/16

印　　张：18.75

字　　数：408千字

版　　次：2025年7月第1版第1次印刷

定　　价：59.80元

编写委员会

总顾问

莫 雷　华南师范大学原副校长　文科资深教授

刘 鸣　华南师范大学原校长　国务院学科评议组召集人

总主编

何先友　广东省本科高校心理学类专业教学指导委员会主任委员　广东省心理学会理事长
　　　　华南师范大学心理学院院长　教授

刘学兰　广东省本科高校心理学类专业教学指导委员会秘书长
　　　　华南师范大学心理学院教授

副总主编

李 桦　中山大学教授

聂衍刚　广州大学教授

赵静波　南方医科大学教授

李爱梅　暨南大学教授

尚鹤睿　广州医科大学教授

委 员 （按照姓氏拼音排序）

陈彩琦	华南师范大学	田丽丽	华南师范大学
陈灿锐	广州医科大学	万崇华	广东医科大学
陈 俊	华南师范大学	王化田	岭南大学
陈启山	华南师范大学	王金辉	华南师范大学
范 方	华南师范大学	王瑞明	华南师范大学
黄喜珊	华南师范大学	王逸雯	澳门城市大学
焦 璨	深圳大学	温忠麟	华南师范大学
刘浩鑫	暨南大学	萧爱铃	岭南大学
刘 伟	华东师范大学	攸佳宁	华南师范大学
刘 勇	华南师范大学	张 波	石家庄学院
钱 捷	复旦大学	张积家	中国人民大学
秦鹏民	华南师范大学	郑剑虹	岭南师范学院
屈金照	西交利物浦大学	郑荣双	岭南师范学院
谭健烽	广东医科大学		

作 者 简 介

王化田 岭南大学心理学系研究助理教授，获荷兰埃因霍温理工大学工作与组织心理学博士学位。研究领域主要集中在组织心理学、组织行为学、职业健康和人力资源管理，包括但不限于工作场所（群体）多样性和包容性、个人主动性、工作（再）设计、工作特征、员工培训和干预等主题。曾在 *Journal of Vocational Behavior, Group & Organization Management, European Journal of Work and Organizational Psychology, Applied Psychology: Health and Well-being, Journal of Happiness Studies* 等顶尖期刊发表数篇文章。同时也是国家自然科学基金（NSFC）青年项目的获得者(PI)。

刘 伟 华东师范大学社会与管理心理学系助理教授，明园晨晖学者，并担任 *Journal of Managerial Psychology, Journal of Happiness Studies* 等期刊匿名审稿人。主要关注积极心理学相关理论在不同领域的应用，如管理学、行为经济学、智能科技等领域。研究兴趣包括个人成长、幸福感，以及主动行为。尝试从不同的角度（如心理、行为、科技等）解释和回答如何促进自我实现和个人成长。已在 *Journal of Vocational Behavior, Journal of Happiness Studies, European Journal of Work and Organizational Psychology* 等顶尖期刊发表数篇文章目前。承担国家自然科学基金（NSFC)青年 项目一项。

屈金照 西交利物浦大学助理教授，获中国人民大学人力资源管理博士学位、阿姆斯特丹自由大学管理学博士学位。研究方向包括领导力、创新和创造力、主动行为和职业成功。研究成果曾发表在《心理学报》、*Journal of Business and Psychology*、*Science of Science and Management of S.&T.* 等顶尖期刊。同时担任 *Journal of Management Studies*、《科学学与科学技术管理》等期刊匿名审稿人；美国管理学会（AOM）、中国管理研究国际学会（IACMR）的会员。曾在大型中央企业从事人力资源管理工作逾十年，深度参与组织变革、人才战略制定与企业文化重塑，具备扎实的实战经验与宏观视野。

萧爱铃 岭南大学心理学系主任，Lam Woo & Co Ltd 应用心理学讲座教授，以及和富李宗德心理咨询及辅导心理学研究中心主任。获英国利物浦大学博士学位，长期致力于心理学教育、研究与实践的发展。研究方向主要聚焦于职业健康心理学，尤其是职业压力及工作与生活平衡等方面。曾于2015—2022 年担任《国际压力管理杂志》（*International Journal of Stress Management*）（IJSM)主编，现为《职业健康心理学杂志》（*Journal of Occupational Health Psychology*）副主编，《压力与健康》（*Stress and Health*, 2017 年至今)，以及 ISJM 等国际权威期刊编辑委员会成员。学术界的影响力也得到了广泛认可，包括被斯坦福大学评为"全球前2％顶尖科学家"（自2020年起）和被 Research.com 评为"中国心理学领域最佳科学家"（自2022年起)。此外，曾于2020—2021 年荣获香港大学教育资助委员会"人文与社会科学杰出学者奖"。根据 SciVal 数据统计，其在工作与家庭冲突/工作与生活平衡和人事领域排名全球第17位。

内 容 提 要

　　本书从心理学的视角出发，聚焦于职场中的热点话题与前沿趋势，系统探讨了职业与组织心理学中的经典理论与新兴议题。全书内容涵盖从人格与价值观到 AI 与人力资源等多元主题，旨在为当今复杂多变的职场环境提供科学的解读与实用的应对方案。不同于传统教材，本书深入探讨了工作与领导孤独感、情绪劳动等现代职场中的关键问题。同时，结合中国社会背景与全球化趋势，本书提出了既具有针对性又兼具普适性的解决方案。全书注重理论与实践的紧密结合，不仅为学术研究提供了坚实的理论框架，也为企业管理者、职场人士以及高等教育阶段的学生（包括本科生与研究生）提供了清晰的学习指南。对于学生群体，本书通过深入浅出的语言表达与结构化的内容体系，从基本概念到应用案例层层递进，帮助他们掌握职业与组织心理学领域的核心知识，并为他们未来的职业发展或学术研究奠定了坚实的基础。对于职场实践者，本书提供了对复杂职场问题的深刻洞察，帮助他们提升应对管理与组织实际问题的能力。

　　通过阅读本书，读者不仅能更全面地理解工作环境中的心理现象，还能运用创新思维来应对职场挑战，最终实现个人成长与组织发展的双重目标。

总　序

　　当今社会，心理学的重要性日益凸显，其广泛应用于教育、医疗、企业管理、社会服务等诸多领域，影响着人们生活的各个方面，对推进社会进步和人类幸福发挥着越来越重要的作用。随着社会的快速发展和人们对心理健康的日益重视，对高素质心理学人才的需求呈现出快速增长之势。为了满足人才培养的需求，提升人才培养的质量，在广东省本科高校心理学类专业教学指导委员会的组织和策划下，我们编写了本套普通高等学校"十四五"规划应用心理学类一流本科专业建设示范教材。

　　习近平总书记强调，"教育是强国建设、民族复兴之基""建设教育强国，龙头是高等教育"。一流本科专业建设是高等教育改革发展的重要举措，对于提高人才培养质量、对接国家发展战略、提升国际竞争力具有重要意义。一流本科专业建设需要一流教材。本套教材对标教育部一流本科专业建设的要求，兼顾了理论深度、前沿视野与实践价值，具有科学性、前沿性和实用性等。

　　在科学性方面，教材严格遵循心理学专业的学科体系和知识逻辑，注重概念和原理的科学阐释，注重对经典研究的介绍，有助于学生掌握科学的心理学知识，形成科学的心理学观念，为学生夯实理论基础。同时，教材注重将价值引领融入知识阐述，让思政元素和学科内容自然交融，培养学生的科学精神、人文情怀和责任担当。

在前沿性方面，注重吸纳心理学领域最新研究成果，无论是认知神经科学的新发现，还是心理咨询的新方法，都融入教材内容，让学生接触到学科最前沿的知识。

在实用性方面，通过大量丰富且贴近生活的案例，引导学生将理论知识与实际应用紧密结合，提升他们解决实际问题的能力。无论是在内容还是在体例上，教材都力求做到不断创新、与时俱进。我们相信，正是在这种创新中，心理学自身也会不断进步和完善。

本套教材共分四个系列：学校心理系列、心理咨询与心理治疗系列、人力资源管理与人才测评系列、心理学基本理论与基本方法系列，涵盖了应用心理学类专业人才培养的主要方向和重要内容。本套教材汇聚了心理学领域的优秀学者，作者来自包括香港、澳门在内的十余所高校。作者们都有着扎实的专业功底和丰富的教学、实践经验，保障了教材的水平和质量。

各位作者在编写本教材的过程中付出了大量的辛勤劳动与心血，教材的出版得到了华中科技大学出版社领导及编辑的大力支持和帮助，在此一并致以敬意和谢意！由于能力与水平所限，教材中难免存在疏漏之处，敬请广大学者、专家和读者不吝批评和指正。

展望未来，心理学的发展前景广阔，对专业人才的需求也将持续增长。我们衷心希望本套教材能为心理学专业人才培养提供有力支撑，为心理学学科发展添砖加瓦，让心理学更好地服务社会、造福人类！

2025 年 1 月于广州

前　言

　　职业与组织心理学专注于工作场所的人类行为和心理研究，采用心理学理论及方法探讨工作、组织和生产效率相关的行为和心理，是心理学的重要分支。职业与组织心理学涵盖员工招聘、选拔与安置、培训与发展、工作动机、员工福祉及组织发展等关键领域。该学科与管理学、人力资源管理等学科密切相关，但各学科各自关注点却有所不同。管理学主要关注如何提高组织效率和效益；人力资源管理则注重岗位与人员的最佳匹配以及员工的绩效；而职业与组织心理学则更关注员工的动机、压力和满意度等心理因素。工作是人类生存的重要方面，而职业与组织心理学聚焦于工作场所中的人类行为与心理，因此其实践影响相当广泛。学习这一学科有助于我们理解工作行为，并应用相关知识改善工作环境和规范员工行为。

　　职业与组织心理学在当今复杂的工作环境和组织结构中发挥着关键作用。无论是对员工个人、工作团队还是对组织，深入学习职业与组织心理学都大有裨益。对员工个人而言，掌握工作场所行为背后的心理学原理，不仅有助于其制定更符合个人发展的职业生涯规划，也能帮助其处理与同事及上司间的人际关系，同时还能有效预防与工作相关的身心健康问题，从而更好地维护员工的身心健康。对工作团队而言，团队领导者通过学习职业与组织心理学的专业知识，能够促进自身领导力的提升，明确何种领导风格和行为更为有效，进而采取更为合理且有利于组织和团队成员全面发展的领导策略。这不仅有助于提高团队整体的工作效率，还能推动团队建设的进程。对组织而言，掌握职业与组织心理学的相关知识，能够助力组织制定更具针对性的人力资源战略规划，优化人力资源管理流程，从而对增强员工忠诚度、降低员工流失率和促进组织可持续发展等具有深远的意义。此外，随着经济全球化的推进，工作场所的多样性日益凸显，远程工作等新型工作形式也逐渐改变着职场环境。学习职业与组织心理学，不仅有助于组织营造健康、支持性的职场氛围，还能提升组织灵活应对未来机遇与挑战的能力。这对于企业应对全球化和市场多元化挑战、提升创新和市场竞争力至关重要。职业与组织心理学已为推动组织持续成长和维持竞争优势作出重要贡献。

中国作为世界第二大经济体，经济发展总体保持平稳，结构持续升级。以制造业为例，我国制造业增加值约占全球的30%，连续14年位居全球首位。然而，当前影响经济增长的因素愈发复杂，职业与组织心理学在企业管理和发展中的重要性日益凸显，这促使我国企业开始探索如何运用职业与组织心理学专业知识来提升组织绩效和增加员工福祉。尽管如此，职业与组织心理学在中国的关注度仍相对较低，其发展尚处于起步阶段，未来发展之路任重道远。目前，关于职业与组织心理学的大多数研究均是在西方文化背景下进行的。众所周知，文化背景对人们的价值观和行为模式具有深远影响。那么，在受儒家文化影响的东亚国家，如中国、韩国和日本等，相同的问题是否会呈现相同的表现呢？不同文化背景下的人们是否展现出价值观和行为模式的多样性呢？儒家文化赋予了东亚国家工作环境独有的特征，这些特征在很大程度上塑造了东亚国家企业的员工行为、管理风格和组织文化。在经济全球化的今天，这些跨文化问题值得我们深入思考。学习职业与组织心理学的专业知识，不仅能为企业数智化转型提供动力，还能助力国家经济长期稳定向好发展。这无疑是企业和经济实现更好更快发展的必由之路。

本书致力于引导读者深入理解工作环境中个体行为的心理学原理，并通过系统训练，使读者能够运用所学知识分析和应对实际工作挑战。此外，本书旨在激发读者对本学科的热情，为他们构筑坚实的理论框架，以便在未来的学术探索和职业发展中能够稳健前行。全书共包括14个章节，涵盖了职业与组织心理学领域内的热门研究主题：人格与价值观、工作满意度、员工参与度、心理资本、创造力、工作与领导孤独感、情绪劳动、领导力、员工缺勤与勉强出勤、组织情境中的物质主义、工作与家庭平衡、睡眠与工作、AI与人力资源和职业与组织心理学常用研究方法。

第一章"人格与价值观"详细介绍了人格的定义、相关理论以及常见的人格测量方法，以帮助读者深入理解人格的真实含义、影响人格形成的因素，以及判断个人人格类型的方法，如广受关注的MBTI人格框架和大五人格模型。此外，本章还探讨了价值观的相关内容，旨在帮助读者从人格和价值观这两个相对稳定和持久的特质出发，理解员工的心理和行为规律。

第二章"工作满意度"介绍了中国劳动者工作满意度的现状。工作满意度反映了员工对多方面工作因素的感受，既影响员工个人，又对组织管理和发展具有重要作用。本章详细探讨了工作满意度与组织情境中关键现象之间的关系，以帮助读者理解工作满意度在组织情境中的重要角色。

第三章"员工参与度"对员工参与度的定义、评估方法以及员工参与度的影响因素和后果等内容进行了详细的介绍，并结合当代中国企业发展现状，对如何结合中国特色企业文化管理员工参与度提出深刻见解。

心理资本是一种个体积极的心理状态。第四章"心理资本"详细介绍了这种积极心理状态的相关内容，帮助读者明确心理资本在组织情境中的重要性，并提供了合理管理员工心理资本的方法。

当今，创造力已成为一种核心组织能力。第五章"创造力"介绍了创造力的定义、构成要素及其在团队和组织中的作用等内容。通过回顾创造力研究领域的经典理论，梳理了影响员工创造力的各种因素及其对工作的相关影响。同时，通过理论与案例的结合，进一步帮助读者理解员工创造力。

孤独已成为一种社会流行病。第六章"工作与领导孤独感"向读者介绍了工作场所中的孤独感。本章明确了孤独感的定义，并详细区分了易与孤独感混淆的相关概念。本章内容旨在帮助读者掌握工作与领导孤独感的最新研究进展，并深入了解领导者这一特定角色在组织内的孤独感。此外，作者基于已有研究结果，建设性地提出了一些减少领导孤独感的方法。

据统计，截至2022年，第三产业就业人数占中国总就业人数的47.1%。情绪劳动在第三产业中是一种普遍现象。第七章"情绪劳动"首先概述了情绪的相关内容，随后详细介绍了情绪劳动的定义、维度、发展历史、前因后果以及未来的发展方向等内容。同时，还对如何应对情绪劳动的影响提出了建议，旨在帮助读者更好地理解和应对情绪劳动。

有效的领导力在不断变化的企业环境中对企业或组织的成败具有决定性的作用，人们已经认识到了领导力的重要性。第八章"领导力"首先定义了什么是领导力，帮助读者明确领导者和管理者之间的区别。随后介绍了有关领导力的主要理论等领导力领域的重要内容，旨在帮助个人成为有效领导者和为组织选拔有效领导者提供建议。

员工缺勤与勉强出勤是全球普遍存在的现象。社会发展与行业竞争使员工面临日益增加的压力，这对其身心健康造成了影响，进而可能引发员工缺勤与勉强出勤的问题。第九章深入探讨了员工缺勤与勉强出勤的前因后果，并结合实证研究结果讨论了改善员工出勤情况和工作表现的有效方法。希望能帮助读者全面理解员工的出勤行为，为组织管理提供有效的策略。

理想与现实之间的差距已经成为职场精英们离职的重要原因之一。第十章带领读者了解组织情境中的物质主义，从物质主义的起源与定义、物质主义的影响因素及其可能带来的影响等方面出发，加深读者对组织情境中物质主义的理解。

现实中，工作场所与非工作场所并非完全割裂，工作与家庭相互作用的观点强调了两者之间的互相影响。每个人在不同角色中需要承担来自社会和家庭的责任，因此实现工作与家庭平衡至关重要。第十一章"工作与家庭平衡"和第十二章"睡眠与工作"详细介绍了工作与非工作两个领域的交互。第十一章重点阐述了工作与家庭相互作用的几种形式及其核心理论。第十二章聚焦于工作相关问题与个人睡眠问题之间的联系，帮助读者具体理解工作-家庭的相互影响，期望读者能获得更深入的认识。

第十三章"AI与人力资源"聚焦于职业与组织心理学，关注在AI浪潮下员工和组织生产力的提升。本章不仅介绍了AI与人力资源管理相关的概念，也就AI对人力资源的冲击等问题进行了深入探讨。这不仅为一线员工合理应对AI浪潮提供了启示，也为管理者指明了未来人力资源管理的发展方向。

第十四章"职业与组织心理学常用研究方法"详细介绍了职业与组织心理学领域的方法论知识，强调了心理学作为一门科学在研究过程中的科学性。讨论了职业与组织心理学研究人员常用的研究设计，如横截面研究和纵向研究等，并对问卷调查法等在组织情境下常用的研究方法进行了详细说明。本章以通俗易懂的语言呈现了较为晦涩的理论知识，旨在帮助读者理解并将这些方法应用于实际研究中。

本书旨在为所有对职业与组织心理学感兴趣的学生、行业从业人员和科研工作者提供启示。通过阅读本书，读者不仅能深入理解职业与组织心理学的核心概念和理论发展，还能培养批判性思维，促进理论知识在实践中的应用。期待您在阅读过程中，能够不断思考、质疑和探索，真正做到学以致用。例如，运用工作与家庭平衡的相关理论，学会平衡好工作角色与家庭角色之间的关系，从而提高对工作生活和家庭生活的满意度。

本书的最终成稿凝聚了编写团队的集体智慧与专业贡献。为明确学术责任并体现创作脉络，现将各章节说明如下：

第一章作者为陈尚楠（岭南大学/中山大学）；

第二章作者为朱强东（西交利物浦大学）；

第三章作者为邵思睿（西交利物浦大学）、韩思睿（西交利物浦大学）；

第四章作者为李孔淇（香港大学）、王化田（岭南大学）、萧爱铃（岭南大学）；

第五章作者为刘盈（西交利物浦大学）；

第六章作者为林浩华（岭南大学/荷兰鹿特丹管理学院）、王琢钧（新加坡国立大学）；

第七章作者为许仝（岭南大学）、林浩华（岭南大学/荷兰鹿特丹管理学院）；

第八章作者为黄益菡（岭南大学）；

第九章作者为陈大元（华南师范大学）；

第十章作者为王荣（香港树仁大学/深圳大学）；

第十一章作者为钟幸燃（岭南大学）、王化田（岭南大学）、萧爱铃（岭南大学）；

第十二章作者为郝垒垒（华东师范大学）；

第十三章作者为王成玉（西交利物浦大学）；

第十四章作者为徐媛媛（中国人民大学）。

本书的编撰工作得到了编辑委员会的专业指导与鼎力支持。编辑委员会由本领域资深学者组成，按姓氏首字母排序，成员包括：合肥工业大学韩雪教授、山东青年政治学院刘甲坤教授、辽宁大学秦歌教授、香港城市大学喻宝华教授、岭南大学张宇轩教授。诸位委员在书籍的整体框架设计、内容科学性把关、跨文化视角审阅及关键理论实践融合等方面提供了宝贵的指导意见和严谨的学术审核，为本书作出了不可或缺的贡献。

此外，我们要特别感谢岭南大学的许仝先生和钟幸燃女士。他们作为本书的编辑助理，参与了书稿的系统整理工作，包括稿件审阅、文字校对、排版、文献梳理等，以认真细致的态度和高效的工作，确保了书稿质量的提升和按时完成。为书籍的顺利出版作出了重要贡献。

最后，我们还要衷心感谢所有编者和为本书作出贡献的所有同仁。他们的专业知识和辛勤工作确保了本书内容的准确性和实用性，为学习者提供了宝贵的知识资源。他们的努力不仅为该领域的专业发展奠定了坚实基础，也促进了知识的传播。我们对他们的付出表达最深的敬意和感激。

　　鉴于作者能力所限及完成时间紧迫，如书中存在错误和表述不当之处，恳请各位读者不吝指正。

刘伟 金照 萧爱铃

2024 年 12 月

目 录
C O N T E N T S

第一章

人格与价值观

本章目标

  学习完本章后，你应该能够：

·描述人格的定义、人格的测量方法以及人格的决定因素。

·描述MBTI人格框架与大五人格模型的关键特质，列举并对比
两者的优势和劣势。

·描述人格和具体情境对于行为预测的共同作用。

·阐述并比较Hofstede民族文化的六大价值观维度。

第一节 人格

一、人格的定义

当我们谈论人格这个概念时，并不是指一个人是否健谈，或者是否彬彬有礼。在组织心理学中，被广泛运用的人格定义是由 Gordon Allport（1921）提出的，人格（personality）是一个动态的概念，用于描述个体内部心理系统的成长和发展。同时，人格也是个体与他人互动以及对外部环境作出反应的方式的总和。因此，心理学家们可以通过个体所表现出来的能够被测量的特质，对个体人格进行描述、归纳、总结。

二、人格的测量

由于人格的动态性，学者们普遍认为人格特质的概念化和测量是具有挑战性的。这在某种程度上甚至比探究认知能力（cognitive ability）更为困难。（Hough & Oswald，2015）但是人们仍致力于探究人格的测量，是因为人格对行为的预测能力有助于管理者们判断哪种类型的应聘者最适合某份工作，同时人格的测量也能够帮助管理者们更好地预测绩效。除个人能力和技能外，人格因素是预测任务及周边绩效的重要因素。最典型的测量方法是自我报告（self-report），即个体就一系列因素进行自我评估，比如，"我会主动寻找改善生活的方法"。尽管其他人格测量方法同样有效且可靠，自我报告仍因其方便性、可行性、可解读性和信息丰富性而成为各领域最常用的人格测量方法。（Paulhus & Vazire，2007）然而，自我报告也存在许多问题，比如参与测试的人为了留下好印象，可能会倾向于在报告中隐藏真实意愿以符合社会期望。与那些为了自我认知而参加测试的人相比，如果被试知道自己的人格测试分数将被用作组织雇佣决定的重要参考时，他们对自己责任心和情绪稳定性的自我评价会提高大约 0.5 个标准差。（Birkeland et al.，2006）自我报告的另一个问题是准确性，如果求职者在测试时心情或状态欠佳，测验结果可能会不准确。（Podsakoff et al.，2003）

为了减少自我报告误差带来的影响，以更客观、全面评定被试人格（尤其是以雇佣为目的的），管理者也会采用观察者评定测量法（observer ratings），即由一位同事或另一位观察者来进行评定（他们可能了解目标对象，也可能不了解）。如果说自我报告是用于了解塑造个人行为的内部动态因素的，观察者评定测量法则是用于了解个体名声（reputation）的。名声通常是基于个体过去的表现所决定的，而过去的表现又可以很好地预测未来的表现。因此，在职场中，用于评定名声的观察者评定测量法在预测工作表现方面有更好的效果。（Oh et al., 2011）其实，每种方法都有其可取之处，都能从独特的角度帮助我们了解人格及预测个体行为。大量研究表明，将自我报告和观察者评定测量法这两种方法结合起来，可以更准确地预测工作表现。因此，当管理者作出重要的雇佣决策时，应当同时采用这两种方法。

三、人格的决定因素

在心理学研究中，有关"先天与后天"（nature versus nurture）的争论从未停止。一个人的人格究竟是先天遗传因素决定的，还是后天环境因素影响形成的？显然，我们不能将先天遗传因素或者后天环境因素视为唯一的决定因素，因为人格是先天遗传因素和后天环境因素共同作用的结果。在组织心理学中，我们重点关注的并非人格的形成过程，而是哪一类人格会通过什么样的方式去影响个体的工作表现。然而，我们仍需要从遗传学的视角去解析人格，是因为大量研究表明遗传因素的决定性作用大于环境因素。

遗传（heredity）是指在胚胎阶段就已决定的因素。体型、相貌、性别、秉性、肌肉的组成和反射、精力水平以及生物规律等特点，全部或大部分受到出身的影响，即受到亲生父母在生物、生理、内在心理构成方面的影响。（Anastasi, 1958）遗传学的观点认为，染色体上基因的分子结构可以完全解释个体的人格特质。（Bouchard & McGue, 2003）

来自世界各地的研究者曾就成千上万对刚出生就分离并在不同家庭中被抚养长大的同卵双胞胎展开研究。（Ilies et al., 2006）如果遗传对人格的影响作用很小，那么，在这些分开成长的双胞胎身上不应或将难以发现相似性。然而，研究结果表明，双胞胎之间的人格相似性50%是由基因决定的，而在职业和兴趣爱好方面则有30%的相似性受基因的影响。例如，一对双胞胎彼此分离了39年，在相距72千米的两地分别被抚养长大。研究者发现他们驾驶的汽车型号和颜色完全相同，抽同一品牌的香烟，给自己的宠物起相同的名字，并且常常去距离各自2000千米以外的地方度假。

值得注意的是，这些有关双胞胎的研究结果表明，父母所提供的生活环境对人格的发展并没有太大影响。与共同成长的兄弟姐妹相比，在不同家庭长大的同卵双胞胎的人格更具有相似性。也就是说，父母对我们人格的最重要贡献就是给予了我们他们的基因。

随着我们年龄的增长，人格将逐渐成形，并在25岁左右达到稳定水平。(Bleidorn et al., 2022) 尽管人格在一生中相对稳定，但是也有充分的证据表明人格是可塑的。例如，一个人想改变自己的个性，培养完全不同的个性是很困难的，但微小的改变是可能的。(Jackson & Wright, 2024) 除了这种刻意的人格变化，还有自然发生的人格变化，比如经历痛苦和创伤性事件后的创伤后成长（post-traumatic growth），也被定义为积极、正向的人格变化。(Blackie & Hudson, 2022)

早期的研究者们曾试图识别和分类那些能够描述个体行为的持久特征，包括害羞、进取、顺从、懒惰、忠诚、胆小。当一个人在多种情境中展现这些特点时，我们称这些特点为此人的人格特质（personality traits）。(Buss, 1989)随着时间的推移，这些特点不仅不会轻易改变，而且会在不同的情境下出现得愈发频繁。换言之，这些特质的一贯性愈发明显，在描述个体时也就越重要。

早期的研究者们通常是列举一长串难以概括的主要人格特质以供识别和分类，并且为组织决策者提供的实践指导很有限。但是亦有两个例外，即迈尔斯-布里格斯类型指标和大五人格模型，它们是目前人格研究的主导框架。

四、 迈尔斯 - 布里格斯类型指标

迈尔斯-布里格斯类型指标（Myers-Briggs type indicator, MBTI）是运用最广泛的人格测试框架。(Kennedy & Kennedy, 2004) 这一人格测试框架涵盖100道问题，旨在了解个体在特定情境中通常会有的感觉和反应。在此框架中，个体被区分为如下类型。

（一）MBTI框架下的人格类型

1 外倾型（extraverted）/ 内倾型（introverted）（E 或 I）

外倾型和内倾型以能量来源和注意力分配来区分。外倾型的人善于社交，喜欢通过与他人的交往来获取能量。内倾型的人善于独立思考，能量来自独处与自省。

2 实感型（sensing）/ 直觉型（intuitive）（S 或 N）

实感型和直觉型以如何获得信息来区分。实感型的人倾向于关注现实世界的具体细节，注重实际，偏爱程序化和秩序化。直觉型的人倾向于关注事情的重点、抽象概念和未来的可能性，依赖无意识的处理过程。

③ 思维型（thinking）／情感型（feeling）（T或F）

思维型和情感型以如何决策来区分。思维型的人在做决策时主要依靠客观事实和理性分析。情感型的人则主要依靠情绪和价值观来做决策，更重视对人的影响。

④ 判断型（judging）／感知型（perceiving）（J或P）

判断型和感知型以如何与外界接触来区分。判断型的人喜欢计划和秩序，追求目标明确和条理清晰，更有控制感。感知型的人喜欢灵活和开放，追求可能性和变化，更顺其自然。

因此，在以上每组中选择一种类型的基础上可以组合出16种人格类型。例如，ESTJ型人是组织者，他们现实、理性、果断、实事求是，是从事商业和技术类工作的最佳人选。ENTP型人喜欢创新、特立独行、多才多艺，喜欢迎接挑战，但也许会疏于关注常规工作。

（二） MBTI的优势

MBTI的应用对于个人和组织都有一定益处。

（1）对于个人而言，益处体现在以下三个方面。

一是自我认知。通过了解个人的MBTI类型可以认识到个人的沟通偏好、决策风格以及压力或者动机的来源。

二是理解他人。MBTI丰富的人格类型使人们认识到求同存异的重要性，即了解不同的观点，更好地理解彼此的行为和情感，减少误会和冲突。

三是职业规划。MBTI的应用能使人们更明白自己的行为模式、喜欢的事物以及未来的职业方向，在职业发展中帮助个人找到最适合自己的位置。

（2）组织可以从MBTI的运用中得到的益处有如下三点。

一是团队建设。了解团队成员的MBTI类型后可以更有效地配对工作伙伴，以优化协作和互补。

二是领导效能。管理者可以学习如何与不同类型的员工沟通，或是如何激励员工。

三是人才管理。根据不同类型的人的学习和工作形式来进行招聘、培训和发展计划的个性化定制。

（三） MBTI的劣势

"你话这么少，一定是一个I人吧？"根据初始印象去猜测对方的MBTI人格类型，已经成为社交媒体时代人们用于破冰并迅速拉近距离的主要社交方式。然而，人格的界定真的是如此简单、直接吗？虽然MBTI在实践中得到了广泛应用，但是其作为人格测量工具的有效性却因其结构和分类并没有经过严谨的科学测试而仍存在争议。究竟是一个人倾向于做什么事情，使他的MBTI呈现出什么样的人格类型，还是由于一个人的MBTI测试结果是某一种人格类型，所以他会倾向于做什么事情呢？

MBTI的固定框架将人格视为固定不变的，按照非此即彼的方式强制性地进行分类，忽视了生活经历和时间使人格演变的可能性。有的人可能既是外倾型又是内倾型的，但这一人格测量工具目前没有中间状态。不同的人就算人格相同，对同一件事也会有不同的看法和感知，无法以偏概全。并且研究表明，MBTI的结果与工作成果（如工作绩效、工作态度和工作能力）等方面的相关性较低，且效果较差，所以把它作为员工选拔的工具可能并不合适。（Pittenger，2005；Bess & Harvey，2002；Capraro，2002；Arnau et al.，2003）

五、大五人格模型

与MBTI缺乏有力的科学支持证据不同，大量的研究与文献都支持并呼吁采用大五人格模型。

（一）五个基本人格维度

大五人格模型中有五个基本人格维度，它们是其他所有维度的基础，并包含了人格特质中最重要的变量。对这些特质的测试也较为准确地预测了人们在不同现实情境中的表现。

1 外倾性（extraversion）

外倾性描述的是个体对关系的舒适感。外倾者喜欢群居、善于社交、自信果断。内倾者腼腆内向、胆小害羞、安静内敛。

2 随和性（agreeableness）

随和性描述的是个体服从别人的倾向性。高随和性的人是乐于合作的、热情的、信赖他人的；低随和性的人是冷淡的、敌对的、不受欢迎的。

3 责任心（conscientiousness）

责任心是对可靠性的测量指标。有高度责任心的人是负责任的、有条不紊的、值得信赖的、持之以恒的。在该维度上得分低的人容易精力分散、缺乏规划性，且不可信赖。

4 情绪稳定性（emotional stability）

情绪稳定性通常用其对立面——神经质（neuroticism）进行标识，这一维度刻画的是个体承受压力的能力。情绪稳定性高的人较为平和、自信、有安全感；情绪稳定性低的人容易紧张、焦虑、失望、缺乏安全感。

5 经验开放性（openness to experience）

经验开放性是指个体对新奇事物的兴趣和热衷程度。经验开放性高的人富有创造性、对凡事充满好奇、对艺术敏感；经验开放性低的人相对保守，只对熟悉的事物感到舒适和满足。

（二）大五人格特质的体现

大量研究表明了以上五个基本人格维度与工作绩效之间的关系。一项针对美国不同职业的领导者的研究表明，外倾性和责任心是领导者较显著的人格维度。（Judge et al., 2002）即便不是领导者，对于大部分职业来说，责任心与外倾性也被证实是较为有效预测工作绩效的两个维度。（Judge et al., 2013）一项针对138项研究进行的元分析显示，责任心与GPA（平均绩点）正相关，这是因为在责任心上得分较高的个体学得更多、更认真（Poropat, 2009），所以工作方面的知识水平也更高，而较高的工作知识水平又会带来更高的工作绩效。有责任心的人不仅对学习更感兴趣，而且他们更擅长在面对消极的反馈时保持良好的表现。（Cianci et al., 2010）然而，他们并不擅长适应环境的变化，这也导致他们的创造力通常不如责任心较低或者是经验开放性更高的人，尤其是在科学和艺术方面。（Feist, 1998）

外倾者在工作与生活中更幸福，因为他们能比内倾者体验到更多的积极情感，而且他们也喜欢表达这些感觉。在需要大量人际互动的工作中，外倾者也会有更好的表现，因为他们通常拥有更好的社交技巧和更多的朋友。因此，外倾性这一维度能够相对准确地预测出谁将在团队中表现出领导力：外倾者更具社交主导性，更能"驾驭"人，比内倾者更加自信。但是，外倾者往往比内倾者更加冲动。一项研究表明，在工作面试中，外倾者比内倾者更有可能撒谎（Weiss & Feldman, 2006），且他们更有可能在工作中缺勤；生活中更容易做冒险行为，如酗酒等。

尽管责任心与工作绩效始终相关度最高，但在特定情况下，其他的大五人格特质也与工作行为相关。如图1-1所示，在大五人格特质中，情绪稳定性与生活满意度、工作满意度和低压力水平的相关度最高。因为情绪稳定性高的人在思考过程中更积极乐观，更少内耗，经历的消极情绪较少。通常，他们会比情绪不稳定和不随和的人更快乐，因为情绪不稳定的人过于警觉，与随和性低的人一样总是保持精神高度紧张，总是在寻找问题或危险临近的信号，在心理和生理上更容易受到压力的影响。（Sutin et al., 2013）同时，这一类神经质高（情绪不稳定）、随和性低和责任心低的人更容易产生犯罪行为。（Miller & Lynam, 2001）

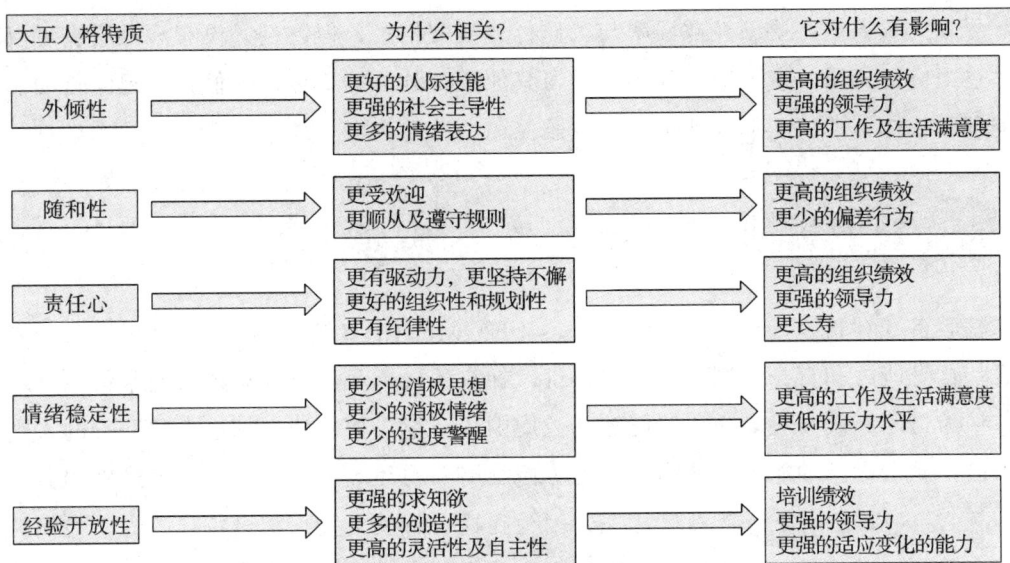

大五人格特质	为什么相关？	它对什么有影响？
外倾性	更好的人际技能 更强的社会主导性 更多的情绪表达	更高的组织绩效 更强的领导力 更高的工作及生活满意度
随和性	更受欢迎 更顺从及遵守规则	更高的组织绩效 更少的偏差行为
责任心	更有驱动力，更坚持不懈 更好的组织性和规划性 更有纪律性	更高的组织绩效 更强的领导力 更长寿
情绪稳定性	更少的消极思想 更少的消极情绪 更少的过度警醒	更高的工作及生活满意度 更低的压力水平
经验开放性	更强的求知欲 更多的创造性 更高的灵活性及自主性	培训绩效 更强的领导力 更强的适应变化的能力

图1-1　大五人格特质如何影响工作与生活

几乎在所有的跨文化研究中都发现了大五人格特质因素，包括但不限于中国、以色列、德国、日本、西班牙、尼日利亚、挪威、巴基斯坦和美国。（McCrae & Terracciano, 2005）这些发现都证实了这一研究结果，即在大五人格特质中，责任心是预测工作绩效的最佳指标。

（三）　大五人格模型的优势

与缺乏科学证据支持的MBTI框架相比，大五人格模型框架有许多优势。包括但不限于以下几点。

（1）大五人格特质是通过自然语言的统计分析确定的，与MBTI的直觉起源相比，前者有更好的科学实验基础。

（2）多项元分析结果显示大五人格模型对于预测工作等重要人生事件结果的有效性更显著。

（3）大五人格特质在跨文化的背景下仍有显著有效性，即五个基本人格维度在不同的文化中都有一致的体现，而MBTI类别可能会在不同文化中有差异化的表现。

（4）多项严谨的心理测量分析认可了大五人格模型量表是高度可靠的（reliable）和有效的（valid）人格测量方法。

六、 与工作行为相关的其他人格特质

尽管大五人格特质已经被证明与工作行为高度相关，但它们并没有涉及所有可以用来描述人格的特质。接下来，我们将学习其他更为具体的属性，它们都是组织行为强有力的预测指标，即核心自我评价、自我监控和主动性人格。

（一） 核心自我评价

核心自我评价（core self-evaluation, CSE）是一种稳定的人格特质，它包含个体对自身、自身能力和自身控制力的基本评价。拥有积极核心自我评价的人通常都很喜欢自己，认为自己高效、有能力，并能够掌控周围的环境。拥有消极核心自我评价的人则厌恶自己，质疑自己的能力，认为自己无法控制周围的环境。（Judge & Bono, 2001）

核心自我评价与工作满意度相关，因为在这一特质上呈现积极特征的人在他们的工作中会看到更多的机遇。事实上，他们也会获得更有挑战性的工作。拥有积极核心自我评价的人表现更好，因为他们有更远大的目标，且对自己的目标更加坚定，为了达到目标更加坚持不懈。一项针对人寿保险代理人的研究发现，核心自我评价是绩效的重要预测指标。这项研究表明，多数成功的销售人员的核心自我评价都是积极的。（Erez & Judge, 2001）在销售过程中，90%的电话销售都会被拒绝，因此，保险代理人必须相信自己才能够坚持下去。这样的人更受同事欢迎，能提供更好的客户服务。他们所拥有的事业不但在最初有更为良好的基础，而且随着时间推移，他们在职业生涯中发展更快。（Salvaggio et al., 2007; Scott & Judge, 2009; Judge & Hurst, 2008）如果他们认为自己的工作有意义并且对他人有帮助，他们就会表现得更加出色。（Grant & Wrzesniewski, 2010）

（二） 自我监控

自我监控（self-monitoring）指的是个体根据外部情境因素调整自己行为的能力，而高自我监控者在调整行为方面表现出很强的适应性，因为他们对环境线索十分敏感，能根据相应的情境采取相应的行动。（Gangestad & Snyder, 2000）有时候，他们在工作场所中的表现与私下的表现差别非常大。低自我监控者则无法以这种方式伪装自己，因为他们倾向于在各种情境下都表现出自己的真实性情和态度，在他们是谁以及他们要做什么之间存在高度的一致性。

研究表明，高自我监控者会比低自我监控者更密切关注别人的行动，适应能力更强。（Flynn & Ames, 2006）他们的绩效评估得分更高，更容易成为领导者，但是组织忠诚度不高。（Day et al., 2002）另外，高自我监控的管理者在工作中更为灵活应变，能得到更多的晋升机会（不论是在组织内还是跨组织），也更有可能在组织中占据核心位置。（Oh & Kilduff, 2008; Mehra et al., 2001）

（三）主动性人格

具有主动性人格（proactive personality）的人会识别机会，具有主动性，采取行动并坚持不懈，直到出现有意义的变化。换言之，他们会主动改善自身所处的环境或者创造新的环境。同时，具有主动性人格的人是很受组织欢迎的。研究表明，他们的绩效水平更高，在事业上也更成功。（Converse et al., 2012）

一项面向法国佛兰德地区231名失业员工的研究发现，主动性人格与找工作时的坚持不懈呈负相关，意指主动型的人更早放弃找工作，但这不一定是该人格的弊端。相反，这也许说明主动性本身就包括在遭遇失败时选择后退，重新考虑另一种方法。（van Hoye & Lootens, 2013）因此，主动性人格的有效性取决于具体的情境。

主动性人格在团队工作中相当重要。一项针对33家中国企业中95个研发团队的研究表明，团队中成员主动性人格的平均得分越高，团队创新水平就越高。（Chen et al., 2013）和其他人格特质一样，主动性人格也受不同情境的影响。一项针对中国各银行团队的研究发现，如果团队领导不是主动性的，那么为团队带来利益的主动性也会更低，因为团队的主动性会受到领导的限制。（Zhang et al., 2012）

第二节 人格理论

在前面的讨论中我们发现，在人格的发展过程中，先天遗传因素比后天环境因素更重要。但这并不是说环境是无关紧要的。某些人格特质，如大五人格特质，在大多数环境中都是有效的。比如，研究表明，对大多数职业来说，责任心有利于工作绩效，而外倾性可预测个人的领导力。随着对特质的深入了解，我们逐渐发现特定特质对工作行为的影响取决于具体情境，以下三个理论框架有助于解释其中的原理。

一、特质激活理论

特质激活理论（trait activation theory，TAT）是理解人格情境激活因素的重要理论框架之一。TAT预测，某些情境、事件或干预更能"激活"某种特质。（Murray，1938；Tett et al.，2021）例如，以提成或佣金为基础的薪资方案可能会激活个体在外倾性上的差异，因为与其他特质（如开放性等）相比，外倾性对奖励更为敏感。相反，在鼓励个人创造力的工作中，个体在开放性上的差异也许比在外倾性上的差异更能预测创造行为。

TAT也可以通过积极的方式体现。最近一项应用了TAT的研究发现：在同事关系不好的情况下，个体在亲社会行为（prosocial behavior）倾向上的差异，会变得更加明显。换言之，在互相支持的良好环境下，每个人都会表现出亲社会行为；但在相对疏离的环境中，则存在很大的不同。（Kim et al.，2013）由此可见，TAT更关注人格特质如何及何时会影响行为和工作绩效，并认为只有在正确的情境下，人格特质对行为的预测能力才会更强。

二、个人－环境匹配理论

有别于TAT注重个体特质和特定情境的交互作用，个人-环境匹配理论（person-environment fit theory）注重个体特质与外部环境的交互作用，即个人不仅能够影响其所处的环境，环境同时也能影响个人。（Edwards，2008）个人与环境之间的适配程度会影响个人的动机、行为以及整体身心健康状态。当个人特性与环境属性相称或相一致时，个人会有更高的效率；如若适配度不高，个人可能会无法适应环境，从而导致适应不良（maladaptation）。

在组织心理学中，研究者们认为分析组织情境中个人-环境匹配的关键在于个体是与哪个层面的环境相匹配。（Su et al.，2015）依据不同层面的环境，个人-环境匹配可以分为个人-组织匹配、个人-团队匹配、个人-工作匹配、个人-上级匹配，以及个人-职业匹配。

作为个人-环境匹配理论的延伸理论之一，个人-组织匹配理论（person-organization fit theory）是指个体的需求、目标和价值观与组织的规范、价值观和薪酬体系的匹配程度，可以用于预测员工的组织行为、组织承诺和留职意愿。（Schneider et al.，1998）从某种程度上说，组织面对的是动态变化的环境，它要求员工随时做好准备改变既定的工作任务、在不同的工作团队间轻松调动。相比员工的人格特质与具体工作

之间的适应性来说，员工的人格特质与总体组织文化之间的适应性也许更为重要。(Schneider, 1987)

个人-组织匹配理论主要讨论的是个体会受到与他们价值观相匹配的组织的吸引和遴选。当个体的人格特质与组织不匹配时，他们会离开工作岗位。(Schneider et al., 1995; Schneider et al., 1998; Arthur et al., 2006; Edwards et al., 2006) 例如，使用大五人格模型，我们可以预测，外倾性高的人在积极进取和团队取向的文化氛围中表现更好；随和性高的人在支持性而不是攻击性的组织氛围中表现更好；经验开放性高的人在强调革新而不是循规蹈矩的组织中表现更好。(Judge & Cable, 1997; Leung & Chaturvedi, 2011) 在招聘员工时遵循这些原则和规律，可以使选拔出来的新员工与组织文化更为匹配，同时，又会带来更高的员工满意度和更低的离职率。

个人-组织匹配方面的研究同样关注个人的价值观与组织文化的匹配。这二者的匹配可以预测工作满意度、组织忠诚度，同时还会降低组织的流动率。(Verquer et al., 2003; Carr et al., 2006) 有研究发现，个人-组织的匹配在集体主义国家中比在个人主义国家中更能预测人员流动率。(Ramesh & Gelfand, 2010)

三、信号理论

信号理论（signaling theory）提出，人格特质在招聘过程中可被视为一种"信号"，使雇主能够根据应聘者的人格特质来预测未来的组织行为。(Spence, 1973; Connelly et al., 2011) 例如，责任心意味着可靠性，而外倾性表明了较好的社交能力和一定的领导潜力。在招聘过程中，当求职者过往的行为记录有限时，雇主会使用人格特质作为一种便捷、有效、低成本的方式来收集求职者的信息。

信号理论将人格特质与组织需求联系起来，有助于提升人格特质对组织行为的预测效果。然而，只有当雇主能够真正观察到与人格特质相关的行为时，信号才有效。招聘方法和工作类型等因素会影响个人人格特质能否有效体现。

第三节　价值观

安乐死这一做法是对还是错？如果一个人事业心强，是好还是坏？对这些问题的回答都涉及个人的价值观。

一、 价值观的定义

价值观（values）代表了人们最基本的信念，即人们在认定事物或辨别是非时所采取的思维或行为模式。（Braithwaite & Law, 1985）这个定义包含判断的成分，反映了个体对正确与错误、好与坏、可取与不可取的看法。价值观包括内容和强度两种属性。内容属性指的是某种行为模式或存在状态是重要的；强度属性界定的是它有多重要。当我们根据强度来对一个人的价值观进行排序时，就可以得到这个人的价值系统（value system）。所有人的价值观都具有层级性，这就构成了人们的价值系统。通过对诸如自由、快乐、自尊、诚实、服从、公平等价值观按相对重要性进行排序，我们可以认识和了解这个价值观系统。

与人格相似，价值观也是相对稳定和持久的。（Rokeach & Ball-Rokeach, 1989; Bardi et al., 2009）价值观中很大一部分内容在我们童年生活中就已经形成，是从父母、教师、朋友和其他人那里获得的。当我们还是孩子的时候就被告知，某种行为或结果要么好，要么不好，没有中间状态。例如，没有人会要求你表现出一点点诚实或是一点点责任感。这种绝对的、黑白分明的价值观学习方式，直接或间接地保证了价值观的稳定性和持久性。当然，当我们对价值观质疑时，可能会带来变化。通常，质疑价值观会强化现有的价值观。也有证据表明，人格和价值观存在联系。（Roccas et al., 2002）需要强调的是，虽然人格和价值观都影响人的思维和行为模式，人格更注重与生俱来的特质或特征，而价值观则探讨行为背后更深入的动机和驱动因素。

二、 价值观的重要性及分类

价值观是了解人们的态度和动机的基础，同时，它也影响我们的知觉。我们在加入一个组织之前，早已形成了什么是应该的，什么是不应该的思维模式。这些特点都与价值观有关，其中包含对正确与否的解释，以及我们对某种行为或结果的偏爱。因此，价值观淡化了客观性与理性。价值观从总体上影响一个人的态度和行为。（Holtz & Harold, 2013）

假设你刚加入一个组织时，你认为以绩效作为报酬分配的基础是正确且合理的，以资历作为报酬分配的基础是错误的、不合理的，那么，当你发现你刚加入的组织恰恰是根据资历而非绩效进行奖励时，你会作出什么样的反应？你很可能会感到失望。这会使你对工作感到不满意，并且不愿意付出更多努力，因为"不管怎么做，都不太可能让你挣到更多的钱"。如果你的价值观与组织的报酬政策一致，你是否会有不一样的态度与行为？答案是极有可能的。

那么，我们该如何对价值观进行分类？研究者 Milton Rokeach（1973）认为，我们可以将价值观分为两类。第一种类型是终极价值观（terminal values），指的是个体愿意用一生去追求并实现的目标。具体例子有经济繁荣富强、自由、健康和幸福、世界和平。第二种类型是工具价值观（instrumental values），指的是个体更偏好的行为模式或实现终极价值观的手段。具体例子有自主权和自力更生、自律、善良、目标取向。我们每个人都既重视目的（终极价值观）又重视手段（工具价值观），两者之间的平衡很重要。当然，每个人所侧重的终极价值观和工具价值观存在差异。

三、全球化价值观

当我们试图用文化差异去解释价值观差异时，被广为引用的观点之一是荷兰心理学家 Geert Hofstede 在 20 世纪 70 年代末提出的观点。Geert Hofstede 曾针对 40 个国家 11.6 万名 IBM 员工进行调查，了解他们与工作相关的价值观。（Hofstede，1993；Hofstede & Peterson，2000；Hofstede，2001）他发现，管理者和员工在有关民族文化的六个维度上存在差异，具体内容如下。

（一）权力距离

权力距离（power distance）是指一个国家的人们对于机构和组织内权力分配不均等这一事实的接纳和认可程度。高权力距离意味着权力和财富的极度不平等以及文化对这一问题的高容忍度。这种文化体制下存在等级制度，阻碍下层民众向上层流动。低权力距离意味着社会强调平等和机会，在这种社会环境中的个体所期盼的关系是民主的、可协商的。

（二）个人主义和集体主义

个人主义（individualism）是指人们喜欢以个人为活动单位而不是作为群体成员进行活动的程度，他们认为个人权利高于一切。因此，在个人主义社会中，人们的交流会更直接。集体主义（collectivism）是指人们生活在具有严谨架构的社会中，期望得到同一群体中其他人的照顾与保护。所以，在集体主义社会中，人们的交流会更委婉。

(三) 不确定性规避

一个国家的人喜欢结构化而不是非结构化情境的程度，可以用来界定不确定性规避（uncertainty avoidance）水平。在不确定性规避程度高的国家，人们对于不确定性和模糊性的焦虑水平更高。这种文化重视法律、法规和控制，以减少不确定性。在不确定性规避程度低的国家，人们不易受模糊性和不确定性的影响，能够包容各种意见。人们不太以规则为导向，更容易采取冒险行动，愿意接受变革。

(四) 达成成就与成功的动力

达成成就与成功的动力（motivation towards achievement and success）是 Hofstede 文化架构中新增的维度。该维度得分高的社会更重视个人成就、更鼓励竞争；该维度得分低的社会更强调平等、包容、工作与生活的平衡、幸福感等。

(五) 长期取向和短期取向

长期取向和短期取向也是 Hofstede 文化架构中新增的维度，测量的是社会对传统价值观的接纳。生活在长期取向（long-term orientation）文化中的人总是想到未来，而且注重节俭、持久与传统。而短期取向（short-term orientation）的人看重的是当下，人们更容易接受变革，不把承诺视为变革的阻碍。

(六) 约束与放任

约束与放任关注的是社会满足人们欲望的程度和趋势。约束（restraint）得分高的社会倾向于抑制需求的满足并会通过社会规范对需求进行调节，而放任（indulgence）得分高的社会允许相对自由的需求满足。例如，在一个高度放任的社会中，人们可能会倾向于在奢侈品上花更多的钱，并在休闲活动方面享受更多的自由。相反，在一个高度约束的社会中，人们可能更省钱且更关注实际需求。（Hofstede，2011）

第四节　对管理者的启示

基于前面的分析，对管理者的启示主要有以下几点。

第一，尽管MBTI存在不足，但是它在工作组织中仍有一定作用。MBTI可能有助于员工的培训、自我了解、团队相互了解和开放交流，甚至减少冲突。

第二，在招聘过程中，是否选择责任心强或符合其他人格特质的求职者，取决于组织最重视的标准。其他的特质，如核心自我评价和自我监控等，在某些情境下，也有一定的关联。

第三，你需要通过综合评估员工的工作、他们所在的工作团队以及你所在的组织，来确定哪种人格最合适。

第四，在评估员工的人格特质时，要考虑到他们的情境因素，情境强度越低，就越能准确评估员工的人格特质。

第五，作为管理者，你越全面地考虑组织成员的文化差异，就越能理解员工的行为动机，并为他们营造一个良好、积极的组织氛围。

第五节　本章小结

人格在职业与组织心理学中很重要。尽管人格不能解释所有行为，但它为理解行为奠定了基础。新的理论和研究揭示了人格在某些情境下影响更大的原因，例如，大五人格特质的研究就是该领域的一大进步。此外，每种特质都可能对工作行为产生积极和消极的影响。没有任何一种人格特质组合在所有情境下都是完美无缺的。人格可以帮助你了解人们（包括你自己）为什么会有特定的行为、思考和感受。精明的管理者可以利用这一点，把员工安排到最合适的岗位；而求职者可以了解自己在应聘时可能拥有（并且应该努力展示）的优势。

了解一个人的价值观很重要，因为价值观是态度、行为和情感的基础。所以，对一个人价值体系的了解，能够让我们更深入地了解这个人。

💡 课后思考

1.请根据以下情境描述，推断索菲亚的MBTI类型。

索菲亚是一个非常热情的人，她喜欢结交新朋友并喜欢体验新事物。她经常参加社交活动，因为在聚会中她经常可以引发有趣的对话。索菲亚专注于在课堂讨论中关注具体事实，并且更喜欢实践学习而非理论概念。在作出决定时，索菲亚会考虑该方案可能会如何影响别人，并顾虑各方的情绪，权衡各方观点。虽然索菲亚喜欢为自己的一天制订一个总体计划，但如果发生意外的变化，她也非常愿意接受，因为她很灵活、随性。所以，索菲亚的MBTI人格类型是哪种？

2.请用Hofstede的六个民族文化维度来比较中国和美国之间的价值观差异。

第一章
参考资料

第二章
工作满意度

本章目标

学习完本章后，你应该能够：

· 定义工作满意度。

· 解释如何测量工作满意度。

· 总结工作满意度的原因及影响的研究成果。

· 论述提高员工工作满意度对组织的影响。

　　根据中华人民共和国人力资源和社会保障部、国家统计局以及其他相关机构的调查和研究，大多数中国劳动者对自己的工作感到满意。例如，调查数据显示，超过70%的中国受访者对自己的工作表示满意。这一数据反映了中国在经济发展和社会进步过程中，劳动力市场的变化和员工对工作环境的感受。

　　职业与组织心理学专家们的主要任务之一就是评估员工对工作的态度，特别是工作满意度。评估员工的工作满意度不仅有助于理解员工的心理状态和行为表现，还能为企业管理和决策提供科学依据，进而提升组织绩效和员工福祉。工作满意度是指员工对其工作环境、职责、薪酬、成长机会、同事关系等方面的综合评价和感受。它不仅是员工对工作的主观体验，也是反映工作和组织健康状况的重要指标。高水平的工作满意度通常与更高的工作绩效、较低的离职率、更好的心理健康和更高的组织忠诚度相关。

　　在本章中，我们首先介绍工作满意度，包括工作满意度的评估、影响工作满意度的因素及提高的方法。工作满意度与员工的动机、绩效、离职率、组织承诺、组织公正感、职业压力等多方面的组织现象密切相关。我们还将介绍组织承诺，讨论工作中的压力，包括其潜在的原因和后果。

第一节　工作满意度的定义

　　对工作满意度（job satisfaction）的研究最早可以追溯到1920年。尤其是George Elton Mayo在霍桑实验中发现了工作环境和社会因素对员工满意度和生产率的影响，这为工作满意度的研究奠定了基础。（Franke & Kaul, 1978）

　　在20世纪初至中叶这一阶段，研究主要集中在工作环境对员工态度和生产率的影响。霍桑实验是这一时期的重要研究之一，揭示了社会和心理因素在工作满意度中的作用。1943年，马斯洛提出了需求层次理论，将人类需求分为五个层次，从生理需求到自我实现需求。（Benson & Dundis, 2003）马斯洛的理论暗示了满足高层次需求（如自尊和自我实现等）对工作满意度的重要性。Frederick Herzberg提出了双因素激励理论，将影响工作满意度的因素分为保健因素（如工作条件、薪酬等）和激励因素（如成就感、认可等）。（Maidani, 1991）他认为，保健因素的缺乏会导致不满意，但并不能提升满意度；而激励因素则能够真正提高工作满意度。在20世纪后期这一阶段，研究者们开始开发综合模型，将多种因素纳入考量。例如，John和Richard等的模型将个人特质、工作环境和组织因素结合起来，全面解释工作满意度。

与工作满意度较为相似的变量有工作投入、组织承诺和工作动机。不过,工作满意度与后三者之间存在一定差异。首先,工作满意度是指员工对其工作的整体态度和情感反应,而工作投入则是指员工在工作中的积极参与程度和投入感。尽管两者有相关性,但工作投入更侧重于员工在工作中的行为表现和投入时间。其次,组织承诺是指员工对其所属组织的认同感和忠诚度。工作满意度更多关注的是员工对其具体工作角色和职责的态度,而组织承诺则涉及员工对整个组织的态度和归属感。最后,工作动机是指推动员工采取特定行为以实现工作目标的内部驱动力。虽然满意度可以影响动机,但动机更多关注的是行为的驱动因素和目标导向。

在研究工作满意度时,学者和实践者通常采用两种主要的方法,即整体法和多面法。这两种方法在测量和分析工作满意度时各有特点和优势。

整体法是指通过一个综合性的问题或指标来测量员工对其整体工作满意度的感受。这种方法简化了复杂的满意度评估过程,将员工对工作的总体感受用一个简单的评分来表示。

多面法是通过评估员工对工作中各个不同方面,譬如薪酬、工作环境、同事关系等方面,以详细考查影响工作满意度的各个因素,并提供更全面的分析。个体对不同方面的满意程度是不同的,员工有可能对薪酬和附加福利很不满,同时又对同事关系和工作环境很满意。在接下来的论述中,我们会看到多面法是中国人测量和分析工作满意度的一种典型模式。(Ironson et al.,1989)

第二节　工作满意度的评估

评估工作满意度是了解员工对其工作各方面态度和情感反应的关键步骤。准确评估工作满意度可以帮助组织识别问题、制定改进措施,从而提升员工满意度和工作绩效。通常,我们会通过询问人们对工作的感受来评估他们对工作的满意度。评估工作满意度的方法主要包括问卷调查、访谈、焦点小组和观察等。问卷调查法是评估工作满意度最常用的方法,具有标准化、结构化和便于量化分析的优点。由于问卷调查法实施起来简便,且所用的时间和精力相对比较少,所以我们大多数时候会使用问卷调查法来评估满意度。在实证研究中通常会用到工作满意度量表,工作满意度量表是评估工作压力如何影响员工的工具。(Liu et al.,2007)在量表上选择三个问题,并给每个答案打分。工作满意度的测量结果是通过计算总分得出的。示例项目:"总的来说,我不喜欢我的工作。"（这个问题需要反向计分）"总的来说，我对我的工作很满意。""总的来说，我喜欢在这里工作。"评估和判断的标准如下：1表示坚决反对，2表示强烈反对，3表示适度反对，4表示勉强支持，5表示强烈支持，6表示坚决支持。工作满意度量表的内部一致性系数为0.90。

以下为几种常见的用来评估工作满意度的工具。

一、 工作描述指数量表

工作描述指数（job descriptive index，JDI）量表是Smith等在1969年提出的一个经典的工作满意度测量工具。（Smith et al.，1969）其包括五个维度，即工作本身、薪酬、晋升机会、监督和同事关系。每个维度包含若干题目，员工根据自身感受进行评分。

使用该量表进行测量时，使用者会将各量表的分数求和后得到一个总体工作满意度分数。

该量表的每个题目通常使用Likert量表评分，员工根据自己的感受从"非常不满意"到"非常满意"进行选择。收集所有题目的评分后，可以计算出每个维度的平均分，以及整体工作满意度的平均分。定期进行JDI评估，跟踪员工满意度的变化，使用者还可以及时发现问题并采取改进措施。

大量使用JDI量表进行的研究可以帮助组织深入了解员工的工作满意度状况，识别需要改进的方面，从而制定有效的提升策略，改善员工工作体验和组织绩效。该量表的局限性在于它只有5个分量表，这可能无法涵盖人们希望研究的所有方面。

二、 明尼苏达满意度问卷

另一个被广泛运用的工作满意度量表是由Weiss等提出的明尼苏达满意度问卷（minnesota satisfaction questionnaire，MSQ）。MSQ分为长版和短版两种形式，涵盖了工作环境、工作内容、人际关系、薪酬福利等多个方面。两种形式的问卷题目都涉及了工作满意度的20个方面。长版问卷通过更多的题目，能够提供更精确和更细致的工作满意度数据，有助于识别具体问题和改进机会。由于题目数量多，可以捕捉到员工满意度的多样性和复杂性。短版问卷包括20个题目，相比长版更加简洁高效，易于快速实施。短版问卷可以更快收集和分析数据，适用于需要快速了解员工工作满意度的情境。两种形式的问卷都有描述某个方面的陈述句，要求员工表达对各方面的满意度。

经检验，明尼苏达满意度问卷通过评估工作中的20个不同方面，提供了全面的工作满意度分析。深入分析这些维度，有助于识别工作中的问题和改进机会，从而采取针对性的措施，提高员工的工作满意度和组织的整体绩效。

三、 自定义问卷

根据组织的具体需求和关注点，自定义问卷可以包含与特定工作环境、文化和员工群体相关的问题。问卷设计应尽量全面、具体，覆盖工作满意度的各个重要方面。我们可以为每个维度设计若干具体题目，每个题目应简洁明了，便于员工理解和回答。

通过定制的工作满意度问卷，组织可以全面了解员工的工作满意度状况，识别具体问题，并制定针对性的改进措施。此过程不仅有助于提高员工的工作满意度，还能提高组织整体绩效。

四、 总体工作满意度

总体工作满意度是一种综合的态度，它反映了员工对其工作和工作环境的总体感受。总体工作满意度并不是简单地等同于各方面满意度的总和。虽然各方面的满意度（如工作内容、工作环境、薪酬与福利、职业发展机会等）对总体满意度有重要影响，但总体满意度更复杂，可能受多种因素综合作用的影响。满意度问卷的每个题目反映的是一个特定的方面，因此它的总分是满意度各方面的分数之和。满意度的各方面通常和总体工作满意度有着高相关的事实证明了这一点。但是满意度的各方面不大可能对每个人来说都同样重要。不同员工可能会对不同方面的满意度赋予不同的权重。例如，对某些员工来说，薪酬与福利可能是最重要的，而对另一些员工来说，职业发展机会或工作环境可能更重要。因此，某一方面满意度的提高或下降对总体满意度的影响取决于该方面对员工的重要性。满意度的各方面之间也存在互动效应。例如，上司的支持和同事关系可能会共同影响员工对工作环境的满意度；工作内容的挑战性和成就感可能会共同影响员工对职业发展机会的满意度。这些互动效应会进一步影响总体工作满意度。个人的个性、心理状态、生活状况等因素也会影响他们对工作的总体满意度。例如，乐观的人可能在面对同样的工作条件时会有更高的总体满意度。工作地点、工作时间的灵活性等情境因素也会影响员工的整体感受。因此，满意度各方面的总和是总体工作满意度的一个近似值，它不一定能和个体的总体工作满意度完全匹配。

第三节 影响工作满意度的因素

人们对工作的喜好或厌恶受到多种因素的影响。这些因素可以分为个人因素和环境因素。理解这些因素有助于管理者改进工作环境，提高员工的工作满意度和敬业度。

一、影响工作满意度的个人因素

一些研究者认为，个人因素对工作满意度的产生十分重要。个人因素包括兴趣与爱好、价值观与目标、技能与能力、个体特征、心理状态和工作情绪。在这部分，我们将讨论可能影响人们对工作的反应和工作满意度的个人因素。

(一) 兴趣与爱好

人们倾向于从事与自己兴趣和爱好相关的工作。如果一个人的工作与他的兴趣相匹配，他更容易获得积极体验。兴趣与爱好能够激发员工的内在动机，使他们在工作中感到愉快和充实。这种内在动机通常比外在奖励更持久，对工作满意度的提升效果更显著。当工作符合个人兴趣时，员工更容易进入"心流"状态，表现出高度的专注和投入，从而提高工作效率和工作满意度。当工作内容符合个人兴趣时，员工在面对工作挑战和困难时表现出更高的心理弹性，能够更好地应对压力和挫折。员工对自己感兴趣的工作会表现出更高的忠诚度和承诺，愿意长期留在组织中。

研究表明，当个人的职业选择与其兴趣一致时，他们的工作满意度显著提高。例如，霍兰德职业兴趣理论强调职业兴趣与工作环境的匹配度对工作满意度的重要性。

企业文化中鼓励员工发展兴趣爱好、参与兴趣小组或活动，如企业内部的兴趣俱乐部、团队建设活动等，这些都能增强员工对工作的热情和提高工作满意度。

(二) 价值观与目标

价值观与目标对工作满意度有着重要且深远的影响。它们不仅影响员工对工作的态度和情感，还直接关系到员工的动力、绩效和在组织中的长期留存意愿。当员工的个人价值观与组织的核心价值观一致时，员工更容易认同组织文化，表现出更高的工作满意度和归属感。例如，一个重视社会责任感的人可能会喜欢公益性工作。如果个人价值观与组织价值观发生冲突，员工可能会感到不满和疏离，导致工作满意度下降，甚至产生离职倾向。

不同文化背景下，价值观对工作满意度的影响有所不同。例如，在集体主义文化中，团队协作和人际关系对工作满意度的影响更大，而在个人主义文化中，个人成就和独立性更为重要。

（三） 技能与能力

技能与能力对工作满意度有着显著的影响。员工的技能与能力水平直接关系到他们在工作中的表现和成就感，从而影响到他们对工作的态度和满意度。当工作内容与个人的技能与能力相匹配时，员工会感到有成就感。如果工作过于简单或过于复杂，都会导致员工不满意。

提供技能培训和发展机会，使员工能够不断提升自己的技能水平，增加工作的挑战性和乐趣，提高工作满意度。制定明确的职业发展路径和晋升机制，让员工能够根据自身能力和兴趣实现职业生涯的目标，提高工作满意度和职业承诺度。

（四） 个体特征

个体特征对工作满意度有着重要的影响。个体特征是指个体在行为、情感和认知方面的固定模式和特点，它们在一定程度上决定了个体对工作环境的适应能力、情感体验和行为表现。不同的个体特征对工作满意度有不同的影响。例如，外向的人更喜欢需要与人交流的工作，而内向的人可能更喜欢独立完成任务的工作。情绪稳定性较低的人更容易感到焦虑、紧张和不安，他们可能更难应对工作中的挑战和压力，因此他们的工作满意度水平更低。外倾性较高的人更善于与他人交往和合作，能够更好地融入团队，享受社交互动带来的快乐和满足，因此更可能拥有较高的工作满意度。责任心较高的人更倾向于努力工作、遵守规则和承担责任，他们通常表现出更高的工作绩效，从而获得更大的认可和更高的工作满意度。经验开放性较高的人更具有创造力和好奇心，他们愿意接受新鲜事物和挑战，能够更好地适应变化和创新，因此更可能获得较高的工作满意度。（Humphrey et al., 2007）

有研究表明，男性和女性在个体特征上存在一定差异，如女性倾向于关注人际关系，而男性更注重任务和目标。这些差异可能导致不同性别的个体在工作满意度上的差异。此外，年龄与工作满意度之间的关系是复杂且多方面的。初入职场的员工在职业生涯初期可能会感到不确定性和压力，导致工作满意度较低。随着适应工作环境并获取更多技能，他们的满意度可能会有所提高。中年员工通常在职业生涯的高峰期，工作经验丰富，职业发展稳定，这一阶段的工作满意度可能较高。然而，中年员工也可能面临家庭和工作之间的平衡压力，影响工作满意度。年长员工通常具有丰富的工作经验和稳定的职业发展，对工作的控制感较强，满意度可能较高。不过，健康问题或职业倦怠感可能会对这一年龄段的员工产生负面影响，从而使其工作满意度下降。

（五）心理状态

心理状态对工作满意度有着显著的影响。员工的心理状态不仅影响其工作表现和人际关系，还直接关系到他们的情绪体验和对工作的整体态度。焦虑、抑郁等心理问题会降低工作满意度，而积极的心理状态会提高工作满意度。组织应关注员工的心理健康，通过建立支持性的工作环境、提供心理健康资源和培训、鼓励员工之间的积极互动和情感支持来改善员工的心理状态。这不仅能提高员工的工作满意度，还能提升整体工作绩效和组织效能。

（六）工作情绪

对于大多数人来说，工作是生活的重要组成部分，它不仅提供了薪酬与福利，还带来了责任感、使命感和社会接触感。工作中不可避免地会产生一些情绪。工作情绪是员工在工作场所中体验到的情感和情绪状态，它们对员工的行为、态度和绩效有显著影响。工作情绪可以是正面的（如快乐、满足、兴奋等）或负面的（如压力、焦虑、愤怒等）。（Zhang et al., 2022）

情绪对工作满意度有着深远的影响。工作满意度是员工对其工作和工作环境的总体态度和感受，而情绪则是这种感受的重要组成部分。情绪对工作满意度有着显著的影响，积极情绪能够提升工作动机、改善人际关系和增强组织承诺，从而提高工作满意度。相反，消极情绪会降低工作动机、恶化工作关系和减少组织承诺，导致工作满意度下降。理解和管理情绪的影响，采取有效的情绪调节和支持策略，对提高员工的工作满意度和整体组织效能至关重要。（Reizer et al., 2019）

例如，一名五星级酒店的前台接待员每天需要面带微笑、热情友好地接待客人，即使在面对无理投诉和情绪化的客人时，也需要保持冷静和礼貌。前台接待员必须在工作中进行表层扮演（surface acting），即掩饰真实情绪，并表现出符合工作要求的情绪。这种长期的情绪劳动可能导致其情绪耗竭和心理压力增加。持续的情绪劳动容易引发情绪耗竭和产生职业倦怠感，降低工作满意度和幸福感。前台接待员在掩饰真实情绪的过程中，会感到内在的冲突和压力，长期下来会影响心理健康和总体幸福感。如果酒店提供情绪管理培训和心理支持，帮助员工掌握情绪调节技巧，这些员工可能会更好地开展情绪劳动，维持较高的工作满意度和幸福感。

再如，一名护士在工作中需要展现关怀和同情，特别是在照顾病情严重的患者时，即使护士自己感到疲惫或情绪低落，也需要表现出对患者的支持和安慰。护士需要进行深层扮演（deep acting），即调整自己的内心情感，使其与外在表现一致。这种情绪劳动要求护士真正感受到关心和同情，从而表现出一致的情感。如果护士感到情感耗竭且缺乏适当的支持，长期的情绪劳动可能导致其产生职业倦怠感和心理健康问题，降低其幸福感。如果护士能够通过深层扮演真正感受到工作带来的满足感和意义感，这种情绪劳动反而可以提高其工作满意度和增强其幸福感。同时，组织提供的支持和认可（如心理咨询、团队支持等）也可以增强护士的幸福感。

合理的情绪管理培训和心理支持可以帮助员工更好地应对情绪劳动带来的挑战，提高工作满意度和增强总体幸福感。通过这些例子可以看出，尽管情绪劳动可能带来压力和挑战，但如果能够通过适当的方式进行管理和支持，情绪劳动也可以为员工带来积极的情感体验和幸福感。关于情绪劳动的详细内容，请参见第七章。

通过积极的情绪管理，企业不仅能够提高客户满意度和忠诚度，还能塑造良好的品牌形象，更好地处理客户投诉，提高员工工作满意度和改善团队氛围，最终促进企业的长远发展。

二、 影响工作满意度的环境因素

大量的研究证据表明，环境因素与工作满意度相关。也就是说，有的员工在某些环境下会对工作很满意，而在另一些环境下会对工作不满意。因此，我们将探讨工作特征、工作环境，以及岗位、薪酬与福利对工作满意度的影响。

（一） 工作特征

工作特征指的是工作本身的内容和性质。工作多样性是指工作任务的多样化程度，即工作中包含的不同活动和技能的数量和种类。单调、重复的工作容易使员工产生厌倦感，而具有挑战性的工作可以激发员工的兴趣和获得成就感，使他们在工作中感到更有活力并能积极投入。（Fried & Ferris, 1987）

工作特征可以通过五个核心维度来描述。Hackman 和 Oldham 提出了工作特征模型（job characteristics model，JCM），该模型旨在解释工作特征如何影响员工的工作动机和工作满意度。该模型提出了五个核心工作特征，具体内容如下。

（1）技能多样性（skill variety）：工作要求使用的不同技能和才干的数量。

（2）任务重要性（task significance）：工作对他人或组织的重要性。

（3）任务完整性（task identity）：工作能否完成一个完整、可识别的成果。

（4）自主性（autonomy）：员工在工作中自主决策的自由度。

（5）反馈（feedback）：工作本身或管理者提供的有关员工表现的直接信息。

根据这五个核心工作特征，Hackman 和 Oldham(1976)提出了三个心理状态（体验意义，体验责任，了解结果），认为这些心理状态的积极体验会导致高水平的内在工作动机、工作满意度、工作绩效和低离职率。

研究结果表明，工作特征对内在动机和工作满意度有显著的正向影响。表 2-1 是五个核心工作特征与工作满意度的平均相关系数，这些数据来源于相关的实证研究和元分析。

表2-1 五个核心工作特征与工作满意度的平均相关系数

特 征	平均相关系数	对特征的描述
技能多样性	0.45	工作中需要使用多种不同技能和能力
任务重要性	0.45	员工认为自己的工作对组织、他人或社会的重要性
任务完整性	0.40	工作能否完成一个完整的、可识别的结果
自主性	0.50	员工在工作中拥有的自由度和决策权
反馈	0.50	员工从工作本身或他人那里获得的有关工作绩效的信息

大多数讨论工作特征对工作满意度影响的研究存在这样的局限性，即工作特征是通过向员工本人发放问卷来评估。但是，仅仅证明变量之间存在相关并不意味着一个变量必然导致另一个变量的变化。例如，员工可能会根据自己的情绪、记忆和当前的工作状态对工作特征进行评价，从而导致数据的不准确和不一致。

另外，一些工作特征有所变化的准实验现场研究为工作特征对工作满意度的短期影响提供了一些支持。这些研究通过在实际工作环境中有意识地调整工作特征，然后观察这些变化对工作满意度的影响，能够提供更具因果性和动态性的证据。

（二）工作环境

物理工作环境（如办公场所的舒适度、安全性等）和社会工作环境（如同事关系、团队氛围等）对工作满意度有重要影响。一个良好的工作环境可以显著提高员工的工作满意度，从而提高生产力、降低员工离职率，并提升企业的整体绩效。

1 物理工作环境

舒适的办公桌椅、合理的空间布局和良好的照明条件能让员工更专注、更高效。为员工提供现代化的工作设备和技术支持，可以减少工作中的摩擦，提高工作效率。提供舒适的休息区，让员工可以放松和休息，有助于缓解员工的工作压力。例如，咖啡机、茶水间、小型健身房等，既能满足员工的日常需求，又能增强工作幸福感。此外，整洁、安全的工作场所还可以减少员工的健康隐患，增强他们的幸福感。

例如，某企业的办公室设计被广泛认为是提高工作满意度的典范。该企业的办公室设计注重舒适和创新，提供了许多员工福利设施，一是多样化的休息区，提供不同风格的休息区，让员工可以在需要时放松和充电。二是健康设施，配备健身房、瑜伽室和健康饮品，鼓励员工保持健康的生活方式。三是创意空间，设有游戏区、思考角等创意空间，促进员工的创新和协作。这些措施显著提高了员工的工作满意度和生产力，使该企业成为许多人梦寐以求的工作场所。

2 社会工作环境

社会工作环境对员工的工作满意度有着显著的影响。社会工作环境涉及员工在工作场所中的人际关系、团队氛围、管理风格和企业文化等方面。

和谐的同事关系可以减少工作中的冲突和压力，提高员工的工作满意度；团队成员之间的支持和理解可以增强员工的工作体验和成就感；领导的认可和鼓励是员工工作满意度的重要来源；公平透明的管理制度和决策过程能够增加员工对组织的信任感和忠诚度，进而提高工作满意度；积极向上的企业文化可以增强员工的使命感和归属感。

多项实证研究显示，社会工作环境的优化可以显著提高员工的工作满意度。例如，《哈佛商业评论》的一项研究表明，领导支持和同事关系是影响工作满意度的关键因素。另外，全球职场调查显示，员工对管理风格和企业文化的满意度与他们的整体工作满意度密切相关。

社会工作环境对工作满意度的影响是多方面的。企业应注重营造良好的人际关系、支持性的管理风格和积极的企业文化，同时提供灵活的工作安排和充分的社交支持。这些措施不仅能提高员工的工作满意度，还能增强企业的凝聚力和竞争力。

(三) 岗位、薪酬与福利

岗位、薪酬与福利是影响工作满意度的关键因素。它们相互关联，共同影响着员工在工作中的整体体验和满意度。

1 岗位

多项研究表明，良好的岗位设计可以显著提高员工的工作满意度。当个人与工作岗位匹配度较高时，员工才会对工作满意；当员工感受到他们的工作对企业和社会有意义时，工作满意度往往会更高。例如，一项关于工作设计的研究指出，赋予员工更多的任务控制权和提供成长机会，可以显著提升其工作满意度。

优化岗位设计，包括丰富工作内容、明确职责、及时作出反馈和提供职业发展机会等，是提高工作满意度的关键措施。通过关注这些方面，企业可以提高员工的敬业度和工作满意度，从而实现更高的生产力和员工忠诚度。

2 薪酬与福利

说到"薪酬"，普通人的理解就是工资，HR的理解就是"工资＋福利＋激励"的统称。尽管薪酬与总体工作满意度之间有一定的关联，但它与薪酬满意度的关联更为密切。这是因为薪酬满意度具体反映了员工对其收入水平的直接感受，而总体工作满意度则受到更多其他因素的影响，如工作环境、职业发展机会、工作内容和企业文化等。薪酬满意度是总体工作满意度的一个重要组成部分，但其影响力主要体现在员工对薪酬的直接满意程度上，而非对总体工作的满意度。

这就引出了一个假设：不同工作类型的人在薪酬与福利满意度方面存在显著差异。当人们不停地工作时，赚钱更多的人不一定对自己的工作满意。不过，如果是从事相同工作的一些人，那么赚得多的人就会对工作更满意。研究显示，薪酬水平与工作满意度之间存在正相关关系，但当薪酬达到一定水平后，其边际效应递减。员工更倾向于关注整体工作环境、职业发展机会和工作与生活的平衡。华为公司每一年都会对薪酬体系作出些许调整，有些年份调整得大，有些年份调整得小。调查显示，不同行业和职业阶段的员工对薪酬与福利的满意度有明显差异。例如，Glassdoor招聘网站的一项研究发现，高科技行业员工的薪酬与福利满意度显著高于传统制造业和服务业员工的薪酬与福利满意度。

薪酬与福利是提高工作满意度的必要条件，但并非唯一条件。企业需要综合考虑多种因素，制定全面的员工工作满意度提高策略，包括优化薪酬与福利结构、确保薪酬与福利公平性，以及关注非薪酬与福利因素的改善。

第四节　提高工作满意度的方法

许多与组织相关的变量被称为工作满意或不满意的结果。有些变量对组织健康发展有着重要影响，如工作绩效、职业发展机会等。此外，一些直接影响员工幸福感的变量也能提高工作满意度，以下具体介绍几种常见的提高工作满意度的方法。

一、提升工作绩效

工作满意度与工作绩效相关，这一点显而易见。尽管工作绩效与工作满意度明显相关，但存在两种截然相反的解释。第一种解释认为工作满意度带来了工作绩效，即热爱工作的人会更加投入工作，因此取得了更好的工作绩效。第二种解释认为工作绩效带来了工作满意度，即工作绩效带来了奖励，奖励是一种激励机制，能够激发员工更加努力地工作，追求更高的绩效水平，进而提高了工作满意度。

两种解释如图2-1所示。

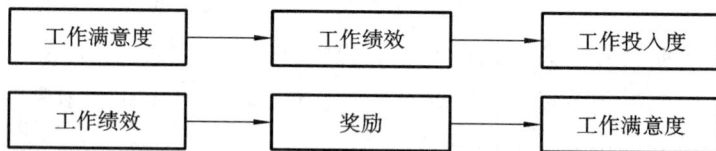

图2-1　工作满意度与工作绩效的两种解释

二、提供职业发展机会

提供职业发展机会的企业通常被员工视为更稳定和更具有前景的雇主，有利于提升员工的工作安全感和忠诚度。职业发展机会使员工能够获得成就感和认可，提高他们的工作满意度。明确的晋升路径和机会能够激励员工更加努力工作，追求更高的职业目标。

许多研究显示，职业发展机会与工作满意度之间存在显著正相关关系。提供职业

发展机会的企业，其员工的工作满意度普遍较高，且离职率较低。(Mowday et al.,
1982)

三、重视个体因素

(一) 身体健康

职业与心理学专家们一直关注的一个问题就是，对工作的不满是否会影响员工的健康和幸福感。研究表明，员工的健康状况直接影响其工作表现。健康的员工通常表现出更高的工作满意度。(Chang, 2024) 他们的精力更充沛，能更好地应对工作压力和挑战。对工作不满的员工比对工作满意的员工出现更多的生理症状，诸如失眠、不满、焦虑和抑郁等。

越来越多的企业开始实施综合的工作场所健康项目，包括健身计划、健康饮食计划和心理健康支持，旨在促进员工的整体健康和提高其工作满意度。

(二) 生活满意度

生活满意度是个体对自己生活的满意程度，它被认为是总体幸福感与情绪幸福感的指标。研究发现，生活满意度与工作满意度相关。各年龄段的员工在工作与生活平衡方面的需求不同，这也会影响他们对工作的满意度。

工作满意度和生活满意度之间相互影响。高工作满意度通常意味着较低的工作压力和更积极的情绪状态，这会积极影响个人的生活满意度。满意的工作通常带来稳定的收入和经济保障，并提高生活质量和生活满意度。同样，高生活满意度通常伴随着良好的心理健康状况，使得员工在工作中更加积极和高效。良好的家庭和生活环境可以提供情感支持，增强员工的工作动力和提高其工作满意度。因此，维持良好的工作与生活平衡能够避免工作压力对生活的负面影响，同时保证生活质量不因工作而受到过多的干扰，从而双向提高工作满意度。

研究表明，工作满意度与生活满意度相互影响、相互作用。例如，一项调查发现，工作满意度高的员工通常也表现出更高的生活满意度，反之亦然。(Meyer et al., 2002)企业应关注员工的工作与生活平衡，通过提供灵活的工作安排和良好的工作环境，帮助员工实现双重满意。

四、改善工作环境

(一) 提供安全的工作环境

企业要定期检查和维护办公设备和设施，确保它们的安全性。遵循安全法规和标准，如防火措施、紧急出口、急救设备等。提供必要的安全培训和演练，帮助员工应对潜在的安全风险。同时，要注重促进员工心理安全，营造一个开放和包容的工作氛围，让员工可以自由表达他们的意见和担忧，而不用担心报复或批评；设立心理健康支持机制，如提供心理咨询服务、员工援助计划（EAP）等。

(二) 提供舒适的工作环境

企业需要为员工提供舒适的工作环境。第一，要优化办公空间。确保办公空间的布局合理，提供足够的个人空间和私密性。提供舒适的办公设施，如符合人体工程学的办公椅和办公桌。确保良好的空气质量和温度控制，保持办公室整洁干净。第二，改善照明和噪声控制。提供充足的自然光照和高质量的人工照明，避免光线过强或过暗。采取措施减少噪声污染，如安装隔音墙、使用噪声控制设备等。第三，提供休息和放松的空间。设立舒适的休息区，提供休息室、咖啡区、游戏区等，让员工可以放松和恢复精力。提供户外空间，如花园或露台，让员工在工作间隙可以接触到大自然。

(三) 提供有激励性的工作环境

设置明确的目标和期望，及时认可和奖励，促进员工的职业发展，增强员工的参与感，提供灵活的工作安排。

五、促进工作与生活的平衡

企业要鼓励员工在工作与生活之间找到平衡，减轻工作压力。减轻工作压力对提高工作满意度有着重要的作用。工作压力过大会让员工感到疲惫、焦虑和不满，进而影响他们的工作表现和工作满意度。

减轻员工工作压力的方法有很多。企业要注意合理分配任务，确保员工的工作量适中；允许弹性工作时间或远程办公，帮助员工平衡工作与生活；为员工提供舒适、安全的工作环境，如良好的办公设施、合适的温度和照明等；提供员工辅导和心理咨询服务，帮助员工应对压力和情绪问题；鼓励员工合理安排工作时间，适当休息和娱乐，实现劳逸结合。

员工在压力较小的情况下，能够更专注和高效地完成工作任务，从而获得更多的成就感和提高其工作满意度。员工在没有过度压力的情况下，更愿意积极投入工作，展现更高的工作动机和热情，从而提高其工作满意度。减轻工作压力可以降低员工的离职意愿，增强他们对企业的忠诚度，从而减少人员流动，提高其工作满意度。

通过以上措施，企业可以有效提高员工的工作满意度。这不仅有助于提升员工的工作积极性，还能增强企业的竞争力和可持续发展能力。

第五节　本章小结

工作满意度是人们喜欢或讨厌其工作的程度（总体满意度），或是喜欢或讨厌其工作中某一方面的程度（对工作具体方面的满意度）。向员工分发问卷是测量工作满意度的常用方式。工作描述指数（JDI）量表、明尼苏达满意度问卷（MSQ）是广泛使用的工作满意度量表。

相关研究对工作满意度与一些个人因素与环境因素之间的联系进行了考查。研究发现，工作满意度与个体特征（包括年龄）、各种人格变量（如兴趣爱好、价值观与目标、技能与能力、心理状态及工作情绪）存在相关关系。研究还表明，工作满意度与工作特征、工作环境以及岗位、薪酬与福利存在相关关系。最好将工作满意度理解为工作特征与个体之间交互作用的结果。人岗不匹配与工作不满有关。研究也对工作满意度与一些员工行为间的联系进行了考查。缺乏工作满意度似乎是造成员工离职的原因之一。工作满意度还和员工健康相关的变量有关，但是未来的研究需要去探究工作满意度具体是如何影响员工健康的。

员工在工作中的积极情绪体验可能对员工和组织有积极影响，而消极情绪体验可能会带来消极影响。从事情绪劳动可能会对以客户导向的结果产生积极影响，但对员工自身却可能有消极影响，尤其是当员工伪装自身真实情绪（进行表层扮演）和对客户服务工作缺少控制感的时候。

虽然工作满意度是评估员工对其工作态度的重要指标，但它并不是反映人们工作感受的唯一变量。职业与组织心理学专家们还关注其他几个关键变量，这些变量共同影响员工的工作体验和组织绩效。这些变量相互作用，共同塑造了员工的工作体验和组织的整体绩效。因此，理解并管理这些变量对提高员工满意度和组织绩效也至关重要。

了解员工的工作满意度不仅有助于提升员工的积极性和工作表现，还能为企业带来一系列的长期优势，包括降低流失率、改善工作氛围、增强竞争力等。通过定期评估和提高员工的工作满意度，企业可以实现可持续发展。

💡 课后思考

案例分析

本案例是《中国应急管理》杂志记者付瑞平、王久平、陈欣、黄雄、罗雄鹰、徐宝德、徐涛等做的一项工作满意度调研。

国家消防救援局发布《"十四五"国家消防工作规划》实施进展情况，政府专职消防队的快速发展引起了记者的关注。

记者按照我国地理区划，选取东北地区的黑龙江省、华东地区的上海市、华中地区的湖南省、华南地区的广东省、西南地区的贵州省、西北地区的陕西省，进行了抽样调查。本次抽样调查共回收 1243 份有效问卷。根据调查问卷统计分析，发现不同岗位的人员离职意愿不尽相同。相比灭火救援、防火工作、消防宣传等岗位，驾驶员、厨师、财务等岗位人员主动流失情况较少，长期从事此项工作的意愿较高。导致政府专职消防员主动提出离职的原因主要包括：薪酬待遇低、社会认可度较低、个人发展期望较低。此外，部分政府专职消防员还存在一定的"年龄焦虑"。

从调查问卷结果来看，虽然有近一半的被调查者对当前的工资待遇不满意，但在"是否有长期从事这份工作的打算"这一问题中，仍然有 75.14% 选择了"是，不会考虑离职"；选择"不确定，可能会离职"的占比 20.92%，而其他选择"否，1年至2年内可能会离职"的仅有 3.94%。

作为相对风险较高的职业，各省在政府专职消防队伍管理办法中都对"职业保障"进行了专章明确。例如，依据《湖南省专职消防队伍管理办法》，湘潭市消防救援支队推动湘潭市政府出台了《关于做好全市消防救援队伍职业保障和社会优待工作的通知》，在职业荣誉保障、生活待遇保障、社会优待保障等方面为政府专职消防队员、消防文员争取到了行政编制消防员的同等待遇。记者在上海调研时了解到，政府专职消防员现在可以免费乘坐公共交通工具，包括地铁、公交车和磁悬浮列车，还可以免费参观一些旅游景点，如东方明珠广播电视塔等。在各级党委、政府的高度重视下，政府专职消防队伍发展呈现整体向好趋势。

这一结果充分说明，工作满意度调查可以用于改善员工的薪酬与福利。

结合以上案例，请就以下问题进行思考。

1. 你觉得可以从哪些方面提高政府专职消防员的工作满意度？

2. 如果付瑞平、王久平等记者是被政府相关部门聘请的，你觉得这项研究的结果会有所不同吗？

3. 你觉得如果政府相关部门不理会这项研究结果，会有什么样的后果？

4. 请思考一下，付瑞平、王久平等记者还能用哪些方法来测量工作满意度？

第二章
参考资料

第三章
员工参与度

本章目标

　　　　学习完本章后，你应该能够：

　　　　·定义员工参与度。

　　　　·了解员工参与度对个人的影响。

　　　　·了解影响员工参与度的因素。

　　　　·理解心理契约以及影响。

在当今中国快速发展的经济环境中，组织和员工参与度已成为影响企业绩效的重要因素。根据北京大学光华管理学院的一项研究，员工参与度直接关系到企业的生产力和创新能力。研究表明，高参与度的员工不仅工作效率更高，还能够为企业带来更多创新和竞争优势。

在全球化和信息化的推动下，中国企业的组织结构和管理模式也在不断变化。华为创始人任正非曾在一次演讲中指出，员工是企业最重要的资源，只有充分调动员工的积极性和创造力，企业才能在激烈的市场竞争中立于不败之地。这表明，高层管理者需要高度重视员工的参与度，并通过各种措施激发员工的工作热情和责任感。

然而，尽管许多企业认识到了员工参与度的重要性，但在实际操作中仍面临诸多挑战。曾有学者在其研究中提到，中国企业在提高员工参与度方面，面临着文化差异、管理模式固化以及沟通渠道不畅等问题。这些问题导致了员工对企业的认同感和归属感较低，从而影响了整体的组织绩效。

在本章中，我们首先介绍员工参与度，包括员工参与度的评估、影响员工参与度的因素及提高的方法。员工参与度与员工的动机、绩效、职业发展、心理契约、激励机制、沟通渠道等多方面的组织现象密切相关。

第一节　员工参与度的定义

在职业与组织心理学中，员工参与度（employee engagement）是一个关键概念，同时也被称为员工敬业度，其涉及员工对其工作的情感和认知上的投入程度。它不仅影响着员工个人的职业发展和心理健康，也对组织的整体绩效和成功起着至关重要的作用。

员工参与度的定义是一个不断演变的过程。Kahn将员工参与度定义为："在工作中组织成员会根据自己的工作角色来调整自己，当他们全身心投入工作时，会使用并表现出他们的体力、智慧和情感。"员工参与度的认知方面涉及员工对组织的信念、领导和工作条件的看法；员工参与度的情感方面涉及员工对这些因素的感受，以及他们对组织及其领导人的态度是积极的还是消极的；员工参与度的物理方面涉及员工在完成工作角色时投入的体力。因此，根据Kahn的说法，参与意味着员工在心理和生理上都全身心地投入，并且积极扮演组织角色。后来，员工参与度的定义又发展成了情感和智力上的承诺。（Kahn，1990）

员工参与度是一个多维度的概念。Kahn等将其简化为"对工作的热情"，这一心理状态包含三个维度——情感、认知和行为。（Kahn & Truss，1990）Kahn在讨论参与度时，抓住了这些定义中的共同核心。然而，由于存在多种不同的定义，员工参与度的认知状态变得难以界定，因为每项研究都在不同的背景下考量这一概念。此外，除非员工参与度能够被普遍接受的定义和衡量标准所指导，否则其管理效果难以保证，也无法判断改善它的努力是否真正有效。这凸显了由于定义差异所带来的可比性问题。尽管现在学者们普遍承认，员工参与度在不同国家可能有着不同的解读，但也有人认为，这些定义往往与一些更为人们所熟知的概念，如"组织承诺"（organizational commitment）和"组织公民行为"（OCB），有着相似之处。跨文化解读这些概念之间的关系显得尤为重要，因为跨文化解读可以帮助我们更好地理解员工在不同文化背景下的行为和态度，从而有效提高组织的整体绩效。

员工参与度是员工对工作的投入程度、对组织目标的承诺水平以及他们在工作中的积极性和主动性。简而言之，它反映了员工在多大程度上愿意为企业的成功而努力，并且愿意承担更多责任。它超越了简单的工作满意度，包含了员工对工作的承诺、热情和奉献程度。参与其中的员工通常更有动力、更有生产力、对工作更满意，从而提高工作绩效和组织成功率。

构成员工参与度的重要前提通常包括以下八点。

1 积极的人际关系

投入工作的员工往往与同事、主管和整个组织保持良好的关系。他们觉得自己与同事之间有联系，并重视工作的社会性。

2 明确期望

当员工清楚地了解自己的角色和职责，以及为他们设定的目标和期望时，他们会更加投入。他们知道人们对他们的期望是什么，以及他们的工作如何为组织的成功作出贡献。

3 反馈与认可

定期反馈和表彰工作出色的员工对员工的参与度非常重要。当员工感到他们的努力得到了认可时，他们就更有可能保持投入。

4 发展机遇

参与型员工通常会寻求个人和职业发展的机会。他们会积极主动地在组织内学习和成长，并能看到自己的未来。

5 自主与授权

给予员工一定程度的自主权和与工作相关的决策权，可以提高员工参与度。如果员工有主人翁感和控制感，他们就更有可能参与其中。

⑥ 价值观保持一致

当组织的价值观与员工的价值观一致时，员工的参与度就会提高。如果员工认为组织的使命和文化体现了他们的个人价值观，那么他们就更有可能参与其中。

⑦ 平衡工作与生活

员工参与度还受到工作以外因素的影响。保持工作与生活平衡、灵活安排工作时间均可以提高员工参与度。

⑧ 公平和有竞争力的薪酬与福利

公平和有竞争力的薪酬与福利虽然不是员工参与度的唯一驱动力，但也能在提高员工参与度方面发挥作用。

第二节　员工参与度的评估

评估员工参与度是了解员工对其工作各方面态度和情感反应的重要步骤。精准评估员工参与度有助于企业发现问题、确定改善措施，从而提升员工的积极性和工作效率。评估员工参与度的方法主要包括问卷调查、访谈、焦点小组讨论和观察等。由于问卷调查法操作简单，且耗时耗力较少，因此通常使用问卷调查法来评估员工参与度。问卷调查法是评估员工参与度最常见的方法，具有标准化、结构化和便于定量分析的优势。通过这些方法，企业可以系统地收集员工的反馈，分析他们的参与情况，识别需要改进的领域，并采取相应措施来提高整体的员工参与度。

一、盖洛普Q12员工参与度问卷

盖洛普Q12员工参与度问卷（以下简称Gallup Q12）是一个经典的员工参与度测量工具。Gallup Q12通过12个关键的问题来全面评估员工在工作中的参与度和敬业度，分别是明确的期望（员工是否清楚自己在工作中的职责和期望），所需资源（员工是否有用于完成工作所需的工具和资源），能力发挥（员工是否有机会每天做自己擅长的事情），认可和赞赏（员工是否经常因工作表现而得到认可和表扬），关心与关注（员工是否感受到主管或同事的关心和关注），发展机会（员工是否在工作中得到鼓励和发展机会），意见重视（员工是否认为自己的意见受到重视），使命感（企业的使命或宗旨是否让员工感到自己的工作很重要），团队合作（员工是否感受到团队的合作精神和高效和谐的工作氛围），友谊（员工在工作中是否有值得信赖的朋友），绩效反馈（员工是否定期收到有关自己工作情况的反馈和建议），学习和成长（员工是否有机会在工作中学习新技能并得以成长）。盖洛普认为，对内没有测量就没有管理，因而无法确认员工是否敬业、客户是否忠诚。

Gallup Q12是一个有效的工具，用于测量员工参与度。每个题目使用Likert量表评分，员工根据自己的感受从"非常不满意"到"非常满意"进行选择。通过收集所有题目的评分，可以计算每个维度的平均分以及整体员工参与度的平均分。定期进行Gallup Q12评估，可以跟踪员工参与度的变化，及时发现问题并采取改进措施。一个组织最终制胜的关键不在于它的硬件投资，而在于它的软件管理，即服务、人才的管理。服务又可以分为两个方面：一个是为客户服务，指的是用户的忠诚度、用户的满意度；另一个是为企业内部服务，指的是员工的管理、员工的忠诚度。

大量研究表明，采用Gallup Q12进行的研究，可以帮助组织深入了解员工参与度的状况，识别需要改进的方面，从而制定有效的提升策略。组织的战略依赖于忠实客户的扩大，忠实客户的扩大又依赖于敬业且参与度高的员工。从这个意义上来说，服务做得有多好，组织的竞争力就有多强。组织的竞争力越强，组织的效率就越高。Gallup Q12的设计涵盖了员工工作中的关键因素，通过12个关键问题，系统地评估员工在工作中的情感和行为反应，使组织能够全面了解员工的需求和期望，从而采取有针对性的措施以提高员工的满意度和敬业度。然而，Gallup Q12的局限性在于，它主要依赖于员工的自我评估，这可能导致结果的主观性和不完全准确。此外，虽然企业中层领导者在执行决策与管理一般员工中发挥重要作用，但高层领导者决定着企业的发展方向与战略。过度强调企业中层领导者的作用可能导致矫枉过正，而忽视了高层领导在整体战略中的关键作用。因此，在使用Gallup Q12时，需要结合其他评估工具和方法，以全面、客观地评估员工的参与度和组织的整体绩效。

二、乌特勒支工作参与量表

乌特勒支工作参与量表（以下简称UWES）也是一种被广泛使用的用于测量员工

的参与度、敬业度的工具。该量表由荷兰乌特勒支大学的Schaufeli等开发，目的是评估员工在工作中的积极心理状态。UWES主要关注工作敬业的三个核心维度：活力（vigor）、奉献（dedication）和专注（absorption）。活力维度测量员工在工作中的能力水平和精神状态。高活力的员工通常表现出充沛的精力、强烈的投入感和持久的工作热情。奉献维度评估员工对工作投入的程度，包括工作的价值感、热情度和自豪感。高奉献的员工通常对工作充满激情，并认为自己的工作有价值。专注维度衡量员工在工作中的专注程度和沉浸感，高专注的员工通常在工作中全神贯注，甚至忘记时间的流逝，并难以从工作中抽离出来。

需要特别注意的是，UWES有两种版本，即短版（9项）和长版（17项）。每个题目使用Likert五点量表评分，选项范围从"从不"到"总是"。

经检验，UWES具有良好的信效度，且简单可行，适用于各种类型的组织和员工，同时涵盖了员工参与度的核心维度，提供了全面的评估结果。但UWES也有一定的局限性，在不同的文化背景下使用时，可能需要进行本地化调整。此外，员工在填写问卷时可能存在自我认知偏差，影响最终结果的准确性。

三、 员工参与度调查

员工参与度调查（以下简称EES）由咨询公司（如Aon Hewitt、Towers Watson等）开发和实施，用于评估员工的参与度。该量表主要分为七个维度，分别为工作环境（评估员工对其工作环境的满意度，包括物理环境、工作条件和提供的资源）、领导风格（测量员工对其直接主管和高级领导的看法，评估其直接主管和高级领导是否提供了明确的方向、支持和鼓励）、企业文化（评估员工对企业文化和价值观的认同程度，包括企业使命、愿景和核心价值观）、职业发展（测量员工对职业发展机会的看法，包括培训和晋升机会）、绩效管理（通过激励和帮助员工取得优异绩效从而实现组织目标的管理方法）、薪酬与福利（测量员工对薪酬与福利待遇的满意度）和团队合作（评估员工对团队合作和同事关系的看法）。

总体而言，EES是一个强大的工具，其全面性、标准化、可操作性等特点帮助组织了解员工的工作体验以及员工参与度。但是EES的设计和实施通常需要专业的知识和技能。组织需要依赖外部咨询公司的支持，这会增加额外的成本和复杂性。

第三节　影响员工参与度的因素

影响员工工作参与度的因素是多方面的。这些因素可以分为个人因素、组织因素和环境因素。为了提高员工参与度，企业与管理者需要理解相关影响因素并在各个层面采取相应措施。

一、个人因素

研究发现，个人因素对员工参与度的影响至关重要。个人因素主要包括自我效能感、人格特质以及内在动机。

（一）自我效能感

自我效能感是指一个人相信自己能（或不能）在特定情况下成功地组织和执行一项行动以达到预期的结果。自我效能感会强烈地影响一个人完成任务或目标的方式，当他认为自己无法完成某项任务时，他将会放弃尝试这件事。（Bandura，1997）例如，如果一名女性有强烈的信念——她可以学会新的舞步，当被问到她是否想学习新的舞步时，她更有可能说"是"；即使一开始不成功，她也更有可能坚持下去。然而，如果她对自己绘画能力的信心较弱，当被问及是否想和朋友一起画画时，她就不太可能答应，即使她同意尝试，一旦遇到困难，她也更有可能变得沮丧和选择放弃。（Yancey，2023）关于参与度的研究表明，参与度与效能信念呈正相关。（Llorens et al.，2007）这意味着当员工有较高的自我效能感时，他的工作参与度也会更高。自我效能感高的员工相信自己能够胜任工作任务，这种自信心使他们更有动力去面对挑战和完成任务。此外，自我效能感高的员工通常感觉对自己的工作有更大的控制权和自主性，因此他们能够自由地选择和安排工作任务，这种控制感有助于他们在工作中表现出更高的参与度。（Bandura，1997）

当发现员工自我效能感较低时，企业可以适时给予资源支持或精神上的肯定，激发员工的信念感，从而使其更好地参与到工作任务中。

(二) 人格特质

员工的人格特质对其工作参与度有着重要影响。Cattell（1943）通过因子分析提出了16种人格特质，这为后来的大五人格模型理论奠定了基础。Norman（1963）在此基础上研究并进一步验证了五个基本人格维度——外倾性（extraversion）、随和性（agree-ableness）、责任心（conscientiousness）、情绪稳定性（emotional stability）和经验开放性（openness to experience）。研究预测，员工参与度与情绪稳定性密切相关，因为具有高情绪稳定性的员工更能在压力环境中保持冷静和专注，从而显著提高他们的工作效率。高情绪稳定性使员工能够在面对挑战和困难时，依然能够专心致志地完成任务，而不会轻易受到外界干扰的影响。此外，高外倾性的员工通常表现出更多的活力和更高的积极性，这使他们能够更快地适应工作环境并有效地与团队成员合作。外倾性不仅仅体现在个人的社交能力上，更体现在他们对新任务和新环境的适应能力上。这种适应能力使得他们能够更迅速地融入工作团队中，并且在团队合作中发挥积极作用，提升整体的工作效率。（Langelaan et al., 2006）责任心是员工参与度的另一个关键预测因素。高度的责任心体现了员工对其工作任务的认真态度和高度的自律性。这些员工通常具有较强的时间管理能力和任务完成能力，他们会主动承担责任并且尽力完成每一项工作任务。责任心不仅仅是一种职业道德，更是一种对自我和他人负责的态度，这种态度能够显著提高工作参与度。（Inceoglu & Warr, 2011）

总的来说，情绪稳定性、外倾性和责任心是影响员工参与度的三个主要人格特质。这些人格特质共同作用，使得员工能够更好地适应工作环境，积极参与团队合作，并且高效完成工作任务，从而提升整体的工作表现和促进职业发展。

(三) 内在动机

在现代企业管理中，内在动机对员工投入度的影响至关重要。内在动机源自个体自身的兴趣和对任务的投入。内在动机指的是个人对完成某项任务的内部驱动力，如成就感、自我实现和工作满意度等，而非外部奖励，如金钱或晋升等。自我决定理论（self-determination theory, SDT）是研究内在动机的核心理论之一。根据该理论，人的行为受到三个基本心理需求的驱动，即自主性（autonomy）、胜任感（competence）和归属感（relatedness）。自主性是指个体在选择和行动中拥有的自由度和自我主导感。当员工感觉他们可以自主决定如何完成工作任务时，他们的内在动机会显著增加。胜任感指个体感受到自己在完成任务时的能力和有效性。通过提供具有挑战性但又可达成的任务，以及适当的支持和反馈，管理者可以增强员工的胜任感。归属感则是个体在群体或组织中感受到的联系和归属，这对激发团队协作和整体积极性至关重要。（Baard et al.,

2004）当这些需求得到满足时，个体更有可能表现出高水平的内在动机。（Deci & Ryan，1985）高参与度的员工通常表现出强烈的工作热情和持久的投入感。研究表明，内在动机与员工参与度密切相关。具备高内在动机的员工不仅对工作充满热情，还能够更好地应对工作挑战，表现出更高的创造力。（Macey & Schneider，2008）此外，内在动机还能促进员工深度专注，因为员工对任务的强烈兴趣和认同感会使他们在工作时更加投入和忘我。（Rich et al.，2010）

理解和激发员工的内在动机是提高员工参与度的关键因素。例如，Google公司以其高度重视员工自主性和创新文化而著称。Google公司鼓励员工在工作中自由探索和尝试新想法，同时提供丰富的资源和支持，帮助员工实现个人和职业目标。这种管理方式提升了员工的内在动机，从而显著提高了员工的参与度和整体绩效。（Bock，2015）

二、 组织因素

研究表明，组织因素对员工参与度的影响意义重大。组织因素包括领导风格、工作设计、感知到的组织支持。

（一） 领导风格

领导风格是影响员工参与度的关键因素之一。不同的领导风格能够在很大程度上决定员工参与工作的程度。在此，我们探讨几种比较常见的领导风格以及它们如何影响员工的参与度。

1 权威型领导

权威型领导者通常通过明确的指令和严格的控制来管理团队。这种风格强调层级结构和决策的集中化。Yukl（2006）指出，权威型领导者能够快速决策并在短期内有效地推动团队完成任务。然而，这种风格往往会抑制员工的创造力和自主性，导致他们的参与度较低。（De Cremer，2006）员工可能会因为缺乏决策权而感到沮丧，进而影响他们长期的工作投入。

2 参与型领导

参与型领导者鼓励员工在决策过程中积极参与，并重视他们的意见和建议。这种领导风格强调团队合作和共同决策，能够增强员工的责任感和主人翁意识。根据Arnold等(2000)的研究，参与型领导风格通常能够提高员工的参与度，因为员工感受到自己的价值和对组织目标的贡献。通过增加沟通和信任，这种风格不仅能改善团队士气，还能提升员工的工作效率。（Somech，2006）

③ 变革型领导

变革型领导者注重激励和鼓舞员工，推动他们超越个人目标，实现更高的绩效和组织愿景。Bass 和 Riggio（2006）指出，这种领导风格强调愿景、鼓舞和个人发展，能够激发员工的内在动机和热情。变革型领导者通常能促进员工参与度的提高，因为他们能够在员工心中植入对变革的信念和追求卓越的愿望。（Tims et al.，2011）员工在这种氛围中，往往会表现出更高的忠诚度和参与度。

④ 交易型领导

交易型领导者关注绩效管理和奖励制度，通过明确的奖励和惩罚机制来激励员工。这种领导风格重视目标的达成和任务的完成。Burns（1978）指出，交易型领导者在短期内可以有效提高员工的工作绩效，但由于缺乏深层次的激励，员工的参与度和创新性可能会受到限制。（Judge & Piccolo，2004）长期来看，过于依赖外部激励的机制可能会削弱员工的内在动机和参与热情。

总的来说，领导风格在很大程度上影响着员工的参与度。权威型领导风格可能会在短期内获得快速的结果，但也可能抑制员工的长远参与度。参与型和变革型领导风格则更有利于长期的员工参与和组织发展。（Yukl，2013）交易型领导者虽然可以通过激励机制提高绩效，但在提升员工整体参与度方面效果有限。（Bass，1990）因此，管理者在选择领导风格时，应综合考虑组织的目标和员工的需求，以实现更高的员工参与度和更好的组织绩效。

（二）工作设计

工作设计也是影响员工参与度的重要因素之一。工作设计指的是通过调整和安排工作任务及环境，使得工作更具吸引力和挑战性，以促进员工的积极性和参与度。

Hackman 和 Oldham（1976）的工作特性模型（job characteristics model，JCM）提出，技能多样性、任务重要性、任务完整性、自主性和反馈这五个核心工作特征，对员工的工作态度和行为有重要影响。研究表明，这些工作特征能够提高员工的内在动机和工作满意度，从而提高他们的参与度。（Fried & Ferris，1987）据 Loher 等（1985）的研究，工作丰富化（job enrichment）与员工的工作参与度和绩效有着显著的正相关关系。员工在更加丰富和多样化的工作中，往往会表现出更高的参与度和工作热情。工作轮换（job rotation）是指让员工在不同的工作岗位之间轮换，以增加他们的技能和知识。工作轮换能够防止工作倦怠，并通过提供学习和发展的机会来提高员工的工作参与度。

（Campion et al., 1994）工作简化（job simplification）涉及将工作任务分解为简单的、重复性的任务，以提高效率。然而，过度简化的工作可能会降低员工的参与度和工作满意度。（Oldham & Hackman, 2010）工作重塑（job crafting）是一种由员工自主进行的工作调整行为，通过改变工作任务、工作关系和工作认知来提升工作体验。Wrzesniewski 和 Dutton（2001）指出，工作重塑能够帮助员工在工作中找到更多的意义和乐趣，从而提高他们的工作参与度。研究发现，积极进行工作重塑的员工往往在工作中表现出更高的主动性和参与度。（Tims et al., 2013）

（三）感知到的组织支持

组织的资源支持是必不可少的一个影响方面。通过提供充分的资源和支持，组织可以有效地满足员工的工作需求，提高他们的工作参与度。

"资源和需求模型"（resource and demand model）强调，员工的工作表现和参与度取决于他们能够获得的资源与工作中面临的需求之间的平衡。（Bakker & Demerouti, 2007）资源包括物质资源（如设备和技术等）、社会资源（如团队支持和领导支持等）以及个人资源（如技能和知识等）。如果员工感到他们所获得的资源能够有效应对工作需求，他们更有可能表现出高水平的参与度。（Demerouti et al., 2001）当组织为员工提供充足的资源支持时，员工的工作压力可以得到缓解，他们的工作参与度和绩效水平也会显著提高。（Schaufeli & Bakker, 2004）例如，充分的培训、技术支持和团队合作环境都可以帮助员工更好地完成工作任务，增强他们的工作动力和投入感。

此外，组织支持与奖励也是提高员工参与度的关键因素。组织认可是指组织对员工在工作中所作出的努力和成就给予的正面反馈。这种认可可以是口头表扬、书面奖励或象征性奖励，如年度最佳员工奖。Eisenberger 等（2001）的研究表明，组织认可可以显著提高员工的工作投入和参与度。Kuvaas(2006) 发现，公开表扬工作表现对员工的内在动机和长远的工作参与度有显著积极的影响。奖励包括金钱奖励、奖金、晋升机会等，通常也会被用作激励员工绩效的手段。Vroom（1964）的期望理论（expectancy theory）指出，员工的努力程度与他们期望获得的奖励密切相关。管理者应根据员工的多样化需求，设计和实施多层次的奖励机制，以最大化调动员工的积极性。

三、环境因素

环境因素与员工参与度紧密相关。环境因素包括工作环境以及工作-生活平衡。

（一） 工作环境

在员工参与度的研究中，工作环境扮演着至关重要的角色。赫茨伯格的双因素理论提供了一个有力的框架来解释工作环境如何影响员工的参与度和工作满意度。赫茨伯格将影响员工满意度的因素分为两类：保健因素（hygiene factors）和激励因素（motivator factors）。保健因素是指那些与工作环境和条件相关的因素，这些因素虽然不会直接提高员工的满意度和参与度，但它们的缺失会导致员工不满。据赫茨伯格（1966）的研究，保健因素包括工作条件、企业文化环境、工作安全性等。这些因素如果未能得到妥善管理，可能会导致员工不满，进而降低他们的工作参与度。例如，较差的工作条件或企业文化不具备多样性可能会导致员工产生负面情绪，从而减少他们对工作的投入。而良好的保健因素虽然不会显著提高员工参与度，但它们是确保员工基本满意度和维持日常运营的基础。然而，该理论也受到了批评。首先，它基于有限的样本和自我报告数据，可能存在主观偏差。（Arnold & Feldman, 1986）其次，它过于简单化，忽略了个体差异和工作环境的复杂性。（Robbins & Judge, 2013）再次，保健因素和激励因素之间的界限模糊，某些因素可能在不同情境下起不同作用。（King, 1970）最后，该理论未能解释工作满意度和生产率之间的关系，使其在实际应用中受限。（Schwab & Heneman, 1970）

管理者应当注重提供良好的保健因素以避免引起员工不满，同时也需要通过激励因素（如增加工作的丰富性等）来积极提高员工的参与度。

（二） 工作-生活平衡

在现代职场中，工作-生活平衡（work-life balance，WLB）已成为影响员工参与度的重要因素。员工如果能够在工作与个人生活之间找到平衡，往往会感受到较小的压力和更高的生活满意度。（Greenhaus et al., 2003）低水平的压力和高水平的生活满意度使得员工在工作中能够保持更高的专注度和积极性，从而提高他们的工作参与度。提供弹性工作时间等，可以让员工更好地平衡工作与生活的需求。（Hill et al., 2001）一名拥有弹性工作时间的员工可以在孩子上学或家庭需要时灵活安排工作时间，而不必因为个人生活事务而分心。这种灵活性帮助员工在完成工作任务时更专注，减少了因压力导致的工作倦怠感和效率下降等现象。这种灵活性能够显著提高员工的工作热情和参与度。

为了提高员工的工作参与度，组织应积极实施支持工作与生活平衡的政策和策略，帮助员工在工作和生活中找到理想的平衡点。例如，微软公司推行了全面的健康和休假福利政策，包括带薪休假、病假和家庭护理假。这些政策不仅帮助员工在需要时可以无负担地离开工作岗位，还促进了员工的身心健康，从而激发了他们在工作中的积极性和提高了其工作参与度。

第四节　员工参与度的影响

　　员工参与度无论对员工个人发展还是组织的可持续发展都具有至关重要的作用。从个人层面来看，Kahn（1992）提出，员工参与度与多种个人成果密切相关，包括工作质量、工作表现和在组织中的发展。他指出，投入工作的员工通常表现出更高的专注度和效率，对组织的生产力贡献也更显著。此外，研究发现，参与度高的员工更倾向于积极沟通，这有助于改善社交互动、提高生活满意度、增强个人幸福感，并且总体上获得更好的健康状况。（Robledo et al.，2019）

　　工作参与度也能够激励员工自发地为实现组织目标而努力，这对组织而言具有巨大的好处。工作参与度与职业倦怠感之间存在关联，参与度高的工作可以作为抵御职业压力和疲惫的屏障，通过提升员工的抗压能力和降低离职率来发挥积极作用。（Halbesleben，2010）Christian（2011）则指出，员工的工作参与度与其在任务导向的活动和情境行为中的表现存在正相关关系，这意味着当员工投入更多时，这些有助于团队合作的关键要素也会得到改善。

一、员工参与度对个人的影响

（一）工作表现

　　员工的高参与度在多方面显著提升了个人的工作表现和职业发展。首先，高参与度的员工在日常工作任务中表现出更高的专注力和投入度。这种专注力不仅使他们能够更高效地管理时间和资源，还提高了任务完成的质量和效率。Kahn（1990）指出，员工的心理投入（psychological engagement）促使他们全身心地投入工作，从而提升了任务完成的精准度和效率。这种深度的投入减少了因分心或工作失误导致的生产力下降。在实际工作环境中，尤其是在需要高水平专注力和准确度的领域，如软件开发团队中，参与度高的员工能够更好地完成复杂的编程任务，减少错误的发生。他们也能更快地适应新的技术和项目需求。（Harter et al., 2002）员工参与度不仅提升了员工在日常任务中的表现，还显著增强了他们的主动性和创新能力。参与度高的员工通常更愿意超越基本的工作要求，积极寻找改进工作流程和产品的方法。（Bakker et al., 2014）这种主动性表现在他们不断寻求新的解决方案和更高效的工作形式，推动了组织的创新和竞争力。

(二) 职业发展

在职业发展方面，员工的高参与度通常与他们在工作中不断学习和自我提升的意愿密切相关。投入工作的员工更倾向于主动寻求新的学习机会和挑战，这有助于他们不断提升自己的技能。例如，Bakker和Demerouti（2008）的研究表明，投入工作的员工会更积极地参与职业发展活动，如参加培训课程、接受新的职责和任务等。这种积极的学习态度和行为不仅增强了他们的职业技能，还提高了他们在组织中的竞争力。高参与度的员工通常被视为组织中的核心资源，他们的投入和出色表现更容易被管理层注意到，进而获得更多的晋升和发展机会。Demerouti等（2010）的研究发现，那些在工作中表现出高参与度的员工，往往被上级视为值得信赖和有潜力的候选人，从而更容易获得升职和其他职业发展机会。从长远角度来看，员工的高参与度还可以增强他们的职业弹性和适应力。Halbesleben和Wheeler（2008）指出，高参与度的员工在面对职业挑战和变革时，表现出更高的适应能力和更丰富的应对策略，使他们能够更好地面对工作中的压力和变化，从而在职业生涯中展现出更强的韧性和持续发展的能力。随着职场环境的不断变化和复杂化，这种职业弹性和适应力显得尤为重要，能够帮助员工在不同的职业发展阶段和角色中成功应对各种挑战。

(三) 心理健康

高参与度的员工通常感受到更高的控制感和成就感，这有助于减少工作相关的心理压力。员工在工作中投入更多时，往往会在应对挑战和压力时表现得更加自信。Sala-nova等（2005）研究发现，高参与度能够有效地减少员工的情绪倦怠，帮助他们更好地应对工作中的压力源。工作参与度与员工的心理幸福感密切相关。参与度高的员工在工作中体验到更多的成就感和价值感，这对他们的心理幸福感有显著提升作用。Harter等（2003）指出，工作参与度与员工的生活满意度和幸福感之间存在着强烈的正相关关系，这意味着工作中的积极体验能够延伸到个人生活中，提升个人整体幸福感。

二、 员工参与度对组织的影响

（一） 降低离职率

员工参与度可以从多方面降低离职率。首先，高参与度的员工对组织有更强的情感认同和归属感，这种认同感来源于员工在工作中获得的成就感和被重视的感觉。Schaufeli 和 Bakker（2004）指出，参与度高的员工通常感受到他们的工作是有意义的，他们的努力得到了认可和回报。这种内在的成就感使得他们更不愿意离开组织，选择继续留在能够满足他们需求的工作环境中。其次，员工参与度与职业发展机会密切相关。Rich 等（2010）指出，参与度高的员工通常对他们的职业发展有更高的期望，并且更积极地寻求在组织内的成长机会。组织通过提供培训、晋升和职业发展的机会，可以满足员工的这些期望，进一步增强他们的参与度和对组织的忠诚度。当员工看到在当前组织中的长远发展机会时，他们的离职倾向显著降低。再次，参与度高的员工在工作中感受到更少的压力和倦怠。Halbesleben（2010）的研究表明，员工参与度可以作为对抗职业压力的有效屏障。高参与度的员工更能有效地管理工作负荷，并在工作中找到平衡和成就感。这种积极的工作体验减少了因压力和倦怠而导致的离职可能性。最后，参与度高的员工更倾向于与同事建立紧密的工作关系，这种良好的社交互动也有助于降低离职率。Kahn（1992）指出，参与度高的员工通常更愿意与团队成员合作，共同解决问题，并分享工作成果。这种协作和互助的工作氛围不仅提升了工作效率，还增强了员工对组织的归属感，减少了离职的可能性。

（二） 增强团队凝聚力

高参与度的员工有助于塑造一个积极和支持的工作环境，他们的行为和态度往往能够感染周围的同事，形成良好的团队合作氛围。（Saks，2006）这种协作精神有助于增强团队的凝聚力，提高团队的整体工作效率。此外，参与度高的员工对组织文化的认同感更强，他们的积极参与有助于推动组织文化的不断发展和强化。

（三） 提高组织绩效

员工参与度在提高组织绩效方面起着至关重要的作用。高水平的员工参与度与更高的组织的整体生产力和工作效率密切相关。参与度高的员工在工作中表现出更强的责任感和投入感，他们愿意付出额外的努力来完成任务，从而提高了组织的整体生产力。(Harter et al.,2002)这些员工通常在工作任务上表现得更加专注和高效，减少了因分心和拖延导致的效率低下。组织通过提高员工的参与度，可以实现更高效的资源利用和更高的任务完成质量。参与度高的员工更愿意积极参与到组织的问题解决和创新过程中。他们对组织的目标和愿景有更深的理解，并且常常提出具有创意和实用性的解决方案。(Bakker & Demerouti, 2008)这种创新能力不仅提升了组织在市场上的竞争力，也帮助组织在面对复杂问题时能够更快、更有效地找到应对策略。员工的积极投入和主动性为组织的持续改进和发展提供了强大的推动力。参与度高的员工通常在客户服务方面表现得更为卓越。他们更愿意超越基本职责，为客户提供高质量的服务。(Harter et al., 2002)这种对客户的高度关注和责任感直接提升了客户的满意度和忠诚度，有助于组织在竞争激烈的市场中保持领先地位。客户体验的改善不仅促进了销售和收益的增长，也提升了组织的品牌形象。

第五节　心理契约

一、心理契约概述

心理契约是指员工与雇主之间在正式劳动合同之外形成的一种隐性协议。这种契约包括双方对彼此责任、义务和期望的心理认知和信任，涵盖物质报酬、工作环境、职业发展、认可和尊重等方面。心理契约的形成通常基于员工对企业文化、领导风格、同事关系等的感知，以及企业对员工贡献、忠诚度和职业态度的评价。心理契约的完整性和实现程度直接影响员工的态度和行为。

心理契约与员工参与度之间的关系非常密切。当员工感到心理契约得到满足时，他们往往会表现出更高的工作参与度。其具体表现为员工对工作的高度投入、对组织的强烈归属感以及积极参与组织事务的意愿。他们不仅会在工作中表现出极高的热情和积极性，还会主动提出改进建议，努力提升工作绩效。这种高参与度反映了员工对组织的深厚信任和承诺，有助于增强组织的整体凝聚力和竞争力。相反，如果员工感到心理契约被破坏或未被履行，则会导致其工作参与度显著下降。员工可能会变得消极怠工，对工作失去热情，甚至产生离职的念头。这种低参与度不仅会降低员工的工作效率，还会对团队士气和组织氛围产生负面影响。组织需要重视心理契约的管理，通过及时了解员工的需求和期望，维护和强化心理契约，从而提高员工的工作参与度，促进组织的长期发展。

例如，某企业在招聘过程中承诺为新员工提供每季度一次的技术培训，并在工作中提供充分的资源支持，以帮助他们提升技术能力和职业发展。然而，实际情况却大相径庭。一方面，新员工在入职后的前三个月，并没有收到任何技术培训的通知。尽管他们积极向上级申请，但由于该企业内部管理的不协调，新员工的培训需求始终未能得到满足。另一方面，在工作过程中，员工发现团队资源紧张，无法按照计划进行项目开发。这与招聘时承诺的"充分资源支持"存在明显差异。这些违背心理契约的行为导致员工对该企业的信任度降低。员工开始对工作感到失望，工作积极性明显下降。在团队会议中，员工参与度减少，对团队决策和项目进展的兴趣也开始逐渐减弱。这种消极情绪不仅影响了员工的工作效率，还对团队整体的合作和绩效产生了负面影响。从这一案例中可以看出，心理契约的破裂直接影响了员工的工作参与度。其中的具体表现有员工感到该企业未能履行其承诺，导致他们的工作满意度显著下降。由于心理契约被破坏，员工对该企业的忠诚度和组织承诺明显减弱。最终导致员工的工作积极性和参与度降低，直接影响了他们的工作效率和绩效。为了避免发生类似情况，组织可以采取一些措施来应对这一系列情况，比如和员工进行沟通，以确保在招聘和日常管理中保持透明，避免夸大或虚假承诺；同时通过定期的绩效评估和沟通，了解员工的需求和期望，并及时调整管理策略。通过这些措施，企业可以建立和维护良好的心理契约，提高员工的参与度，增强组织的凝聚力和竞争力，从而实现可持续发展。

二、心理契约量表

关于心理契约的经典问卷之一，是 Rousseau（2000）开发的心理契约量表，其中涵盖了员工对组织承诺和支持的感知。

这个问卷可以帮助企业评估员工对心理契约的感知，从而识别需要改进的领域，以提高员工参与度。问卷结果应保密处理，确保员工能够真实地填写他们的感受和意见。

第六节　本章小结

通过本章的学习，我们可以了解到员工参与度及其多方面的影响。员工参与度是指员工对其工作的情感和认知上的投入程度，是影响企业绩效的重要因素。研究表明，员工参与度与企业的生产力和创新能力密切相关。高参与度的员工不仅工作效率更高，还能带来更多的创新和竞争优势。

员工参与度的评估常通过盖洛普Q12员工参与度问卷（Gallup Q12）、乌特勒支工作参与量表（UWES）和员工参与度调查（EES）等工具进行，这些工具通过系统化的问卷评估员工在工作中的投入情况，帮助企业识别需要改进的领域。

影响员工参与度的因素包括个人因素、组织因素和环境因素。个人因素如自我效能感、人格特质和内在动机，组织因素如领导风格、工作设计、感知到的组织支持，环境因素如工作环境和工作-生活平衡，都会对员工的参与度产生影响。高参与度的员工在工作中表现出更高的专注力和效率，更倾向于主动学习和寻求职业发展机会，拥有更健康的心理状态。此外，高参与度的员工对组织有更强的情感认同和归属感，倾向于建立良好的团队关系，提升团队凝聚力和组织绩效。心理契约是员工与雇主之间的隐性协议，涵盖物质报酬、工作环境、职业发展等方面。维护良好的心理契约可以提高员工的参与度和对组织的忠诚度，进而增强组织的整体竞争力和绩效。

💡 课后思考

1. 什么是员工参与度？

2. 有哪些组织层面的因素能够影响员工参与度呢？

3. 心理契约是什么？

4. 心理契约与员工参与度之间有什么关系？

第三章
参考资料

第四章

心理资本

本章目标

　　学习完本章后，你应该能够：

·了解心理资本的来源。

·掌握心理资本的定义和影响因素。

·掌握心理资本的重要性以及各组成部分。

·了解心理资本与组织绩效的关系。

·了解心理资本的干预方法。

在如今竞争激烈的（hypercompetitive）环境中，组织所面临的挑战和压力在范围、密度和类型上急剧增加。如果组织和个人想在未来市场中拥有竞争优势，真正的核心价值是什么？为了获得独特的难以复制的竞争优势，应该如何去准备？那些处于低谷之时敢于挑战传统观念从而绝境逢生并蓬勃生长的组织、个人乃至国家，有哪些相似之处？本章可以为你指明方向，帮助你找到答案，让你了解组织如何通过"人"去获得竞争优势。

第一节 什么是心理资本

美国著名学者Luthans于2004年提出心理资本的概念并延伸到职业与组织心理学领域。其鼓励组织和个人在"心理资本"这个领域进行投资和发展，目的是从根本上激发"人"的竞争优势，揭示人的积极本性和强大的心理能量。心理资本（psychological capital, PsyCap）是指个体在成长和发展过程中表现出来的一种积极的心理状态。（Luthans et al., 2004）其具体表现为以下几点。

（1）个体有坚定和清晰的目标，表现出对目标锲而不舍的追求，为了实现目标能够及时调整计划。（希望，hope）

（2）当个体置身在充满挑战性的任务和环境时，有信心克服困难并能够采取合适的策略和付出必要的努力来获得成功。（自我效能感，efficacy）

（3）个体置身冲突、失败和压力中时，能够采取策略迅速从逆境中恢复并取得成功。（韧性，resilience）

（4）个体对现在和未来的成功有积极的归因。（乐观，optimism）

Luthans分别取了这四个英文单词的首字母组成了一个被称为心理资本的"HERO"模型，它隐喻一个想成为英雄的人，必须具备的四项心理能力，如图4-1所示。

图4-1 心理资本"HERO"模型图

第二节 心理资本的重要性

一、组织对可持续发展的追求

为了应对新的契机和考验，组织间争夺人力资源的程度已经达到白热化，人才会在不同组织，甚至不同行业内迅速流动。（Dokko & Jiang, 2017）因此，组织为了高效吸引和管理人才，提出了员工援助计划、弹性办公制度、岗位轮换制等相关策略。（Cascio, 1995）然而，这些策略只能让个人和组织具备一些生存技能，最终只能帮助他们在一段时间内保持平庸的绩效。现如今，平庸的绩效已经不足以维持组织的可持续发展，即所谓不"进步"就是"落后"。同时，越来越多的组织重视人才-组织匹配（person-organization fit）。高度专业化的工作对用人要求越来越高，这加重了组织成员的离职倾向，降低了组织成员的工作满意度（Pratama et al., 2022），使组织难以做到可持续发展。因此，从组织和个人角度来讲，都希望能够不断保持竞争力以及在较长的时间段内维持相互承诺和忠诚（Morrow, 2011），这使得形势变得更为复杂。一方面，组织需要成员有强烈的主人翁意识，为工作和职业发展承担责任；另一方面，组织所提供的环境和条件却未能让组织成员成功地体验到对工作的掌控感。

因此，在竞争激烈的市场环境中，传统的方法已经不足以为组织创造可持续的竞争优势。领导者应该更加重视组织的可持续发展能力，通过独特且难以复制的方式重新整合、平衡各种资源，鼓励组织成员追求可持续性成长、学习和发展的机会，才能获得核心竞争力。这种竞争优势需要有与特定环境相关的、可不断积累的、可持续发展的、难以被同行模仿的因素来支撑，即通过投资、开发、经营组织成员的心理资本来实现。（Bessant, 1995）心理资本可以让组织成员体验到强烈的"主人翁"意识和成就感，增强心理契约（psychological contract）在组织和组织成员之间的"桥梁"作用，使得组织和组织成员能够上下同心，组织战略得以落实，组织文化得以建立，组织经营理念得以成功实践，实现组织的"人和事"得以有效结合。（Guest & Conway, 2002）此外，我们还要关注心理资源的重要性和意义。心理资源是指个体拥有的各种能力和素质，包括认知能力、情感智力、社交能力、自我控制等。这些心理资源也可以帮助个体更好地应对挑战和困难，从而提高其生活质量和成功的概率。心理资本作为一种动态的心理资源（Ma et al., 2018），它能够根据复杂变幻的市场格局和挑战，不断调整、更新应对策略，从而始终保持可持续竞争优势。（Mridul & Sharma，2021）相关研究指出，心理资本高的个体在面对困境时，能够因地制宜地、动态地采取不同的方法和策略来满足多变的工作环境和要求。（Mridul & Sharma，2021）例如，一个初到外国工作的组织成员，他的韧性可能因社会关系网络不完善而受到影响，但是他可以通过希望、自我效能感等个人资源（Hobfoll，1989），在同事的帮助下来建立新的社会资本和人际关系网络，重新在困境中振作起来；也可以通过"乐观"进行外部归因（如"只是暂时这样，一切都会好的"等），帮助自己维持甚至增强韧性，使自己迅速恢复，并达到较高的个人绩效来为组织作出贡献。Siu（2013）研究了心理资本（PsyCap）与中国员工工作幸福感和工作-生活平衡之间的关系。在中国社会中对287名医疗工作者进行了两轮调查。交叉滞后分析的结果表明，时间1的PsyCap与参与者的工作幸福感（更高的工作满意度和身体/心理健康）以及时间2（5个月后进行的调查）中的工作-生活平衡之间存在显著的正相关关系。从长期来看，心理资本高的组织成员能够不断地为组织积累资源（Hobfoll，1989），继而不断提高组织绩效，实现组织的可持续发展。因此，组织经营开发心理资本这种动态资源，可以使组织在复杂的市场环境中保持竞争优势并实现可持续发展。（Ma et al.，2018）

二、 组织对新途径的需求——从积极视角解决问题

在心理学和组织行为学的一些领域，一直都是从负面视角来研究问题，例如，组织绩效与工作压力（Ongori & Agolla，2008）、工作焦虑等相关心理疾病之间的关系（Jones et al.，2015），却缺乏从积极性的视角来帮助组织成员体会到更多幸福感，即对希望、自我效能感、乐观、韧性等功能没有更好的理解，缺乏如何培养自我实现、实现人的可持续发展等方面的理论构架与实践研究。这使得组织陷入"打补丁"的模式，这种"打补丁"的模式会使组织把有限的成本和资源精力投入在维持组织"生存"的策略上，尽可能减少组织在发展过程中的缺陷。一些更有积极性的、更有可能给组织带来高回报的策略会被认为太危险、太占据成本和缺乏科学性而被摒弃。例如，1939年以前的心理学家主要肩负三项重要的使命：治疗精神疾病、帮助人们体验更多幸福感、充分发挥人的潜能。（Luthans，2006）然而，在战争期间，大量的资源和成本被用在损伤控制（damage-control）和缺陷修正机制（weakness-fixing mechanisms）上，却忘记了其他具有积极性的使命。因此，这种"短期危机解除模式"的发展策略在组织中始终无法形成可持续的竞争优势。我们倡导培养组织成员心理资本这种积极心理能量，进行积极主动的战略变革与调整，激发组织成员的积极性，从而实现自身和组织的可持续发展。相关文献指出，组织成员的积极性是可以不断培养发展的，但目前还是未被有效利用的强大力量。（Ramlall，2004）

那么，心理资本各项能力之间是如何相互作用并发挥积极性的呢？关键资源理论

（resource-based theory）认为，个人层面的资源，如希望、自我效能感、韧性、乐观会相互影响并以协同的方式发挥积极的作用。（Thoits，1994）例如，一个对生活充满希望的人，他克服困难的动力就越强，因此他就更加具有韧性。高韧性的人善于把希望、乐观迁移并运用到组织某一特定领域的具体任务中去，提高工作效率并促进任务完美达成。同时，这个过程会提高组织成员的自我效能感，使组织成员认为自己有能力胜任或完成此项艰难的任务，保持积极的、进取的工作态度。高乐观的人又会善于把负面事件进行外部归因（如"任何面临这种困境的人，都会和我有一样的感觉，没什么大不了的"等）。因此，我们认为心理资本作为一种积极主动的资源，会促进组织不断发展和进步，在激烈的市场竞争中不断保持竞争优势。值得注意的是，心理资本并不是这四种个人资源的简单相加，相反，心理资本是一种整体的心理构建，即组织整体在投资、开发、经营心理资本所带来的绩效结果上要大于部分之和。（Luthans et al.，2007）因此，心理资本是一种综合的、整体的、强大的心理力量（图4-2）。

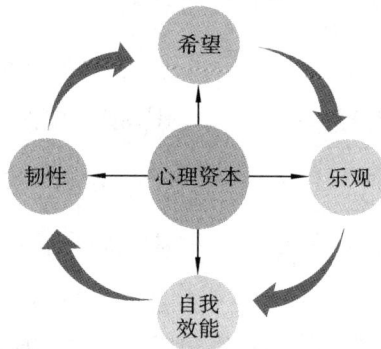

图4-2 心理资本各因素相互作用

三、 组织对核心竞争力的需求——为"人才"而战

仅仅依靠能够提高组织壁垒的传统资源，诸如，积累经济资本，拥有先进的专利技术、核心信息和管理经验等（即经济、人力、社会资本），基于目前的形势，从长远看已经不能够为组织带来核心竞争力。（Luthans et al.，2007）一方面，组织在核心技术专利上大量投入，很容易被竞争对手以成本极低的、可替代性的方案模仿；另一方面，对组织成员的培训和相关技术经验的分享，很容易通过"榜样学习"成为行业的标准。例如，当 Adobe 公司首先推出 Premiere Pro 并收费时，其他企业开始提供类似的免费服务，如剪映，而且和 Premiere Pro 相比，剪映的用户数量更大，更便于新手操作。

那么，企业的核心竞争力到底是什么？我们认为企业的核心竞争力应当是企业独有的、竞争对手难以模仿的能力。（Zack, 2009）美国管理学会前主席 Luthans 指出，组织的竞争优势不是财力、不是技术、不是关系，而重点在于人，决定组织成败的关键是人。人的潜能是无限的，其根源在于人的心理资本。如今，心理资本被视为促进企业发展的经济资本、人力资本和社会资本之外的第四大资本。（Luthans et al., 2004）也就是说，当今企业不能仅仅依赖"有什么"（经济资本）、"会什么"（人力资本）和"认识谁"（社会资本），因为经济在飞速发展，知识和信息在迅速传播，今天的经济资本、人力资本和社会资本，在明天未必会有价值。组织能够不断学习和成长的能力，才是其核心竞争力。而心理资本作为积极的精神内核，在与人力资本和社会资本相联系的基础上，又能够超越它们成为更高阶发展模式。（Newman et al., 2014）也就是说，心理资本既和今天的"你是谁"（人力资本和社会资本）相联系，又和明天的"你能成为谁"（不断学习成长）密切相关。（Avolio & Luthans, 2006）高度自信、乐观、坚韧的个体，善于创新，敢于创新，能够因地制宜地将知识和技能发挥到最大限度，同时又能够紧跟时代潮流，善于抓住机遇和风口，成就自己，也成就企业。（McReynolds, 2015）我们认为，心理资本可以给组织带来决定性的竞争优势，一个拥有高心理资本成员的组织，就具备了最有价值的核心竞争力，因为可以被模仿的往往是那些可以看得到和摸得着的东西（如专利技术、知识经验、产品功能等），而就这些东西的来源和核心来说，"人"才是最难模仿的东西，从人自身散发出来的优势是难以复制的，只有"人"才是推动企业不断前进的强大动力（表4-1）。

表4-1　资本类型及含义

经济资本（有什么）	人力资本（会什么）	社会资本（认识谁）	心理资本（我是谁）
（1）财务资本；	（1）经验；	（1）人际关系；	（1）希望：有动力！
（2）资产（厂房、设备）	（2）教育；	（2）社交网络；	（2）自我效能感：我可以！
	（3）技能；	（3）朋友	（3）韧性：不放弃！
	（4）思想		（4）乐观：会更好

　　接下来，我们会详细讨论四项心理资本相关的因素（希望、自我效能感、韧性与乐观），但是，我们还是鼓励你学习完本章内容后，尝试去探索一些新的心理资本相关的因素，不断开展实践研究，不断拓展心理资本的"边界"，并将结果应用到实践中去。

第三节　心理资本的组成部分

一、希望：有动力（意志和途径）

（一）什么是希望——心理资本角度

在日常生活中，我们经常会听到"希望"这个词，值得一提的是，很多人对构成希望的具体内容以及高希望人的特征充满误解。有人认为希望是盲目乐观的、幻想、不切实际、一厢情愿的。（Norman et al., 2005）Picker Snyder 把希望定义为，在自主性（以目标导向）和路径（尝试不同方法）交叉所产生体验的基础上，形成的一种积极的动机状态（相信可以实现这些目标）。基于此，"希望"是由目标（有积极追求目标的动力）、策略和方法（不断尝试实现目标的不同方法）、动机或意志力（相信可以促成变革并实现这些目标）三个部分组成的。"希望"是一种积极的心理状态，高希望的人既能够制定现实且具有挑战性的目标（确定目标），又能凭借自己的意志来实现这些目标（动机和意志力），当在这个过程中遇到困难时，他们也会积极寻找替代方法，使自己的目标得以实现（策略和方法）。学会正确寻找替代性路径是一项很重要的技能，因为当你寻找的替代性路径被证明有效时，自我实现预言（self-fulfilling prophecy）会驱使你的热情和积极性被进一步激发（Biggs, 2013），这又会增加你成功的概率，积极的能量因此将会呈指数增长，从"一个成功引向另一个成功"。（Snyder, 2000）

（二）希望的作用——职业与组织心理学角度（组织、领导者、成员）

从组织角度看，鉴于如今激烈的竞争环境，组织可以考虑提高组织成员的希望值，从而彻底激发"人"的竞争优势，以求得在绩效和创新上取得竞争地位。除非竞争对手投入大量的成本和精力，否则从人自身散发出来的优势很难复制，并且具有发展性和持续性。相关研究指出，希望与组织绩效、工作满意度、工作幸福感和组织凝聚力呈正相关（Youssef & Luthans, 2007），希望与组织成员工作投入呈正相关（Ozyilmaz, 2019）。更进一步，Peterson 和 Byron(2008)指出，希望能够帮助组织成员解决在工作中遇到的问题和障碍。由此可见，希望在提高组织绩效上发挥着重要作用。

从领导者角度看，研究发现，高希望的领导者是领导力的关键因素，能够高效地开展组织计划、协调人员、控制额外因素，是驱动组织前行的动力。组织成员需要情绪稳定、富有同情心、充满希望的领导者。（Avolio & Luthans, 2006）一个充满希望的领导者通常是一名优秀的策划者，其会营造出和谐积极的竞争环境，鼓励组织成员为自己制订工作计划，引导组织成员设立实际又有挑战性的目标，不断挑战自己的极限，挖掘自己的潜力。（Norman et al., 2005）即使组织遇到困境需要紧急作出相关决策，高希望的领导也会以真诚、谦虚、温和的方式向下属传达即将要采取的措施及其原因，这有助于维护组织成员的自尊（Cohen-Chen et al., 2019），增强组织成员的主人翁意识，彻底激发"人"的竞争优势。

从组织成员角度看，自我决定理论（self-determination theory）指出，内在动机（intrinsic motivation）是人的行为的决定因素。这强调了内在动机在自我动机形成过程中的重要性，内在动机是指促使一个人行为的理由是因为行为本身能带来愉悦与满足感。（Deci & Ryan, 2002）我们认为，高希望的组织成员往往展现出较高的思维独立性，具备较高的内在动机。因此，高希望的组织成员富有创意并知识渊博，会自发地、热情地、充满活力地投入一件事当中，即使遇到困难，也会继续寻求其他的路径，并从中获得乐趣、幸福感和个人成长。（Wandeler & Bundick, 2011）那么，高希望的个体是如何转换动机的呢？我们可以从图4-3中学习到高希望的个体如何从对一件事情缺乏动机内化到充满内在动机的过程。

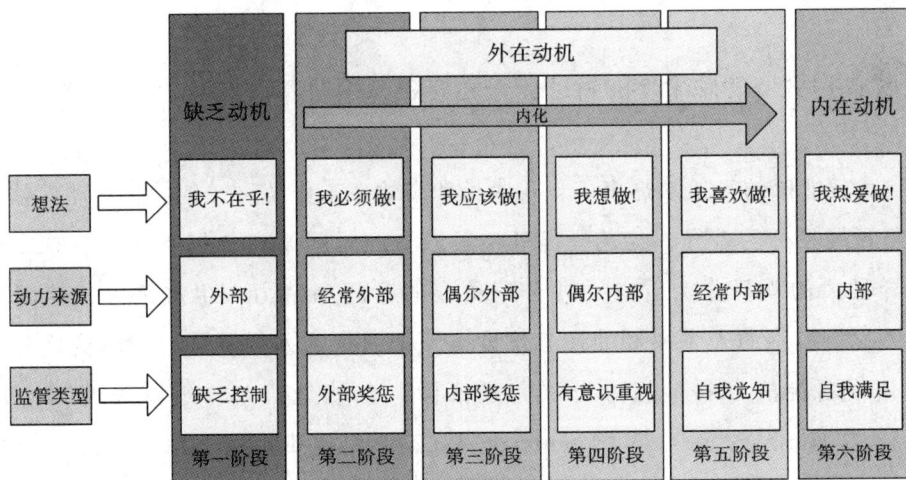

图4-3　动机转换图

二、自我效能感：我可以（成功的信心）

（一）什么是自我效能感

"我就觉得这事儿能成！"你有没有听你身边的朋友说过这句话？当你面对挑战的时

候，你会相信自己可以做到并奋力一搏，还是陷入自我怀疑、提不起劲儿？在日常生活和工作场合，我们拥有的每一项能力的背后都是"动机"在作祟，这个"动机"是建立在自己付出努力之后，你推测能够获得多少成功可能性基础上的。因此，个体能否积极努力全身心投入地去做某一件事的可能性，被称为自我效能感。例如，当A同学和B同学遇到同一件困难的事，A同学评估这件事成功概率为30%，B同学评估这件事成功的概率为90%，那么我们可以认为，B同学的自我效能感高于A同学。

自我效能感由心理学家Albert Bandura在20世纪70年代提出，是指个人对自己在特定情境中，是否有能力去完成某种行为的期望，它包括两个要素，即结果预期和效能预期，结果预期是指个体对自己的某种行为可能导致什么样结果的推测；效能预期是指个体对自己实施某种行为的能力的主观判断。（Bandura，1997）自我效能感正在被广泛应用于医疗保健、组织管理、运动、心理健康等领域。（Hevey et al.，1998）

高自我效能感的人通常在以下方面表现突出。

（1）他们喜欢给自己设立有挑战性的目标，并乐于为之不断奋斗。

（2）目标越具有挑战性，他们越兴奋。

（3）他们非常擅长自我激励。

（4）为了实现自己的目标，他们会全身心地投入进去，直到达成目标。

（5）即使遇到困难，他们也不会放弃。

（二）高自我效能感个体的特征——差异缩减模型

高自我效能感的人通常热衷于自我成长和高效率工作学习，他们会主动评估当前任务难度与预期目标的差异，在选择任务项目或分配时间时，会把当前任务难度与预期目标差异最大的项目作为首选，并分配更多的时间和精力。也就是说，越困难的项目，高自我效能感的人觉察到的任务难度与预期目标的差异越大，就越会优先选择此项任务，不断挑战自我，想方设法完成目标，也就是"差异缩减模型"（图4-4）。（Dunlosky & Hertzog，1998；Verkoeijen et al.，2005）自我怀疑、精神内耗、惧怕负面评价、不断失败，对低自我效能感的人可能是毁灭性的打击，但其很少会影响高自我效能感的人。

值得注意的是，我们要分清"自我效能感"和"自负"之间的区别。一个真正相信自己擅长于某件事的人，是不会到处宣扬自己"很厉害"的，相反，他们会用实际行动证明他们自己的能力。一个不断吹嘘自己很"牛"的人，大概率是想满足自己的虚荣心。

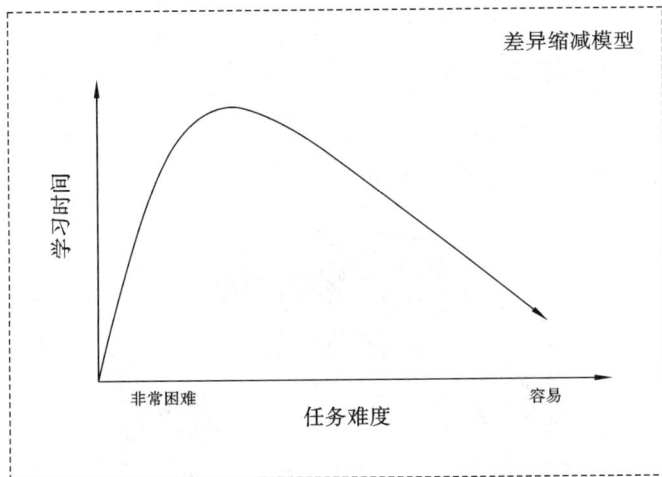

图 4-4 差异缩减模型

(三) 自我效能感的特点

1 自我效能感和具体领域有关

自我效能感和你所接触的领域是联系在一起的，你在熟悉的领域所建立的自我效能感不能够迁移到其他的领域。例如，你是一名企业管理者，你可能在组织培训方面有很高的自我效能感，但是，成为在舞台上拥有曼妙舞姿的舞者这件事，似乎超过了你的"舒适圈"。

2 自我效能感建立在不断练习的基础上

回想一下，你感到最有自我效能感的工作，应该是建立在你不断练习并熟练掌握的基础上。那些你觉得没有信心胜任并想要逃避的工作，一定是你不熟悉的没有相关经验的领域。例如，你是一名英语老师，你很有可能对即将开始的英语演讲比赛充满了信心。

3 自我效能感需要不断提升

值得注意的是，即使在你熟悉的领域，有些时候是不是仍然有一些让你觉得不轻松的任务？例如，你是一名优秀的大学老师，但是当你在申请"青年科学基金"的时候仍旧充满了压力，一边准备申请材料一边"如坐针毡"。

4 自我效能感易受他人影响

"当有人相信你的时候，你也会相信你自己。"我们把这种现象称为"皮格马利翁效应"。例如，当教师期望某名学生表现出较大程度的智力提高时，这名学生就真的出现了较大程度的智力提高。(Rosenthal & Jacobson, 1966)

(四) 自我效能感的影响因素

自我效能感的影响因素，如图4-5所示。

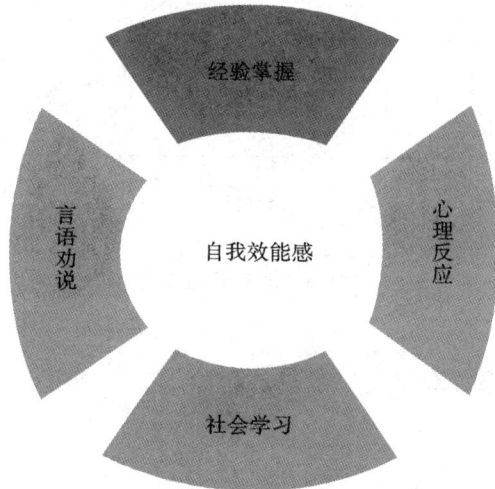

图4-5　自我效能感的影响因素

1 经验掌握（mastery experiences）

个人以往的成功或者失败的经验会影响自我效能感。个体自身成功的经验越多，其对自己的能力会更加认可，也就更相信自己可以完成一些具有挑战性的任务。例如，你是一名在国内获得多项大奖的演讲者，你很有可能对即将到来的全球演讲比赛充满信心。

2 社会学习（social learning theory）

依据 Albert Bandura 的社会学习理论，个体的行为可以通过观察学习他人的行为和后果而获得。（Bandura, 1977）例如，你看见身边的同学完成了特定的任务、实现了特定的目标，你会深受鼓舞，这会增加你完成同样任务和目标的信心。相反，如果看到他们遭受失败，尤其是付出很大努力后的失败，你也会觉得自己成功的希望不大。

3 言语劝说（verbal persuasion）

他人积极鼓励的行为可以帮助我们增强自我效能感，实现目标。例如，你要去参加一场重要的考试，你的好朋友和家人若对你说些鼓励的话，你会立刻精神振奋，能量满满，觉得自己是可以打赢这场"战斗"的"超人"。

4 心理反应（psychological responses）

你有没有在深夜"emo"过？是否觉得自己"一无是处"？情绪状态、生理反应和压力水平都会影响一个人对自己能力的看法，个体在不同状态下，会产生不同水平的自我效能感。例如，你在开心时会更加相信自己的能力，而处在沮丧、焦虑等消极情绪时往往会觉得自己"不行"。

三、韧性：别放弃（复原与超越）

（一）什么是韧性

"那些打不倒你的，终将使你强大。"为什么当面对挫折和失败时，一些人可以"重振旗鼓"，而另一些人却"一蹶不振"呢？我们在阅读名人传记的时候，他们的韧性常常会给我们留下深刻的印象，即使他们遭遇了巨大的困难，仍有顽强的意志力和复原能力。

韧性（resilience）是心理资本的四要素之一，是指一种能够从逆境、创伤、悲剧、威胁以及某些无法抗拒的困境中自救、恢复甚至提升自身的能力，即对困难经历的反弹能力。它有三个基本特征：其一，直面现实，冷静接受挑战并战胜眼前的困难；其二，寻找其意义，价值观坚定，在危急时刻寻找生活真谛；其三，灵活变通，随机应变想出问题解决办法，擅长利用手中的一切资源。（Herrman et al., 2011）

（二）韧性的特点——韧性不仅仅适用于逆境

请你阅读以下案例。

案例

A和B两位同学同时转入一所新学校，A同学对自己的要求极高，对自己的各方面的能力感到非常自豪，她觉得自己未来可期。然而，她在学校的第一个学期似乎并不太顺利。她在学校没有交到新朋友，随后她变得越来越孤独，不爱说话。她觉得自己之所以不受欢迎，是因为没有强大的社交能力，并因此产生低落情绪，苛责自己是一名失败者。最后，她选择退学，精神萎靡，搬回父母家生活。和A同学一样，B同学也面临同样的问题——新生活、新朋友、新老师。但是她提醒自己，因为自己来到一个新的环境，没有社交圈是很正常的事情。于是她积极主动寻求班上老师的帮助，积极主动参与校园活动，参加校园比赛，结交新的朋友。虽然那段时间B同学过得很艰难，但她在新学校重新站稳了脚跟，到第一个学期结束时，她已经重整旗鼓，回归正常的学校生活，并取得了不错的学习成绩。

上述案例生动形象地说明了，韧性对于 B 同学的成功起到了不可或缺的作用。"进步源于挑战"，而不是因为我们已经拥有的能力或成就。我们在理解和培养韧性的时候，并不是一定要局限在生活中的"危害因素"，如人际关系破裂、疾病、离婚、被解雇、未达成目标等。相反，在你面对积极事件的时候，韧性也发挥不容忽视的重要作用。例如，你在企业晋升的速度超过自己和同事们的预期时，所带来的责任、压力和风险同样也需要韧性帮你去"平衡"。也就是说，当你被一些积极或消极事件推到"能力临界值"之外的时候，这时候就需要"韧性"帮你恢复到正常"自我"。同时，我们更要像 B 同学那样关注"可能"自我来提升能力水平。

（三）韧性的作用

在如今的工作场所，竞争进入白热化阶段并且资源短缺，表现出公平的地方却往往被灰色手段所主导。这时候，拥有强大的韧性就变得更有价值。再次回顾之前的案例，正是因为 B 同学拥有很多与韧性相关的品质（韧性资产），如高智力、强大的决策能力、高效的计划能力、坚强的意志力等，帮助她重新建立了人际关系网络（社会资本），并最终使她超越自己、渡过难关，由此生动形象地说明了韧性对组织和组织成员的重要作用。接下来我们将从个人和组织绩效角度，在科学的理论基础上来讨论韧性的重要作用，巩固韧性作为心理资本重要组成部分的地位。

从个人角度来讲，相关研究指出，高韧性的人更容易体验到时间长且频次高的积极情绪，他们擅长对困境进行积极的归因，并将情绪调整到积极情绪状态，选择灵活且有效的解决办法。例如，选择合适的情绪调节策略——冥想、正念等，以恢复心理幸福感，杜绝"精神内耗"。（Tugade & Fredrickson，2007）此外，Reivich 和 Shatte（2002）指出，韧性能够帮助个体度过艰难困苦的时期，并主动采取策略适应目前的环境，不断学习，补齐"短板"。Ryff 和 Singer（2003）认为高韧性的人通常充满自信，具有较高的自我效能感，并拥有良好的人际关系，遇到困难情绪稳定，能够共情他人的情绪。

从组织绩效角度来讲，Richardson（2002）认为在经历逆境和挫折的过程中，韧性可以帮助组织成员不断进步、不断成长，即"复原和超越"，从而能够给组织带来效益。Beuren 等（2021）认为，韧性可以影响组织业务绩效和组织成员的工作满意度。相关研究还指出，韧性可以帮助组织抵御压力。（Barasa et al.，2018）由此可见，韧性对于组织和个人来说具有重要意义。

（四）韧性的影响因素

韧性不是一种与生俱来、"不可思议"的能力，也不是一种"一成不变"的性格特

征，恰恰相反，韧性是动态的，有延展性、滞后性和可发展性的心理优势。（Ma et al.,
2018）以下我们主要从组织成员"内部"和"外部"因素这两个方面来讨论韧性的影响
因素（图4-6）。

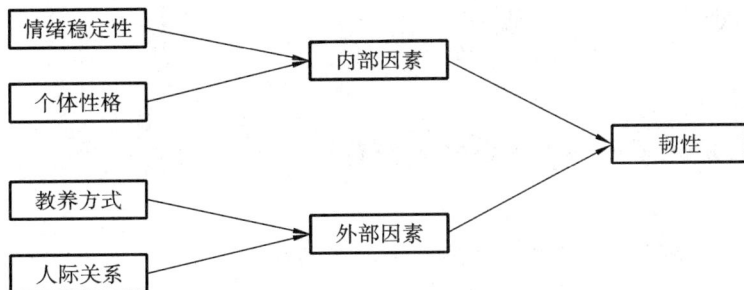

图4-6 韧性的影响因素

1 内部因素

内部因素是指个体具备某些优良品质，能够调节或延缓危机所带来的不良影响。

1) 情绪稳定性

情绪稳定的个体有较好的自我控制能力，通常会冷静沉着地解决问题，因此成功的
概率较大，从而能够影响韧性。（Baumeister, 2018）反之，情绪不稳定的个体易采取偏
激的方法解决问题，从而使问题被成功解决的概率大打折扣。

2) 个体性格

外向性格的人喜欢社交，通常拥有良好的人际关系，容易得到更多"贵人"的帮助
和支持，使其顺利渡过难关，从而能够影响韧性。（Segrin & Taylor, 2007）同时，和韧
性低的人相比，韧性高的人在面对失败时，更有可能保持乐观和坚强，更快地走出困
境。（Herrman et al., 2011）

2 外部因素

外部因素是指个体所处的环境中具有能够促进个体成功的因素。

1) 教养方式

积极的教养方式更利于个体韧性的发展。（Yamaoka & Bard, 2019）例如，积极的
教养方式更看重个体的内心需求，而非外在行为表现，因此，个体的自主性被尊重和保
护。同时，积极的教养方式更看重如何解决问题，而非问题本身，这能够使个体拓宽思
路，增加解决具体问题的方法，从而有利于韧性的培养。

2) 人际关系

拥有良好人际关系的个体，通常能够很好地利用身边组织、朋友、教师的资源。因

此，遇到困难时，他们往往会得到更多的帮助和支持，这有利于韧性的发展。(Lu &
Argyle, 1992)

四、乐观：会更好（现实与灵活）

（一）什么是乐观——"万事发生皆有利于我"

你是否会时常怀念无忧无虑的青春，觉得那段时光很短暂？你是否会觉得随着年龄
的增长，越来越难从日常生活中获得愉悦感和幸福感，觉得生活变得日益无聊而重复，
觉得人生也就"那样了"？如果你时常这样想，那么你可能需要一点点"神奇的力量"
来帮助你恢复"战斗力"。人类自诞生以来一直充满着"谜团"，在生命长河中既能够战
胜各种各样的不可能，又能够创造一个又一个奇迹。我们不禁要问：是什么"神奇的力
量"让人类没有对未知的世界心生恐惧或者打"退堂鼓"？

这种"神奇的力量"在这里被我们称为"乐观"。乐观通常指的是个体擅长从正面
积极的角度看待事物的态度和观念。例如，同样是面对洒落了半瓶的水，消极悲观的人
会说："唉，只剩一半儿了！"而积极乐观的人会说："嘿嘿！幸好，这还有一半儿呢！"
从心理资本角度来讲，乐观是指个体保持积极心态的同时具有较强的逻辑性、计划性和
理性思考能力。乐观的人有很强的自律性，擅长从过去的事件中吸取和积累经验
（Avilio & Luthans, 2006)，会制订紧急计划以及做好预防规划，即他们一边享受将积极
事件的结果归功于自己的"掌控感"，一边不会把自己置于更大的"潜在危险"之中。

（二）高乐观个体的特征——基于Seligman的归因理论

根据 Martin Seligman 的归因理论（attribution theory)，乐观是一种积极的解释风
格，积极乐观的人擅长把积极的事件归因于持久性、普遍性、个性化，而把消极的事件
归因于外部的、暂时的和与情境有关的。恰恰相反的是，消极悲观的人会把积极的事件
归因于外部的、暂时的和与情境有关的，把消极的事件归因于持久性、普遍性、个性
化。(Seligman, 1990)

因此，Seligman（1990）认为，高乐观的人善于把生活中发生的积极事件归因于自
己本身的能力，即他们认为是自身的相关能力引发了这些积极的因素，并且这些能力日
后会持续存在并不断成长，帮助他们成功地应对生活中消极的事情。同时，高乐观的人
能够积极地看待生活，吸收过去、现在、未来积极的一面，并能够不断总结经验教训，
逐渐提升自身的能力。例如，一名高乐观的同学因为成绩优秀获得了教师的赞赏和表

扬，他会把这件事情归因于自己这段时间努力学习，熟练地掌握了相关知识。同时，他会对自己接下来的考试充满信心，认为自己经过了这段时间的不懈努力已经充分掌握了考试技巧和相关的考试内容，依旧可以取得不错的成绩。同理，当经历生活中消极的和令人不愉快的事件的时候，高乐观的人往往会将这一事件归因于外部的非自身的影响因素，即和情境有关的因素。例如，一名高乐观的同学因为成绩不好受到了教师的批评，他很可能会作出合理化的解释，比如这次考试时生病了导致状态不佳，注意力无法集中，或者当时情绪状态不佳。

（三）　警惕盲目乐观——心理资本角度（灵活与现实）

就像我们之前讨论的，拥有持续乐观的心态能够带来很多积极的结果。（Schweizer & Schneider, 1997）然而，值得注意的是，盲目乐观很有可能把自己置于危险的境地。相关证据指出，高乐观主义者往往会低估潜在的危险，对事情的结果往往过于自信。（Davidson & Prkachin, 1997; Peterson & Chang, 2003）例如，一名高乐观的企业高管常常因为工作太忙碌不注意自己的身体，饮食不规律，昼夜颠倒，不爱运动。但是他对此并不在意，觉得自己的身体到目前为止并没有什么问题，所以他"乐观"地认为自己是"天选之子"。因此，从心理资本角度看，我们认为乐观需要"现实灵活"，这样才更加具有科学性，即：现实灵活的乐观既不是完全内化成功，认为一切积极事情的结果都源于自己，对自我感觉良好的盲目膨胀；又不是完全外化事情的不好结果，推卸责任，认为失败和自己无关。我们基于科学理论层面，从灵活和现实这两个角度尝试探讨盲目乐观以及正确乐观的具体特征。

从"灵活"角度来讲，不够"灵活"乐观的人不能很好地分辨事情的起因是应该归结于个人因素还是外在因素。例如，一名危险品保管员每次发生事故时，常常会将原因归结于他人或其他的外在因素，而不是反思自己，加强安全管理和制订预防计划，这是非常不负责和极其危险的行为。因此，我们提倡"灵活乐观"。（Peterson, 2000）灵活乐观的人往往会正确地评估情境，灵活地选择将事件的结果归功于"自己"还是"他人"。

从"现实"角度来讲，不够"现实"乐观的人，认为自己只要足够努力，就会一直成功，他们通常将成功的结果归功于自己。这似乎陷入了一个误区，那就是"努力一定成功"，付出时间成本就一定可以获得自己想要的结果。如果真的是这样，那么世界首富很有可能是一头"驴"，对吧？同时，相关证据指出，"非现实"的乐观主义者可能会加剧消极事件的结果对生理和心理健康的负面影响。（Peterson & Chang, 2003）更进一步，Seligman（1990）指出个体陷入"习得性无助"往往是过于关注自己而不强调是外在因素（如学习的方式方法、环境、个体差异等）导致的。因此，在"灵活乐观"的基础上，我们同时又提倡"现实乐观"。（Schneider, 2001）现实乐观的人往往会根据实际情况，分析事情失败的原因，因地制宜地选择适合自己的解决方案。

基于以上分析，可对心理资本四要素进行总结，具体如表4-1所示。

表4-1　心理资本四要素总结

要素	定义	特征	作用	影响因素
希望	对未来的积极期望	目标设定：明确的目标。 路径规划：实现目标的路径	提升动机	个人性格，过往经验
自我效能感	对自己完成特定任务的信心和能力	信心：相信自己能完成任务。 坚持：面对困难持续努力	提升绩效	个人经验，社会比较
韧性	在面对逆境和挑战时，能够恢复并适应的能力	坚韧性：在逆境中坚持。 复原能力：从失败中恢复	增强抗压能力	个人性格，自我认知
乐观	对未来持有积极的态度，相信会有好的结果	积极心态：积极预期未来。 信心：对自己和他人的信任	情绪稳定	个人信念，社会支持

第四节　心理资本与组织绩效和应用
——基于理论和实证研究的视角

从组织绩效角度来讲，如何激发员工潜能并提升组织绩效对于企业生存与发展意义重大，组织绩效历来都是职业与组织心理学研究的热点问题。如果像研究如何提高组织绩效的传统文献一样，从经济学理论假设出发，一味强调"胡萝卜加大棒"模式，即运用奖励和惩罚手段以诱发人们所要求的行为，认为人是天生懒惰的、不喜欢工作的、缺乏进取心的，并认为组织成员的目标和组织目标始终对立，这是不够明智和非理性的。（McGregor, 1960）马斯洛需求层次理论（Maslow, 1943）指出人的需求的最高层次是自我实现，即人并无好逸恶劳的天性，人的潜力要充分挖掘出来，能力充分表现出来，才能体会到最大的满足感。因此，只有激发人的积极性，充分发挥心理资本为组织创造"人"的竞争优势的神奇力量，才能给组织带来源源不断的绩效。再者，基于资源保存理论（Hobfoll，1989），拥有较多资源的个体不仅不易受到资源损失的攻击，更有能力获得更多资源并引发资源增值螺旋。反之，个体会因资源匮乏而导致内在动机不足，压力侵袭，削弱抓取资源的能力，从而进一步导致资源流失。心理资本作为一种积极的心理状态（Luthans et al.，2004），能够给个体提供强大的精神内核。也就是说，心理资本高的个体更有动力获得更多资源并用来追求目标（Hobfoll，2002），从而能够引发资源增值螺旋。而且与心理资本低的个体相比，心理资本高的个体表现更好（Newman et al.，2014），进而为组织作出更大贡献，促进组织绩效提升。

相关实证研究也表明，心理资本与提高组织绩效有密切的联系。Avery（2011）的元分析结果表明，心理资本和工作满意度、组织承诺、员工幸福感以及组织公民行为呈正相关；与离职意向、工作压力和焦虑以及反工作行为呈负相关。此外，Walumbwa 等（2011）提出集体心理资本与组织绩效呈正相关，McKenny 等（2013）发现组织层面心理资本与随后的组织财务绩效呈正相关。更进一步，Clapp-Smith 等（2009）观察到个体团队成员的心理资本聚合到团队水平与团队绩效呈正相关。综上所述，基于理论和实证研究的视角，我们坚信心理资本在提升组织绩效方面发挥着不容忽视的重要作用和价值。

在当今严峻的商业环境中，组织和个人都面临着巨大的挑战。在这样的环境下，组织需要利用各种管理工具来应对挑战，从而不断保持企业竞争力，而心理资本在组织中的应用就是相应对策之一。首先，基于资源保存理论，心理资本可以被视为一种重要的组织和个人资源，能够帮助员工应对工作压力、提高工作效率和质量，心理资本高的员工更有可能体验到工作幸福感，从而更有动力投入工作。（Imran & Shahnawaz，2020）其次，心理资本还能够促进员工的创新和创造力。心理资本的运用能够提高员工灵活思考的能力，鼓励员工更加勇敢地尝试新的想法和方法。相关研究指出，心理资本高的人比心理资本低的人表现出更多的创新行为，更有可能在工作场所产生、获得支持和实施新想法。（Abbas & Raja，2015）最后，心理资本作为一种难以替代和模仿的个人优势可以被用于应对组织压力和挑战，进而提高其组织适应性。（Hobfoll，1989）在现代社会，变化和挑战是不可避免的，在组织中，员工需要面对各种各样的挑战，如新的工作任务、新的工作流程、新的团队合作等。心理资本可以帮助员工保持乐观和积极的心态，以便更好地应对新情况，为组织带来更高的竞争力。

在组织中，员工的职业发展不仅是员工自身的事情，也是组织的责任。因此，组织可以通过提供培训、发展员工心理资本、提升员工心理幸福感、增加晋升机会、提供挑战性的工作项目等方式来促进员工的职业发展。

第五节　心理资本的局限性

正如前面我们提到的，心理资本的发展和运用对个体的幸福感、健康状况和职业成功等方面有积极的影响。然而，事情都有两面性，心理资本同样也存在着一些局限性，这些问题需要引起我们的关注和思考。本节我们将尝试探讨心理资本的局限性（Lu-thans，2006），以便更好地理解心理资本的本质和运用。

一、环境因素

心理资本在不同环境下的效果存在差异。例如，在贫困地区，个体的心理资本可能会受到压抑和削弱，因为恶劣或者缺乏资源的大环境会影响个体的认知程度和态度，这可能会导致个体的自我效能感下降、希望减少，以及乐观主义和韧性受损。相反，当个体在富裕的环境中时，自身的心理资本优势可能会得到更好的发挥，因为优越的环境可能包括资源丰富、社会支持和良好的教育等方面，可以让个体获得更多的技能和知识，从而增强自信心和自我效能感。

二、个体因素

个体的基础条件和人格特质影响着心理资本的发挥。例如，一个有高自信和坚定决心的人可能会更好地发挥其心理资本，而一个缺乏自信和决心的人可能会受到心理资本的限制。此外，个体的文化背景、教育水平、性格特点等方面也会影响其心理资本的发展和运用。

三、组织因素

心理资本往往在个体水平被测量，但是对于组织来说，可能不是最优先考虑的或者最有意义的。这是因为，随着跨文化、跨领域的工作趋势不断增加，组织最关心的可能是团队、整体层面的结果，我们要尝试把心理资本的关注点从个体转移到团队层面上来。同时，用心理资本评估对组织绩效的影响也存在一定的缺陷。例如，共同方法偏差可能会发现、放大或缩小不存在的关系，却忽略或削弱了某些真正的关系。

四、跨时间发展性

前面提到的，我们认为心理资本是动态的并且具有可塑性，因此，它不仅在个体间发生变化，在个体内具有跨时间的变异性。我们在设计实验的时候必须科学地考量心理资本的跨时间发展性，需要根据个体的不同情况进行个性化的调整和优化。

第六节　心理资本的未来发展新方向

目前，我们通常认为心理资本由希望、自我效能感、韧性、乐观这四个变量组成。但是，这四个变量并不代表我们对心理资本的研究就到此为止了。在对组织员工进行投资和领导的过程中，积极的心理资本确实有无限的潜力和影响力。因此，我们不妨尝试探讨组成心理资本的其他潜在变量。时代在不断进步，人和环境也在不断变化，积极心理学领域提出了很多指向组织、个体的资源和概念。从理论基础、实证研究和工作场合的实际应用来看，这些积极的变量或者概念具有可研究性和可发展性。具体内容如下。

一、社交能力

社交能力指的是一个人在社会交往中所具备的技能，如沟通能力、合作能力、领导能力、抗压能力等。基于Bandura的社会认知理论（Bandura, 1977），我们认为心理资本的开发与管理可能是以社会互动为基础的。同时，有相关的证据表明，社交能力的提升也可以帮助个体更好地应对挑战和压力，增强其抗挫能力和适应能力，具备良好的社交能力可以帮助个体更好地协调和处理与同事、客户和上司的关系，提高职业竞争力和职业发展的机会。（Segrin, 2003）因此，我们认为，社交能力可以作为心理资本发展的新方向，帮助个体更好地发掘和利用自身的潜力，提高综合素质，为组织带来核心竞争力。

二、 感恩与宽恕

感恩和宽恕是我们在日常生活中经常听到的词语，Emmons（2004）将感恩定义为"收到对方的馈赠后，个体所产生的一种激动和喜悦的感情"。与此同时，宽恕是"一个人对于犯错者或者错误行为及其后果的消极情感转变为中性和积极情感的过程"。心存感激的人，会常常关注生活中积极的一面，例如，一首动听的歌曲、一段愉快的交谈、沿途美丽的风景等，这有利于促进和维持与他人良好的人际关系和积极的态度。此外，宽恕意味着个体不会一直沉浸在无限的消极的情绪或者情境中，反而能够以积极的态度处理事情。因此，我们把感恩和宽恕结合起来，有利于塑造积极的归因，增加人们心理资本的财产目录。在如今超压力和残酷无情的商业环境中，工作场所产生的更多是贪婪、嫉妒和憎恨等负面情绪，而不是感恩、宽恕、同理心和相互帮助，这不利于组织发展。因此感恩和宽恕都应该被纳入心理资本，从而能够填补这个空缺，促进组织的良性循环和健康发展。

三、 勇气

勇气是指个体面对恐惧、危险、不确定性或压力等困难情境时，能够坚定地面对并采取行动的品质。对于组织而言，开放的沟通，资源共享、信任彼此等积极因素都是对组织发展至关重要的。但是，在残酷的组织竞争环境下，这些积极的因素难以得到发展。因此，组织成员必须勇敢地传播他们的积极想法和观点，这些由恶性竞争引起的消极因素才可以得到改善甚至消除，组织成员之间才可以形成积极的内在价值观。而对于个人而言，基于资源保存理论，勇气作为心理资源的一部分，可以帮助个人更好地适应和应对复杂多变的环境，提高个人的适应和应对能力，增强个人的自信和自我效能感。因此，我们认为勇气在未来可以纳入心理资本的一部分，促进组织绩效提升和个人发展。

在本章，我们希望不仅仅向大家传递一个信息——心理资本是动态发展的，并且我们还希望能够在心理资本发展历程中提供一些新方向和新想法，从而能够科学地扩展心理资本的研究领域。

第七节　心理资本的干预——PCI模型

在前面的几个部分，我们花了很多时间和精力着重讨论了：心理资本的来源；为什么要研究心理资本？即，心理资本在职业与组织心理学领域的重要性；心理资本的主要的组成部分（希望、自我效能感、韧性、乐观）；心理资本优势的开发以及一些具体的指导方法。接下来我们继续讨论如何提高我们的心理资本。相关研究指出，PCI（心理资本干预，psychological capital intervention)模型（图 4-7）可有效提高个体的心理资本水平，PCI模型的目标是影响心理资本中的每个变量和总体水平，并最终影响总体工作绩效。（Luthans et al., 2006）

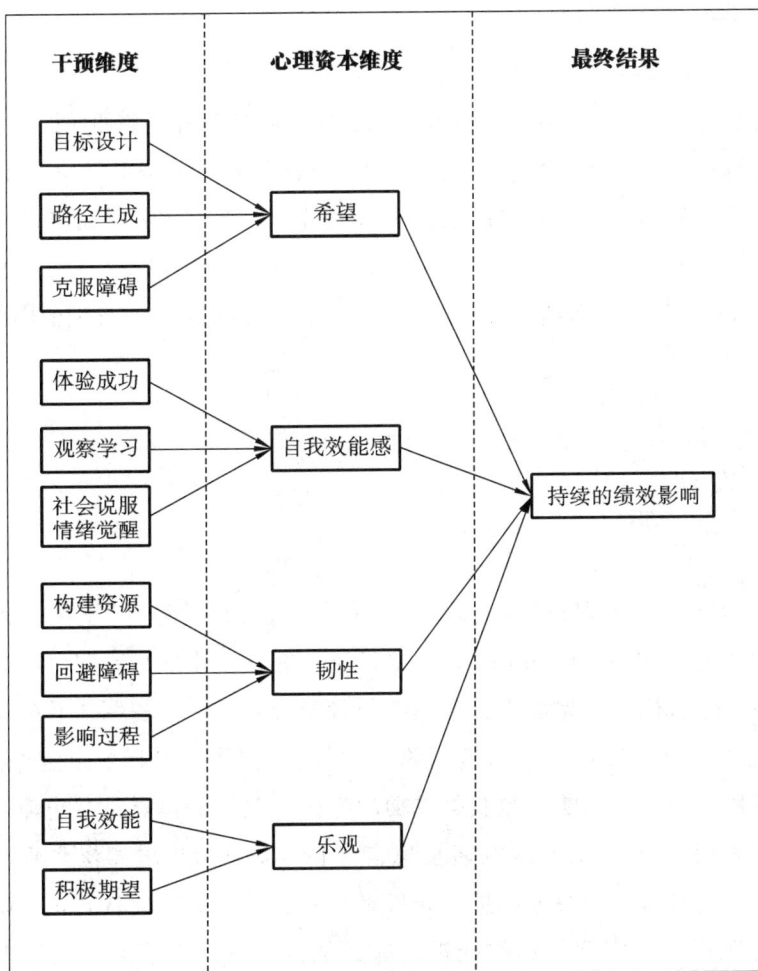

图 4-7　PCI模型框架

一、 开发希望

相关研究指出，希望受到目标、途径和动机的影响。（Snyder, 2002）首先，让参与者制定具有个人价值以及实现方法的详细目标（目标设计）。其次，鼓励参与者为实现目标制定多条路径，听取他人意见，仔细考虑每条路径所需要的资源，丢弃不切实际路径并确定少量现实路径（路径生成）。最后，让参与者考虑其潜在障碍并提出解决方案，例如："什么可以阻止你实现目标？你该如何解决？"同时，参与者会收到来自群体的反馈，告诉他们可考虑的替代路径和其他可能会遇到的障碍。这样能提升参与者辨别障碍、克服障碍的能力，削弱其对动机的负面影响（克服障碍）。

二、 开发自我效能感

我们鼓励参与者采用递进式来设计和实现目标，向参与者讲解如何拆分每一个子目标以及如何实现每一个子目标，因此，他们会对目标的实现有积极的期望（体验成功）。同时，当参与者目睹其他人都在朝着各自的目标努力奋斗，听到他人是如何获得成功的故事，这时就会出现"观察学习"（Bandura, 1977），这个过程能够引发参与者积极的情绪，因此出现情绪觉醒（社会说服和情绪觉醒），这会增强参与者制订和实行计划的内在动机。

三、 开发韧性

相关研究指出，意识到自己拥有哪些个人资源，如天赋、工作技能和人际关系网络，能够增强我们的韧性。（Luthans et al., 2006）首先，让参与者列出会利用哪些资源来帮助其实现工作目标，干预者也会帮助参与者挖掘其他个人资源，并鼓励参与者尽可能地去使用这些资源实现目标（构建资源）。其次，在执行目标的过程中遇到困难时，我们让参与者提前列出会影响自己获得成功的障碍，关注的焦点是避免障碍或阻止障碍严重化（回避障碍）。最后，让参与者反思自己在面对逆境时的想法与感受，鼓励参与者练习预测和解决与目标相关的挫折。如果参与者能够更准确地从真正影响、控制和选择方面来描述阻碍个人实现目标的挫折，那么他们不仅能更容易从挫折中迅速恢复过来，甚至能够超越他们的原始水平（影响过程）。

四、开发乐观

在我们引导参与者成功克服障碍的过程中，逐渐积累的自我效能感为其积极预期奠定了基础（自我效能），进而引发自我实现预言效应（Biggs, 2013），增加他们成功的概率。同时，根据观察学习理论（Bandura, 1977），当观察其他成员也在期望成功，并为成功不断制订计划、寻找解决路径时，群体提供的反馈也会增强个体的积极期望，导致乐观增加（积极期望）。

第八节　本章小结

心理资本是指个体在成长和发展过程中表现出来的一种积极的心理状态。心理资本可以作为难以复制的独特的竞争优势，从而对组织可持续发展、从积极视角解决问题、提高组织的核心竞争力等具有重要的意义。

心理资本通常由希望、自我效能感、韧性、乐观这四个部分组成，美国著名学者Luthans分别取了这四个英文单词的首字母来构建心理资本"HERO"模型，隐喻一个想成为英雄的人，所必须具备的四项心理能力。

心理资本与提高组织绩效有密切的联系。基于资源保存理论，心理资本作为一种个人资源，能够给个体提供强大的精神内核，帮助员工应对工作压力、增强工作动力，进而为组织作出更大贡献，促进组织绩效提升。

心理资本的研究具有局限性。例如，心理资本在不同环境下的效果存在差异、个体的基础条件和人格特质影响了心理资本的发挥，用心理资本评估对组织绩效的影响也存在一定的缺陷。

心理资本具有无限的潜力和影响力。我们认为心理资本是动态发展的，则我们就可以尝试将组成心理资本的其他潜在变量作为未来研究的新方向，如组织成员的社交能力、感恩和宽恕、勇气等。

PCI模型可以有效提高个体的心理资本水平。PCI模型的目标是影响心理资本中的每个变量和总体水平，并最终影响总体工作绩效。

课后思考

1.心理资本的定义是什么？其影响因素是什么？

2.心理资本主要包括哪几个部分？它们分别有什么作用？

3.为什么要研究心理资本？试述心理资本的重要性。

第四章
参考资料

第五章

创 造 力

本章目标

　　　　学习完本章后，你应该能够：

　　　　·了解创造力的定义和测量。

　　　　·表现出对创造力关键理论的深入理解。

　　　　·获得创造力对职业与组织心理学的启示，将其与自己的创造性
　　　　　实践联系起来。

　　　　·阐述当代创造力的发展趋势和关键思想。

想象一下，在繁忙的学习和工作过程中，你需要保持创造力、用激情和专注的态度完成任务，即使你可能感到疲倦或遇到困难。这种情况下，你如何激发自己的创造力并继续高效工作？这种创造性的劳动对你有何影响？

在当今人工智能快速发展的时代背景下，创造力不仅仅是一种需求，更是一种必不可少的核心竞争力。创造力并非天生，而是可以通过不断学习和实践来培养和增强的。这段话概述了创造力的定义、构成要素及其在个人、团队和组织中的应用，同时回顾了经典理论，并展望了创造力在工业4.0时代的未来发展。

在本章中，首先，我们将深入探讨创造力的定义和构成要素，理解它不仅仅是灵光一现的天才之举，更是系统思维和灵活应变的结合。其次，我们会回顾历史上一些经典的理论，并介绍创造力的测量方法。这些理论不仅适用于个人创作和职业发展，也同样适用于团队协作和组织创新。通过科学的理论和实际的案例，我们将探讨如何在日常生活和工作中应用这些方法。最后，我们将展望未来，探讨在工业4.0时代，创造力将如何继续引领我们前行。

第一节 创造力的定义

创造力如何定义？这是创造力领域的核心问题，因为它不仅影响创造力相关研究的理论构建，也决定了人们如何测量创造力。有学者认为，创造力是个体在工作任务中展现的新颖且实用的独特能力。（Sternberg & Lubart, 1996）20世纪50年代，Guilford界定了工作场所创造力的内涵，认为创造力是创造者个体与生俱来的"天赋"，是个体能力特征的体现。他提出了智力三维结构模型理论。Oldham 和 Cummings（1996）将创造力定义为个体层面对组织既新颖又有用的想法、方法或产品。然而，"新颖性"和"有用性"的重要性并未被单独强调，这或许意味着我们很难区分一个极其新颖但略微有用的想法与一个非常有价值但只有些许新颖性的想法。

值得注意的是，创新（innovation）和创造力虽然在概念上有许多重叠之处，但它们存在显著区别。首先，创造力是个体或团队层面的心理学范畴，而创新则通常是组织层面的经济学和管理学研究对象。其次，创造力指的是新奇且有用的想法的产生，而创新不仅包括这些想法的产生，还涉及其成功实施和应用，以实现价值。基本上，创造力专注于想法的生成，而创新强调想法的应用价值，因此创造力常被视为创新的第一阶段。（Amabile, 1996; Mumford & Gustafson, 1988）最后，创新所涉及的新想法和新实践可以源自组织内部员工（Janssen，2000），也可以从外部引入（Zhou & Shalley，2010）。当员工引入并应用外部的新想法、新方法或新实践时，尽管他们本身没有产生新想法但仍参与了创新。（Anderson et al.，2004）因此，尽管创造力和创新是相关的概念，但二者之间有着显著差别。

第二节　创造力的理论视角

不同的研究者基于不同的理论视角对创造力进行了不同的界定，梳理以往的研究后发现，创造力比较典型的理论视角有以下几个。

一、创造力要素理论

Amabile（1988）基于前人的研究，提出了创造力三要素理论，其认为创造力包含三种内在因素：任务动机、本领域相关专业知识与技能、创造性思考问题的技能。这三种因素相辅相成、互为补充，共同促成创造力的产生。在创造力激发的过程中，这三者各有侧重。

具体来说，任务动机是指个人如何看待所执行的任务，是个人从事某一工作的出发点和创造力的源动力；本领域相关专业知识与技能是指与个人所在专业领域高度相关的知识和技能，是创造力的基础；创造性思考问题的技能则包括与创造力高度契合的思维方式和认知模式，如发散性思维和创造性思维。从不同的分类角度来看，上述三种因素可以划分为"能力"和"意愿"两个维度。任务动机归属于"意愿"维度，而本领域相关专业知识与技能、创造性思考问题的技能归属于"能力"维度。"能力"和"意愿"从更高层次对创造力要素进行了区分，即三者本质的区别在于客观能力与主观意愿的不同。总而言之，以上三个因素在创造力产生的过程中，通过相互作用，影响个人总体创造力；这三个因素的交集越大，配合越密切，则个体的创造力越强。

在进一步的研究中，学者们从社会心理学视角出发，将创造力定义为个体产生针对产品、服务、过程或流程等的新颖且有用的观点或成果。（Amabile et al.，1996）这一定义中强调的新颖性和有用性是衡量创造力强弱的两个重要指标。它弥补了以往研究中，对创造力的"新颖性"和"有用性"均关注不足的局限性。

二、 创造力过程理论

从过程视角来看，个体、群体和组织层面的众多变量都与个体的创造性行为有关，创造力虽然在产生过程中受到个体努力的影响，但更注重过程中的严密组织和精心安排。（Woodman et al.，1993）Pames 等（1977）提出了一个创造性思维过程的模型，包括现象发现、问题发现与定义、创意产生、解决方案提出和解决方案接受五个阶段。Amabile（1983）提出的创造力过程模型将创造性思考过程分解为任务陈述（问题产生的背景）、活动准备（为解决问题收集相关信息）、产生创意（构思解决问题的各种方法）、验证创意（检验创意的合理性和可行性）和结果评估（选择一个最佳方案）五个阶段。从过程视角对创造力的定义涵盖了对某个问题或机会的识别、信息收集、创意产生和创意评估等内容。创造力的生成过程包括持续地发现问题、解决问题以及实施新的方案，同时也是一个包含思考与行动、反馈寻求和新方法商讨的循环过程。（Basadur，2004）

三、 创造力结果理论

创造力结果理论的支持者认为，创造力是新颖且实用的创意、产品、服务或程序。（Amabile，1996）例如，Rogers（1954）将创造力定义为个人和情境独特性所产生的新颖的产品。Zhou 和 George（2001）指出，个体创造力不仅是指有新的创新理念，还是指创新理念的实施、促进和发展。Tierney 等（2006）将创造力定义为一种实践的、新颖的并以结果为导向的能力。Shalley 等（2004）则认为，创造力是员工在组织环境中产生的有益于组织生存和发展的新想法。

许多学者认为，将创造力作为单一结构进行研究过于简单化，创造力非常复杂，难以定义。Gardner（1993）比较了两种创造力类型："小创造力"和"大创造力"。前者是我们日常生活中常见的创造性活动，而后者则是偶尔出现的重大突破。Gilson 和 Madjatr（2011）提出，创造力是一种突破现有做法并提出新创意或新方案的能力。他们从理论上将创造力区分为突破性创造力和渐进性创造力，然后从实证方面探讨了这两种形式的创造力的不同前因。其中，突破性创造力是指提出全新的、与现有实践有本质区别的想法，而渐进性创造力是指在现有实践或产品上的微小改进。突破性创造力的前因包括个体的高开放性、高智力、复杂的环境、多样化的社会网络以及内在动机和创新文化；渐进性创造力的前因包括高勤奋、细节导向、稳定的环境、专业领域的深耕以及外在奖励和管理层的支持。

综上，这些理论共同构建了对创造力的多维理解，涵盖了从个体天赋到社会系统的多重视角。

<h1 style="text-align:center">第三节　创造力的测量</h1>

创造力的测量方法目前有两类，一类是问卷测量法，另一类是实验测量法。

一、问卷测量法

(一) 创造力单维度量表

在组织行为学中，个体创造力的测算及分析一般都通过调查问卷的方式获得观测结果。

通过梳理既有文献发现，大多数学者将创造力作为单一维度的因变量进行研究。在创造力的测量工具中，以下几种工具被广泛认可并频繁使用。

George 和 Zhou（2001）开发的13题自陈式量表（表5-1）是目前学术界衡量个体创造力普遍采用的量表之一。该量表在开发时充分考虑创造力的新颖性和有用性，得到了学者们的一致认可，并且被国内外学者广泛使用。大量的实证研究证明了该量表具有很好的信度和效度。该量表中第3题、第7题、第9题借鉴了 Scott 和 Bruce（1999）的研究内容，George 和 Zhou（2001）开发了其余10题。

表5-1　13题自陈式量表

题　号	内　容
1	我会提出实现目标的新办法。
2	我会提出新颖的、实用的想法来提高绩效。
3	我会提出新的工艺、流程、技术和产品（服务）创意。
4	我会提出改善质量的新方法。
5	我经常能产生有创造性的想法。

题　号	内　容
6	我不害怕冒险。
7	我努力向别人推广我的想法。
8	有机会时，我就会在工作中展现创造力。
9	我会为新想法的实施制订适当的计划。
10	我经常有原创性的点子。
11	我经常能想出新方法来解决问题。
12	我经常有解决问题的新思路。
13	我经常提出执行任务的新办法。

此外，学者Farmer等（2002）基于社会认同理论开发的创造力量表（表5-2）也被学者们较为广泛地使用。该量表为创造力他评量表，由领导对员工创造力进行评价。在我国，该量表被多项研究使用，信度较好。

表5-2　创造力量表

题　号	内　容
1	该员工勇于在第一时间尝试新想法、新方法。
2	该员工会寻找新的想法和方法去解决工作中遇到的问题。
3	该员工会提出与工作领域相关的开创性想法。
4	该员工在创新或创造力方面是很好的榜样。

学者Oldham和Cummings（1996）开发的单维度三题项的员工创造力量表（表5-3）也被广泛应用，这个量表同样采用管理者对员工创造力进行评估打分的方法。

表5-3　单维度三题项的员工创造力量表

题　号	内　容
1	该员工的工作成果是有创意的。
2	该员工的工作成果是既有原则性又实用的。
3	该员工的工作成果是既有适应性又实用的。

此外，有学者提出了双维度和三维度的创造力量表（Madjar et al.，2011），这些量表多以创造力形成的过程为研究视角，涵盖了问题识别、信息处理和新观点产生等多个阶段。尽管有研究者建议在创造力研究中细分创造力的类型，但主流研究仍然以单维度的创造力量表为主。还有学者在使用主观问卷法测量创造力的同时，采用专利数量、论

文数量或合理化建议数量等客观指标来衡量个体的创造力，但这些研究通常对研究对象的选取范围有较严格的限制。

（二）创造力双维度量表

创造力双维度量表逐渐受到学术界的认可。该量表用来测量突破性创造力和渐进性创造力（Madjar et al., 2011），是由直接上级来评价下属员工的突破性创造力。前3题用来测量突破性创造力，后3题用来测量渐进性创造力，具体如表5-4所示。

表5-4　创造力双维度量表

题 号	内 容
1	该员工经常提出原创性的见解和问题解决方案。
2	该员工是企业原创力的主要来源。
3	该员工能够提出广告设计的全新方法。
4	该员工经常使用新方法改进现有方案。
5	该员工能够轻易地修正现有方案以适应新的工作需求。
6	该员工习惯于以适当的新方式实施已有的做法或想法。

（三）创造力三维度量表

创造力三维度量表的题项如表5-5所示，受访者作答了以下11个问题。其中，第1～3题是关于问题识别的，第4～6题是关于信息搜索与编码的，第7～11题是关于想法生成的。

表5-5　创造力三维度量表

题 号	内 容
1	我花了相当多的时间试图理解问题的本质。
2	我从多个角度对该问题进行思考。
3	我将一个困难的问题/作业/任务分解成部分以获得更大的理解。
4	我查阅了各种各样的资料。
5	我从多个来源搜索信息（如个人记忆、他人经验、文档、互联网等）。
6	我在自己的专业领域保留了大量的详细信息，以备将来使用。
7	在产生新想法时，我考虑了多样化的信息来源。

续表

题　号	内　容
8	我寻找与当前不同领域使用的解决方案的联系。
9	在选择最终的解决方案之前，我会为同一个问题生成大量的备选方案。
10	我试图设计潜在的解决方案，以脱离既定的做事方式。
11	我花了相当多的时间转换有助于产生新想法的信息。

二、实验测量法

国外研究者提出了很多应用于创造力测量的操作技术和方法。

创造力测验包括发散思维测验和顿悟类测验。其中，发散思维测验应用最为广泛，包括被测验者的答案流畅性、变通性、独特性以及新颖性。Guilford（1967）提出采用发散思维测验，让参与者提出尽可能多的契合题干情境的正确答案。常见的发散思维测验有托兰斯创造性思维测验（TTCT）、Guilford开发的智力三维结构发散性能力测验。顿悟类测验的基本理论假设为：高创造性个体能够通过诸如远距离联想、思维重组和原型启发等认知加工过程，有效整合和处理目标相关信息，从而更好地解决顿悟问题，并体验到顿悟的过程。顿悟类测验应用最广泛的是 Mednick(1962)的远距离联想测验（remote associates test，RAT）。基于顿悟类测验的理论，Mednick创立了影响深远的远距离联想测验。该测验通常由30个题目组成，每个题目包含3个词，要求被试根据所呈现的词进行联想，找到一个相关的新词。以英文版远距离联想测验为例，光（light）、生日（birthday）和蜡（wax）的正确答案是蜡烛（candle）。创造力成就测验作为发散思维测验的一部分，主要包括创造力行为清单、创造力成就问卷，用来评估个体在实际情境中的创造性表现。

同感评估技术是广泛应用于国内外的创造力测量工具，也被称为评估测验或一致性评估技术。同感评估技术利用特定专家独立评判创造性产品的技术，专家的共识作为衡量产品创造力的依据。（Shalley et al.，2001;Pretz & McCollum，2014）创造力的评估技术不仅可以用于测算正在开发中的创造性产品，评估其是否具备创造力，还可以用于衡量现有产品的创造性。随着技术的发展，创造力测量也广泛地开始借助高科技，直接测量生物信息。创造力脑机制测评技术就是其中之一，主要包括正电子发射断层扫描（Starchenko et al.，2003）、功能性磁共振成像（Kowatari et al.，2009）和脑电图（Ince et al.，2021）。这三种技术各自侧重于创造力研究的不同方面，各有优劣，因此适用于不同的创造力测评场景。

不同领域采用不同的创造力测量方法，以提高测量的准确性和代表性。研究者们在实践中应根据具体需求选择合适的方法，并不断完善和创新测量技术。

第四节　创造力的影响因素

近年来，创造力的前因研究越来越得到学者们的关注。（Andriopoulos，2001）学者们从个人、团队、组织等多个层面对创造力的影响因素展开了大量的研究。在对创造力主题文献进行回顾后，我们将创造力分为个体创造力和团体创造力进行阐述。

一、个体创造力的影响因素

（一）个体因素

1 人格特质

关于创造力的人格特质，学者们进行研究时主要采用以下两种方法。

一种方法是采用创造力人格量表，该量表由 Gough（1979）开发，提供了一种反映个人整体创造性潜力的指标。创造性人格量表得分高的人通常兴趣广泛，当遇到问题时会将不同来源的知识进行整合（Barron & Harrington，1981），而且他们拥有更强的自信心和对不确定性观点的容忍，并坚持发展自己的原创性想法。（Shalley et al.，2004）

另一种方法是大五人格模型，大五人格模型中的一个或多个维度经常被用来分析个体的不同人格维度对其创造力的作用关系。研究表明，大五人格特质会与情境因素相互作用，以增强或限制创造力。（Baer，2006）Raja 和 Johns（2010）检验了大五人格模型的五个基本人格维度（外倾性、随和性、责任心、情绪稳定性和经验开放性）与工作特征模型（技能多样性、任务重要性、任务完整性、自主性和反馈）对个体创造力的影响。他们研究发现，当工作特征模型中的技能多样性、任务重要性、任务完整性、自主性和反馈较高时，情绪稳定性与外倾性负向影响创造力，责任心与随和性对创造力没有影响，而经验开放性则是在工作范围较小的时候有益于创造力的提升。研究发现，具有主动积极人格的人更愿意进行信息交换，从而与领导和同事构建更强的信任关系，促进员工创造力的提升。（Gong et al.，2012）

2 个体认知风格

以往研究表明，个人的认知风格可能会直接影响个体创造力。（Amabile，1996；Woodman et al.，1993）Kirton（1976）提出了适应-创新理论（adaption-innovation theory），该理论

认为认知风格由两个极端的连续体构成，两端分别是适应型和创新型。具有适应型认知风格的人倾向于在给定的范式和程序下处理信息，具有创新型认知风格的人更愿意打破常规，挑战以往的做事方式，从不同视角寻找解决问题的方法。实证研究发现，创新型认知风格有益于创造力的提升。

③ 创造力自我效能感

创造力自我效能感是一种个体认为自己有足够的能力去产生创造性的成果的自我观念。Tierney 等（2002）提出创造力自我效能感的概念，很多学者开始研究其与创造力之间的关系，发现创造力自我效能感对创造力有显著的正向影响。这些学者们其后的纵向研究也进一步验证了创造力自我效能感的积极作用，Tierney 和 Farmer（2011）进行了一项时序研究，认为创造力自我效能感能够随着时间推移促进创造力绩效的提升。当员工进行创造性活动时，高创造力自我效能感能够更有效地帮助他们找到问题的解决方案。(Shao et al., 2015) 进入数字经济时代后，新兴数字技术往往会带来较高的知识认知负担，对员工构成挑战。创造力自我效能感不仅有助于激发个人的创新思维，还能鼓励他们为实现这些创意而努力。

④ 知识和能力

Mannucci 和 Yong（2018）的研究表明，知识的广度和深度对个体创造力有显著影响。Kurashige 等（2019）通过实验研究和实证研究发现，个体的知识获取能力和自主选择性显著提升了其创造力。从职业生涯发展的角度来看，在职业生涯初期，员工需要增加知识结构的复杂性，此时知识深度对创造力的影响更为显著；而在职业生涯后期，灵活性成为创造力的关键因素，此时知识广度对提升个体创造力更为重要。

⑤ 心理状态

除了认知和动机因素对创造力产生影响外，学者们越来越关注情绪在创造力中的作用。Madjar 等（2002）的研究发现，积极情绪在工作和非工作场所的支持与创造力之间起到了中介作用。Amabile 等（2005）指出，情绪与创造力之间不是简单的因果关系，而是一个循环关系。积极情绪会带来认知变化，从而提升创造力，而创造行为引发的组织变化又有利于积极情绪的培养，两者相辅相成。此外，George 和 Zhou（2007）的研究发现，在有领导支持的环境下，积极情绪和消极情绪都能提升创造力。

（二）情境因素

① 工作特征

学者们确定了对员工创造力产生重要影响的各种工作特征，主要包括时间压力、工作控制、工作复杂性和社会支持（如主管支持、同事支持、家庭或朋友支持等）。研究者认为，工作控制、工作复杂性和社会支持有助于激发个体的内在动机，从而对员工创造力产生促进作用（Amabile,1988;Oldham & Cummings,1996），而高度的时间压力则会阻碍创造力。(Amabile, 1996)Ohly等（2006）在对德国高科技公司278名员工进行的实证研究中指出，工作控制对创造力具有积极影响，而时间压力与创造力呈现倒U形关系，在适度时间压力下工作的员工最具创造力。Ohly和Fritz（2010）的研究进一步指出，长期时间压力和长期工作控制通过日常时间压力和日常工作控制对员工日常创造力产生积极作用。除此之外，多项研究表明，复杂的工作更容易促使员工产生创造力。(Oldham & Cummings, 1996; Shelley et al.,2000)

② 工作压力

工作压力对个体创造力有显著影响，但关于其是正向影响还是负向影响，学者们意见不一。一方面，一些学者认为压力会导致负面情绪和思维僵化，从而抑制创造力；另一方面，Baer（2006）的研究表明，压力与创造力之间存在倒U形关系，即在适度的压力范围内，压力实际上可以提升创造力。Sijbom等（2018）的研究则发现，绩效动力和时间压力调节了反馈源多样性与个体创造力之间的关系，在低时间压力的条件下，反馈源多样性和个体创造力之间呈现非线性关系。

③ 领导风格

过去的研究表明，领导风格在员工创造力的发挥过程中起着关键作用。Shin 和 Zhou（2007）研究发现变革型领导风格能够通过影响下属的内在动机进而影响其创造力。Zhao和Tian（2021）发现魅力型领导风格对员工创造力有积极作用。Wang等（2018）的研究发现，谦卑型领导风格通过影响下属的内在归因和心理安全感，从而提升其创造力。综合来看，支持性且不加控制的领导风格更有助于提升员工创造力，因为这些领导风格能够影响个体的内在心理过程，激发其内在动机，从而促进创造力的产生。

Cavazotte和Paula（2020）研究了共享型领导风格对创造力的影响，发现这种领导风格对下属创造力的影响呈倒U形关系。也就是说，过度的共享型领导风格会导致团队成员之间的协作性下降，从而削弱创造力的积极效果。由此可见，领导风格对个体创造力有显著影响。然而，这种影响过程会因具体情境和研究问题的不同而变化。同时，领导风格还会通过影响领导与下属之间的关系，进而影响下属的内在动机和创新行为表现。

④ 激励因素

奖励和报酬对员工创造力起促进还是阻碍作用一直备受争议。一些学者基于自我决定理论关注奖励的控制性，认为创造力的发挥需要个体的内在动机，而奖励在大部分情况下会削弱个体的内在动机，因而导致内在动机和创造力的下降。（Amabile et al.，1990）另一些学者则根据习得性努力理论关注奖励的信息性，认为奖励可以被视作对员工能力的肯定，所以不会削弱内在动机，反而有助于提升员工的创造力。（Eisenberger & Shanock，2003）对创新的奖励期望通过内在工作动机对创造力产生积极影响。（Eisenberger & Rhoades，2001；Eisenberger & Aselage，2008）

⑤ 组织氛围

工作的组织环境和氛围是影响员工创造力的主要因素。学者 Khazanchi 和 Masterson（2011）证实了员工创造力的激发需要组织的支持，只有组织在制度、政策及行为上为员工提供支持，员工才会更愿意进行创新尝试。有研究表明，组织支持感知会影响员工的创造力水平。（Yu et al.，2013）此外，组织公平感和创新型文化能够提升员工创造力。（Khazanchi et al.，2011）除了上述因素，还有学者从组织结构的角度研究其对员工创造力的影响。Amabile 和 Conti（1999）发现，企业裁员后，员工创造力呈现正 U 形变化趋势。实证研究也表明，在企业并购期间，员工的创造力会随着危险感知的增加而逐渐降低。（Jing，2008）

⑥ 社会网络

社会网络对创造力的影响已经成为研究的热点。根据 Baer（2010）的研究，社会网络的适当规模、弱强度联系、高度异质性和开放性对创造力具有最有利的影响。在 Huang 和 Liu（2015）对中国台湾企业员工的调查中发现，员工的社会联系显著促进了创造力的发挥。社会网络对创造力的影响分为网络强度和网络位置两方面。网络中的节点联系紧密程度被用来划分网络的强度，可分为弱连接和强连接。弱连接有助于带来更多的异质性资源，而强连接则更有利于信息的传播。Perry-Smith（2006）认为，弱连接对创造力有正向促进作用，而强连接的作用则不太显著。另外，Zhou 等（2009）的研究指出，个体弱连接的数量并不是越多越好，适度的弱连接对个体创造力的提升作用最为显著。

二、 团体创造力的影响因素

根据团队层面研究者的观点，个体创造力是团体创造力的基础和来源，与团体创造力之间存在显著的正相关关系。两者都是指在产品、过程或服务方面的新颖且有用的想法，但团队创造力并不仅仅是个体创造力的简单累加或平均。（Amabile，1988）团队特征、领导方式、团队构成以及团队过程等因素都会影响团队创造力的形成。团队创造力的影响因素有团队构成、团队领导风格等。

（一） 团队构成

团队构成在团队输入与团队输出之间起着中介作用，包含团队成员之间一系列的互动交流过程，如团队信任、团队冲突、团队氛围和团队目标导向等。团队成员信任度高时，他们能够更专注于工作，更好地沟通与相互支持，共同进步。当团队成员彼此信任时，他们更愿意合作互助，共享知识和信息资源，这种协作文化有助于提升团队的创造力。（Barczak et al., 2010）团队构成主要是指团队成员在人口统计学变量、人格特质和工作经历等方面的多样性。团队成员之间的差异越大，团队内部就会拥有更多不同的知识、信息和技能资源，这有助于扩充团队的知识储备，提升团队创造力。（Harrison et al., 2007）然而，这种差异性在增加知识范围的同时，也可能引发内部成员之间的摩擦，导致不良的团队氛围，不利于团队成员之间的创造性想法交流，从而最终降低团队创造力。（Mannix et al., 2005）因此，团队构成对其创造力有一定的积极和消极影响，这种消极影响需要在特定情境下才能得到有效缓解甚至消除。对于教育专业多样化程度较高的团队，在变革型领导的带领下，可以有效提升团队创造力。（Shin & Zhou, 2007）面对不同观点时，团队成员需要对观点进行筛选，这样教育专业多样化对团队创造力的影响才会更加显著（Hoever et al., 2012）。研究表明，任务冲突与团队创造力之间存在倒 U 形关系，即当任务冲突适度时，团队创造力达到最高点。（Farh et al., 2010）由于团队构成的多样化程度越来越高，冲突难以避免，适度的冲突有利于提升团队创造力，但过度的冲突会阻碍团队创造力的提升。

（二） 团队领导风格

领导风格在培养团队创造力方面至关重要，不同的领导风格对团队创造力有着不同的影响。其中，变革型领导风格与团队创造力之间的关系尤为显著，成为许多学者研究的焦点。这种领导风格鼓励员工开阔思维，从多角度思考，表达独特见解，提出灵活多变的替代方案和解决方法，促进知识共享并增强集体效能感，从而提升团队的创造力。（Zhang et al., 2011）除变革型领导风格外，授权型领导风格与团队创造力的关系也受到广泛关注。授权型领导风格通过增强员工的心理授权，提升员工在创造性过程中的投入和内在动机，进而提升团队创造力。（Zhang, 2010）此外，道德型领导风格通过树立榜样和在团队成员中塑造共同的规范，进一步提升团队的整体创造力。（Tu, 2018）

第五节 创造力的后效

一、创造力推动企业数字化转型

人工智能正逐步重塑商业世界的面貌，改写竞争格局，改变工作的性质。随着人工智能从一种流行趋势变成必不可少的工具，它象征着业务的指数级增长和转型。在这场技术变革中，一个意想不到的盟友出现了，即创造力。只有将人工智能的分析能力与人类的创造力结合，才能真正实现创新的"魔力"。通过深入了解客户行为和偏好，人工智能将个性化提升到了新的高度。结合人类的创造力，企业能够提供富有创意和个性化的产品、服务以及沟通方式，从而提升客户满意度并培养品牌忠诚度。（Boughzala et al.，2020）当前的商业环境正处于由人工智能与创造力交汇的战略转折点，对于愿意拥抱这一变化的企业来说，蕴藏着巨大的发展潜力。驾驭这一转折点的关键在于将技术与创造性思维相结合。（Alongkrontuksin et al.，2024）虽然人工智能功能强大，但它的有效性来自正确的应用策略。成功整合人工智能不仅需要技术敏锐度，还需要培养鼓励创造力、创新和适应力的组织文化。在这个由人工智能和创造力驱动的变革时代，能够蓬勃发展的企业是那些抓住这些快速增长机遇并将其转化为创新战略和解决方案的企业。人工智能的分析能力与人类创造力的结合能够创造出重新定义商业格局的"奇迹"。

二、创造力通过创新促进业务增长和发展

创造力推动着业务增长和发展，不仅鼓励人们拓展自己的思维方式，还激发了发散性思维的探索。（McCrae，1987）这种思维方式专注于发现问题的多种非常规解决方案，与之相对应的是收敛性思考者，他们擅长分析并准确解决问题。然而，当发散性思维与聚合性思维相结合时，解决问题将变得更加全面。传统思维使项目保持重点和实质，而发散性思维则提供了新颖和意想不到的解决方案。

这些意想不到的解决方案直接促成了令人兴奋的新产品和新服务的诞生，并迅速转化为组织成功的动力。这是创新过程的必然结果，将其视为创意过程的高峰。创新需要实践，创意团队将想法付诸实践，这有助于企业在竞争中保持领先地位。因为创新"本质上意味着将新元素引入业务"，可能已经参与了比原本思想所意识到的更多创新。每

当改进流程、制定新政策、增加产品价值或安装新设施时，都是在推动业务增长和发展，这些都需要创造力的发挥。

第六节　创造力的发展趋势

一、数字化创造力

随着数字化创新不断渗透到我们日常生活的方方面面，创造力正在逐渐演变成一种新形态，即数字化创造力。在数字化创造力领域，已有多位学者深入研究。Lee（2012）提出数字化创造力是员工利用数字化技术实现创新的能力，并强调了各种新兴数字技术的支持使员工的创新能力得以深化。Seo 等（2013）指出，我们生活在数字化时代，数字化已经影响到工作环境以及个人生活的方方面面。数字化创造力不仅仅是简单的技术运用，而是指在数字环境中处理任务、解决问题并创造新颖且有用产品的能力。Lee 和 Chen（2015）进一步丰富了数字化创造力的内涵，认为它涵盖了使用数字设备进行的创造性活动，具有新颖性和跨学科性。数字化创造力与个体创造力密切相关，个体所展现的创造力即为数字化创造力，并强调了数字技术的赋能作用。数字技术为个体获取信息、知识并解决问题提供了便捷有效的工具。Nambisan（2017）将数字化创造力与数字化创新联系起来，将数字化创造力视为数字化创新的能力。数字化创新通过数字技术的应用在商业活动中引发产品、流程、模式等方面的创新。人们在创新过程中运用计算、信息等数字化技术的能力促成了生产流程、商业模式以及产品的革新。Bruno（2022）进一步明确了数字化创造力的分析视角，主要聚焦于技术的主体性，从特定数字技术的应用与潜力的角度探讨数字化创造力的生成。数字化创造力已经成为数字时代新兴的研究议题。

二、创造力的未来研究展望

关于创造力的理论研究已经逐渐从个体层面扩展到系统中各元素的互动，同时，创造力的评估方法也在不断向更加综合和专业的领域演进。

　　在研究对象方面，创造力研究应进一步拓展样本群体，覆盖不同类型的企业员工，如技术部门、运营部门、财务部门和人力部门。通过这种方式可以更全面地了解不同背景和职能的员工对领导风格和创造力的响应。此外可以进一步将研究对象中的团队进行详细的划分，包含不同行业、不同规模、不同文化，以便为不同类型的企业提供个性化的管理建议和方案。同时，探究不同群体是否对领导力有不同的需求和反应，以及在不同文化背景下领导力对创造力的影响是否存在差异。

　　在研究方法方面，目前大多数研究以问卷调查法和实验法为主，未来研究可以引入更多的测量方法，如观察法、面谈法等，以便多方位、多维度地了解领导者与员工的创造力表现。同时，通过领导者测量员工、员工测量领导者等方式，可以减少因共同方法偏差而产生的误差，提高研究数据的准确性和可靠性。采用更加长期的研究设计，进行纵向跟踪调查，观察领导风格和创造力之间的关系是否随时间演变。通过这种方式，可以更深入地理解领导风格对员工创造力的长期影响，并探讨其中的机制和变化过程。

　　未来的创造力研究需要综合考虑个人与环境层面的因素，探索更加系统和客观的指标，从而进一步提高评估的信效度。真实情境中的创造过程通常是一个长期复杂的积累过程，环境对个人创造力的影响会随着时间的推移不断变化。因此，基于真实情境的长期追踪评估将是未来创造力评估的发展趋势。

第七节　对管理者的启示

　　创造力对管理实践有一定的启示作用，帮助领导者更好地运用职业与组织心理学的理论与原则，促进组织创造力的发展，提升组织的竞争力和创新能力。

　　管理者应该与员工建立良好的交流与合作关系，关注员工的需求，提供资源支持，并激发员工的内在动机。

　　管理者应该给予员工充分的授权和自主决策权，并提供更多的诱因信号，以增强员工的创新动力。

　　在传统激励模式失效的背景下，管理者需要重视创新驱动的增长。管理者应该有策略地运用组织中的激励协同措施，强化激励目的，从而促进组织创造力的发展。

第八节　本章小结

　　员工创造力在组织发展中至关重要。虽然它不能决定所有的创新成果，但它为突破性想法的产生提供了核心动力。当代研究揭示了创造力在不同情境下被激发的关键因素，如心理安全感与多元化团队的结合就是这一领域的重要发现。此外，创造力的表现方式可能随着任务性质和环境变化而产生截然不同的效果。没有哪种创造力模式在所有工作场景中都始终最优。

　　理解创造力可以帮助管理者认识团队（包括他们自己）如何能够突破常规、解决问题和产生新颖想法。卓越的领导者能够运用这一认知，为员工创造最适合发挥创造力的条件；而员工可以发掘自己在工作中可能具备（并且应该持续培养）的创新优势。

　　把握员工创造力的内在动机尤为关键，因为内在动机往往是创造性思维、创新行为和突破性解决方案的源泉，并深刻影响着这些产出的质量。因此，理解员工创造力的内在动机，有助于我们更有效地激发其创新潜能。

课后思考

1. 创造力和创新的区别和联系？

2. 创造力的本质是什么？它在个人和组织中的作用是什么？

3. 个体创造力和团体创造力有何异同？

4. 创造力如何被激发和培养？请提出一些方法和策略，并解释其有效性。

第五章
参考资料

第六章

工作与领导孤独感

本章目标

　　　　学习完本章后，你应该能够：

　　　　·理解孤独感，并区分与其相似的概念。

　　　　·了解工作与领导孤独感的最新研究进展。

　　　　·了解用以探究领导情境中孤独感的主要理论视角。

　　　　·掌握应对领导孤独感的方法。

在过去数十年，研究者们对孤独感的关注显著增加。孤独感（又称"寂寞"，loneliness），广义上被定义为一种主观的、不愉快的社会脱节体验。（Cacioppo & Cacioppo，2018）心理学、社会学和哲学领域的研究者致力于研究这一现象，并已经认识到孤独感对个体健康产生不利影响，包括引发抑郁和社会焦虑，甚至会提高死亡率。（Heinrich & Gullone，2006；Holt-Lunstad，2018；Qualter et al.，2015）孤独感也会导致商业组织和医疗卫生服务系统经济负担的增加。（McDaid et al.，2017）尽管许多学术研究领域已经对孤独感进行了大量的研究，但在管理学领域，对孤独感的研究才刚刚起步。（Rokach，2014；Saporito，2012）考虑到孤独感对组织和管理可能带来的众多潜在负面影响，管理学者对这一现象的忽视令人意外。

过去的大规模社会性调查结果显示，有11%～50%的员工在工作中感到孤独。（Qualter et al.，2015）在COVID-19疫情期间，一项针对一万多名美国员工的调查发现，有约62%的劳动人口体验到孤独感。（Cigna，2020）此外，另一个关注行政总裁的调查亦发现，有过半的领导者在职场上感到"高处不胜寒"。而随着数字化工作和远程工作的兴起，领导和下属在工作中面对面的社会互动将会减少，互动也将会以任务为中心，工作和家庭的界限也将变得更加模糊。（Kniffin et al.，2021）在这种工作环境下，预计会有越来越多的员工和领导者体验到孤独感。因此，我们更加需要基于证据的政策和建议，抑制孤独感对员工和领导者福祉的负面影响。

第一节　什么是孤独感

孤独感是一种由于感到与社会脱节而产生的不愉快的情绪，它反映的是个体实际的社会关系与期望拥有的社会关系之间的差距。（Cacioppo & Cacioppo，2018；de Jong Gierveld et al.，2018）Peplau和Perlman（1982）提出孤独感的三个主要特征：孤独感是社会关系缺失的结果；孤独感是一种主观的体验；孤独感是一种不愉快且痛苦的体验。

在工作中，员工会认为工作关系对自己的领导实践是非常关键且重要的。孤独感（loneliness）是一种"由于实际的工作关系与期望拥有的工作关系之间存在差距而产生的，不愉快的社会脱节体验"。（Lam et al.，2024）与其他情绪类似，孤独感是一种强烈、消极而又短暂的情绪，会随着时间的推移而波动。（Barsade & Gibson，2007）长期的孤独感则是个体在长时间内重复经历这种消极情绪的结果。但它与特质孤独感不同，后者描绘的是个体以稳定、消极的方式对社交情境作出反应的倾向。（Ditcheva et al.，2018）

孤独感很容易与社会关系或社会联结减少相关的概念混淆。例如，那些声称自己"享受孤独"的人，实际上体验到的是"独处"（solitude），即一种积极的体验，它能够提升创造力，促进精神上的成长，并在心理层面帮助个体摆脱压力和烦恼。（Long et al., 2003）此外，孤独感也与社会隔离（social isolation）不同，后者描述的是个体与他人之间社会关系数量减少的客观状态。（Townsend & Mcwhirter, 2005）也就是说，一个人即便并未处于社会隔离的情境中，也可能感到孤独，反之亦然。（de Jong Gierveld et al., 2018）事实上，在实证研究中孤独感与社会隔离之间的关系在统计上往往不显著。（Holt-Lunstad et al., 2015）甚至有一些心理学研究将孤独感定义为"感知到的社会隔离"。（Cacioppo & Hawkley, 2009; Hom et al., 2020; Layden et al., 2017）这种定义虽然谈不上错误，但可能在一定程度上导致我们对孤独感概念的理解不够清晰。孤独感是一种主观的消极情绪体验，为了便于读者能够更加清晰地理解孤独感，我们基于主观-客观以及概念结构的效价这两个维度，对孤独感以及其他类似概念进行了比较（表6-1）。在本章第二节，我们将从三个不同的理论视角来进一步理解"孤独感"这一概念。

表6-1　社会脱节的相关概念

概　念	定　义	来　源	主观-客观	效　价
孤独感（loneliness）	不愉快的社会脱节情绪体验，通常反映的是个体实际的社会关系与期望拥有的社会关系之间的差距	Cacioppo & Cacioppo, 2018; de Jong Gierveld et al., 2018	主观	消极
人际疏离感	由于在社会环境中感到无能为力而产生的消极情绪	Rogers, 1995	主观	消极
独处（solitude）	独自一人的状态，没有产生不愉快的体验	Long et al., 2003	主观	积极
社会距离（social isolation）	对与他人距离的主观感受或体验	Magee & Smith, 2013	主观	中性（二者皆有）
社会隔离	重要社会联结缺失的客观状态	de Jong Gierveld et al., 2018	客观	消极
排挤	不与他人进行符合规范的互动协作	Robinson et al., 2013	客观	消极
孤单	独自一人的状态	Wright, 2009	客观	中性（二者皆有）
缺少社会支持	社会资源有限的状态	Wright, 2009	客观	中性（二者皆有）

第二节　研究孤独感的理论视角

在孤独感研究领域，主要有三种理论视角被广泛应用，并获得实证研究的检验。

首先，孤独感的缺失视角（deficiency perspective）认为，孤独感是对以下六种社会支持中任何一种缺失的反应——依恋、社会整合、受教育机会、价值保证、可靠的同盟感，以及得到指导。（Weiss, 1973, 1974）它建立在早期心理动力学和存在主义研究的基础上，认为孤独感源于亲密关系或意义感的缺失。（Fromm-Reichmann, 1959; McGraw, 1995）心理学家和社会学家都采用该理论视角去研究个体和社区层面之下，青少年、老年人以及亲密关系中的孤独感。（Cacioppo et al., 2009; de Jong Gierveld et al., 2018; Dykstra & Fokkema, 2007; Rook, 1987; Schoenmakers et al., 2015）

缺失视角认为，孤独感是一个多维度的概念。具体而言，理论和实证研究的结果确定了两种常见的孤独感。（Dykstra & Fokkema, 2007; Huang et al., 2016; Russell et al., 1984）当个体在亲密关系网络（如家人、伴侣等）中缺少情感依恋时，会产生情感性孤独感（emotional loneliness）；当个体感到自我价值或社会价值的缺失时，会产生社会性孤独感（social loneliness）。（Weiss, 1974）孤独感的分类和维度一直以来都是一个重要的概念问题。缺失视角因其侧重于孤独感本身及其来源或前因（如社会隔离和孤单等），所以有时会发生前因与概念被混淆的情况。（Stein & Tuval-Mashiach, 2015）

其次，孤独感的认知视角（cognitive perspective）关注个体对社会关系的感知和评价过程。根据这一理论视角，孤独感源于个体对其主观上感知到的实际关系和期望拥有的社会关系之间存在差异的不满，这种不满往往源自个体对社会关系持有不切实际的高社会期望。（Hawkley & Cacioppo, 2010; Peplau & Perlman, 1982; Schoenmakers et al., 2015）认知视角后来被整合到孤独感的进化模型中，即在感知到被孤立或疏离的威胁时，个体重新建立社会联结的动机将被激活。（Cacioppo et al., 2014）作为应对孤独感的手段，个体既可能重新建立社会联结，又可能采用回避的方式远离社会威胁。认知视角不仅得到了调查和实验证据的支持（Lamster et al., 2017; Mellor et al., 2008），也得到了社会神经科学研究的支持（Cacioppo & Hawkley, 2009; Simon & Walker, 2018）。此外，孤独感的认知视角也为研究者在实践中对孤独感进行干预提供了重要的理论参考。Masi及其同事(2011)提供的元分析证据表明，认知行为疗法（cognitive behavioral therapy）作为一种针对个体对社会认知适应不良的治疗方式，是目前唯一有实证证据支持的、行之有效的孤独感干预措施。其他的干预措施，如增强社会支持和提供更多社交接触机会，其效果均不如前者。

认知视角认为，孤独感是一个单维度的概念。事实上，研究者们常用单因素的UCLA孤独感量表来测量孤独感。（Russell, 1996）然而，实证研究并非总是支持单因素量表的结构。（Knight et al., 1988）此外，认知视角对孤独感的定义显得过于宽泛，将其简单视为对社会关系的不满，这种认知层面的关注可能忽视了孤独感的情感维度。（Stein & Tuval-Mashiach, 2015）。

最后，尽管缺失视角和认知视角有助于识别引起孤独感的关键因素，但孤独感的社会建构主义视角（social constructionist perspective）更加侧重于孤独感这个现象本身。该视角将孤独感视作一种真实的生活经验，个体为其创造属于自己的"孤独感"。进行质性研究和归纳研究的学者经常采用这种理论视角。特别是在领导孤独感的研究中，我们发现大多数关于领导孤独感的实证研究都是质性研究。（Azambuja & Islam, 2019; Sims, 2003; B. Wright & Barling, 1998）社会建构主义视角并不为孤独感下定义，而是专注于提供对个体孤独体验及其背景的丰富翔实的描述。（Stokes, 1987）通过回顾现有的理论概念，Stein 和 Tuval-Mashiach（2015）提出了孤独感的体验模型：孤独感是一种心理上的疼痛，包含了隔离感和关系需求未得到满足所引发的差异感。此外，孤独感的心理建构是相对的，这份情绪包含自我和他人的心理表征。

社会建构主义理论的视角将孤独感视作一个具有不同含义的复杂概念。因此，基于该视角，定义孤独感是非常具有挑战性的。（Mijuskovic, 2012）尽管如此，这种通过描述个体经验和背景来理解孤独感的方式，能够有效帮助我们避免将孤独感的前因后果与其本身的特征相混淆，从而让我们对孤独感本身有更加清晰的了解。

第三节　工作中的孤独感

前面提到了，随着社会和经济的发展，工作形式不断变化，包括数字化工作、远程工作、混合工作安排和零工等（Kniffin et al., 2021），我们估计员工在工作中的孤独感只会有增无减。在此，我们强调工作中的孤独感并不只在职场或实体办公室中出现，而是员工在工作期间所感受到的社会脱离情绪。

　　既往就工作中的孤独感的研究主要集中在三大类前因：个人特质、职场的人际关系，以及工作特质。个人特质包括核心自我评价（Anand & Mishra, 2019）和工作自我效能感（Mulki & Jaramillo, 2011）。研究还发现了一些容易在工作中产生孤独感的员工群体，包括农民工（Chan & Qiu, 2011）和身体有残疾的员工（Steinberg et al., 1999）。就工作中的关系因素而言，先前的研究已经发现，来自同事和上司的感知支持（Arslan et al., 2020; Miyake et al., 2022）、与同事的关系质量和团队凝聚力（Cacioppo et al., 2016）、团队沟通质量（Wong et al., 2022）、工作场所不文明行为（Hershcovis et al., 2017）都是工作中的孤独感的主要驱动因素。此外，一些工作特征也会引发员工的孤独感。例如，工作时间长（Bell et al., 1990）、工作不安全感（Andel et al., 2021）、工作自主性低（Wang & Liu, 2021），以及与当代工作环境特别相关的与人工智能频繁的工作互动（Tang et al., 2023）。

　　除了了解工作中孤独感的实证前因之外，管理人员和人力资源从业人员经常提出的一个问题可能是，我们为什么要关注员工的孤独感？幸运的是，已有大量研究致力于确定工作中的孤独感的相关因素和结果。但是我们在解释先前的研究结果时必须谨慎，因为大多数研究都采用了相关性设计，因此不能声称孤独感与这些问题之间是因果关系。

　　与工作中的孤独感相关的因素可分为三类：绩效问题、不良工作行为和幸福感问题。首先，孤独的员工更有可能表现出较差的工作表现（Golden et al., 2008; Lam & Lau, 2012; Ozcelik & Barsade, 2018）、低水平的公民行为（Cacioppo et al., 2016）和低创造力（Peng et al., 2017）。这通常是因为孤独的员工在社交和团队互动中会更加退缩，以此来防止进一步的社会排斥（Cacioppo & Cacioppo, 2018），因此，他们可能无法获得足够的信息或支持来实现组织目标。其次，工作中的孤独感往往与不良工作行为有关，包括离职意向（Chen et al., 2021; Chen et al., 2016; Renn et al., 2013）、人际偏差（Thau et al., 2007），以及不道德行为（Thau et al., 2015）。学者们推测，长期的孤独体验会导致人们的精神消耗，从而使人更难进行自我控制（Baumeister et al., 2005）。最后，由于孤独是一种不愉快的负面情绪，所以在工作中感到孤独的员工更会表现出高水平的情绪衰竭（Anand & Mishra, 2019）、工作压力（Lindorff, 2001）和睡眠不足（Lam & Shemla, 2019）。

第四节 研究领导力和孤独感的 理论视角

除了员工在现今工作环境中容易感到孤独外，在组织内，领导者似乎更容易在工作中体验到孤独感。（Barling & Cloutier，2017）《哈佛商业评论》的一项调查报告显示，50％的首席执行官会感到孤独。（Saporito，2012）另一项调查显示，31％的组织领导者认为孤独感是他们在工作中面临的最大困难。（Wright，2009）许多质性研究进一步描述了各种不同的组织领导者孤独体验。例如，一些领导者感到自己被组织中的其他成员物化并作为工具使用（Azambuja & Islam，2019）；另一些则会感觉自己在工作中被他人孤立和疏远（Akande，1994）。

领导力是个体影响一群个体并实现共同目标的过程。（Fischer et al.，2017）根据领导力的定义，领导力理论既适用于在组织和群体中担任领导角色的正式管理者，又适用于在非正式职位上通过影响他人促成团队实现目标的非管理者。

领导力研究在第二次世界大战后正式出现。（Lord et al.，2017）为了评估和挑选适合担任领导者的个体，领导力研究者最早采用特质论的方法来识别拥有领导力所需要的个人特质。特质论的理论视角属于决定论，它假定领导者具备有别于他人的特质。基于当时的研究结果，领导者通常具有责任感、开放性、外向性（Judge et al.，2002）、智慧（Judge & Piccolo，2004），以及良好的自我管控能力（Kudret et al.，2019）。

一些研究者挑战了特质论的假设，认为领导力是可以通过学习和培养获得的，并提出了领导力的行为论。行为论试图识别出能够预测领导力，并且可被观察到的行为，也称风格（style）。在俄亥俄州立大学的领导力研究中，研究者观察到了超过一千种领导行为，并将其分为两类。第一类是任务导向的，是指领导者如何构建环境及架构以实现目标。第二类是关系导向的，是指领导者如何顾及团队，并与团队建立信任和尊重的关系。（Judge et al.，2004）这两类领导行为能够共同预测团队生产力、积极的工作态度和动机。（DeRue et al.，2011）随着行为理论视角的发展，关于领导风格的理论大量出现，如变革型领导风格和交易型领导风格（Bass，1990）、诚信型领导风格（Avolio et al.，2009）、伦理型领导风格（Brown & Treviño，2006）和公仆型领导风格（van Dierendonck，2011）。

截至目前，领导力的特质论和行为论仍然在研究和实践中具有很大的影响力。在研究中，它们推动了后续理论的构建与发展，包括领导-成员关系（Graen & Uhl-Bien，1995）和职位权力在内的权变因素，以及包括技术（电子领导力；Avolio et al.，2014）和文化（Hanges et al.，2016）在内的情境因素。在近些年的综述中，Meuser等(2016)估计至少存在49种领导力理论，这也引发了领导力领域对概念泛滥问题的关注。（Bormann & Rowold，2018；Dinh et al.，2014）除此之外，领导力的特质论和行为论的理论及实证研究证据也因为概念不清晰（如，在变革型领导理论中通过结果来定义领导力；van Knippenberg & Sitkin，2013）、过分关注积极结果（Alvesson，2020）、因果证据不足（Fischer & Sitkin，2023）以及存在可被排除的微弱效应（Judge & Piccolo，2004）而受到批评。在实践中，特质论和行为论的方法为组织进行领导者选拔、晋升和发展提供了支持，如提供了有效的心理测量工具等。（Day et al.，2014；Howard，2008；Lord et al.，2017）

第五节　情绪与领导情境下的孤独感

现有领导力理论侧重于用领导者的特征和行为去解释和预测组织现象。然而，领导者情绪作为领导力的重要组成部分之一，却较少受到关注。当团队表现优异时，领导者感到高兴；当团队面临重组和裁员时，领导者会感到难过。近年来，不少学者开始关注领导者的情绪体验，其中既包含短期的、有指向性的情绪，又包括长期的、无指向性的情绪。（Barsade & Gibson，2007）

领导者的情绪体验（如高兴、悲伤、愤怒和孤独等），不仅影响领导自身，还会影响他们的工作关系、团队和组织。（Ashkanasy & Dorris，2017；Tse et al.，2018）有两种机制可以帮助解释这种连带影响，具体内容如下。

第一，情绪是具有传染性的。（Barsade，2002）当领导者体验并通过非言语信号（包括肢体语言、语调和面部表情）表达自身情绪时，这些信号会被团队成员无意识地接收。因此，团队成员，尤其是那些易受领导者影响的团队成员（Johnson，2008），会模仿或学习领导者的情绪。

第二，情绪是有意图的和有目的性的，其中蕴含了能够强化或者抑制他人行为的社会信息。（van Kleef et al.，2010）领导者所表达的愤怒暗示着团队目标实现情况并不理想，从而可能激励团队成员调整行为以获得更好的绩效。（van Kleef et al.，2010）同样，表达出悲伤情绪的领导者会传达出工作状况正在失去控制的信号。当感知到领导者的悲

伤时，团队成员会在任务表现中变得更加理性和具有分析型思维。（Visser et al., 2013）

综上所述，在领导力研究中关注情绪，能够帮助我们更好地结合领导力的特质论和行为论，更全面地理解领导者。具体而言，孤独感与其他消极情绪类似，通常被视为一种冲击。在工作场所中，孤独感通常是一种被污名化的情绪，会让人联想到社会能力或者智力不足。（Lau & Gruen, 1992; S. Wright & Silard, 2021）但是人们常常会对领导者存在一种滤镜，认为他们是有能力的、成功的、具有魅力的。（Meindl et al., 1985）因此，在组织中谈论自己的孤独感，可能使领导者产生尴尬、羞愧和愧疚的感受。然而，根据孤独的进化理论（Cacioppo & Cacioppo, 2018），孤独感也可以是一个适应性的信号，提醒人们存在潜在的被孤立的威胁，并会激励人们重新寻找建立联结。最近的研究也发现，在工作中表现出孤独感会带来一些潜在的好处，如助人行为的增加、工作参与度和团队关系质量的提升（Chen et al., 2016; Gabriel et al., 2021），这为上述观点提供了支持性的证据。总的来说，对领导孤独感的进一步研究除了能够帮助研究者更加全面地理解领导者的工作体验外，还响应了当前需要增加对领导者工作场所心理健康关注的呼吁。这一问题在过去常常会因为领导者被认为在精神和情感上更为坚强和健康而被研究者所忽略。（Barling & Cloutier, 2017）

第六节　领导孤独感的研究进展

一、领导者和领导孤独感的文献综述

一些学者（Lam et al., 2024）开展了一项综述研究，尝试回答"孤独感对领导者和领导力是否重要"的问题。他们对71篇实证研究和5篇理论研究进行了系统性的综述和评估。研究结果表明，在当前领导力领域关于孤独感的研究中，存在四个概念和研究方法上的局限。

首先，领导孤独感这一概念的表述并不清晰，这个概念往往与一般的孤独感混淆。正因如此，人们很难在理论文章中看见领导情境下独有的孤独感前因和结果变量。此外，基于对"领导孤独感"定义的回顾，语义分析表明，"领导者"是指领导角色的占用，意味着孤独感的情绪体验是长期且稳定的；"领导孤独感"则将领导视作一个社会影响的过程（Bastardoz & Day, 2022），因此这种孤独感的体验是短暂的。

其次，基于不同研究范式和不同水平分析的研究往往导致不一致且无法调和的结论。例如，量化研究通常发现，职级较高的领导个体较少感觉到孤独；然而，质性研究则通常会将孤独感描述为领导职位上可能存在的真实情况。

再次，对领导孤独感的测量通常是不够精确的。常用的孤独感量表包含的题目往往测量的是孤独感相关概念，如外向性、社会隔离和职业担忧等，而非孤独感本身。

最后，研究方法的问题也会有碍我们对已有研究结果的解读，一些量化研究可能存在内生性问题，而部分质性研究则存在研究设计上的不足。

二、 探索领导孤独感背后的故事

在文献综述以外，一些学者（Lam et al., 2023）还采用了归纳和叙事的方式来理解领导孤独感的体验。既有研究大多认为人们的孤独感体验是大致相同的，基于这一假设，研究者简单地采用量表测量得到的结果对不同领导者的孤独感进行比较。然而，这一假设忽略了不同个体对领导孤独感相关社会关系的期望和意义的感知可能会存在微妙的差异。Lam 等学者对荷兰的 26 名领导者进行了深度访谈，并且将他们每天在组织中的领导实践和孤独感体验提取成故事。通过分析访谈中的领导叙事内容，Lam 等学者不仅简单比较了领导者孤独程度，还深入挖掘出了领导者关于孤独感的丰富体验。叙事分析发现，领导者会以救援者、受害者或孤狼的角色来描绘他们的孤独体验。Lam 等学者还提出了一个领导和孤独感的表征过程模型，认为：在领导力元类别（任务导向、关系导向、变革导向）中，个体的适应性有助于领导者在讲述孤独故事时更灵活地转换自我表征，也能够促使领导者采纳另一套已内化的领导期望。自我否定和被否定的叙事，以及预期之外的领导需求，是孤独感的主要驱力，它们会挑战领导者最初的领导预期。将孤独感外化，或者欣赏孤独感并积极主动地寻求缓解，是应对的关键方法，其有助于决策者对自我领导力元类别（任务导向、关系导向、变革导向）的转换和采用。图 6-1 是这项研究的理论模型。

三、 探索权力和领导孤独感之间的机制

主观权力是领导力中的重要一环，对主观权力的分析有利于帮助人们了解领导者的行为和情绪。其中，学者们（Lam & Shemla, 2019）还探究了主观权力感受和对不同职级对象的自我表露是否能够解释中层管理者的孤独感。在中层管理者中，孤独感非常普遍，职级对他们的影响也非常突出。因此在以下两项研究中，研究者均在中层管理者情

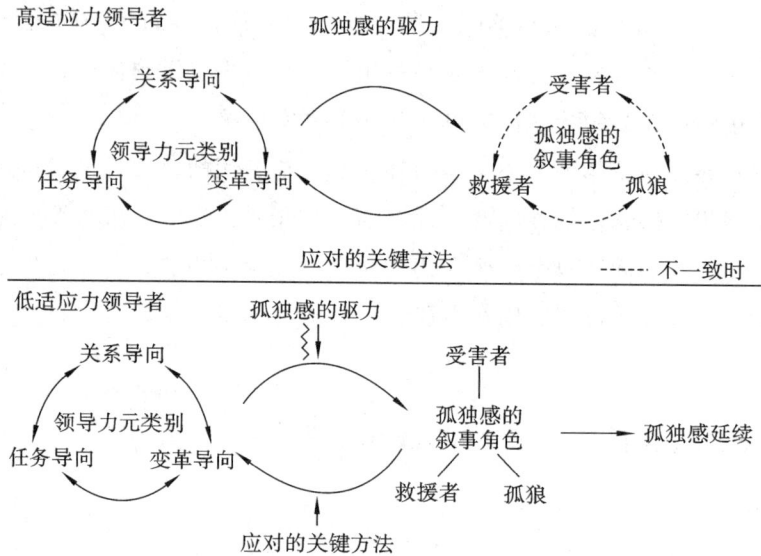

图 6-1　领导孤独感叙事研究理论模型

境下对研究模型进行了检验。在线上实验中（研究1，被试453人），研究者操纵了被试进行自我表露的频率和对象（上级 vs. 下属），发现无论是向上级还是向下属进行自我表露，都能够有效减少领导孤独感。在另一项三阶段交叉滞后调查研究中（研究2，被试200人），研究者发现主观权力感受较高的中层管理者更有可能向他们的上级和下属分享私人信息，进而报告在工作中更低水平的孤独体验。然而，补充分析的结果表明，向上级进行自我表露比向下属进行自我表露更能有效预防工作场所孤独感的产生。通过这两个研究，研究者为工作场所孤独感与情绪倦怠、自我耗竭和睡眠问题之间的正相关关系提供了支持性证据。图6-2是上述研究的概念模型。

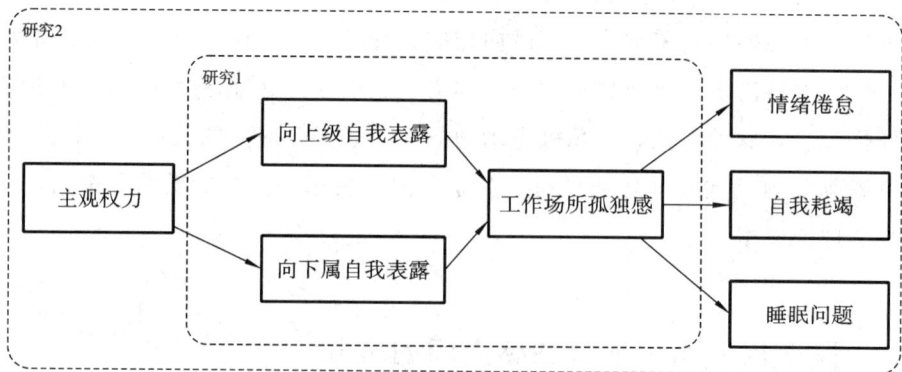

图 6-2　权力和领导孤独感研究概念模型

第七节　如何减少领导孤独感

　　基于最新的文献，我们尝试提出一些适用于领导情境下减少孤独感的建议。这些方法包括：理解孤独感的组成、高管教练、写日记、从事有意义的工作、怀旧。

　　从孤独感研究中，我们可以总结出孤独感的三个普遍特征。第一，孤独感常与高的但未被满足的社会期望相关联。(Hawkley & Cacioppo, 2010; Jones, 1990; Kets de Vries, 1989; Masi et al., 2011)。第二，作为一种具有适应性意义的生存信号，孤独感通常和社交回避相关，以便个体谨慎评估重新建立联系或进一步被排斥的可能性。(Cacioppo & Cacioppo, 2018; Nowland et al., 2018; Ozcelik & Barsade, 2018) 第三，孤独感往往与有偏差的社会信息加工相关，例如，孤独感高的个体对社交事件的记忆力强，对社会威胁的敏感性高，并且对模糊社会事件倾向于作出愤世嫉俗的社会归因。(Cacioppo et al., 2017; Spithoven et al., 2017) 总体而言，孤独感的这三个特征为基于理论的领导孤独感干预提供了一定的指导。(de Jong Gierveld et al., 2018)

　　尽管针对领导孤独感的理论干预措施较为有限，但高管教练在实践中已被证实为一种有效的干预方法。(Cooper & Quick, 2003; de Janasz & Peiperl, 2015; Masciarelli, 1999) 教练 (coaching) 是一种以对话为基础，促进自我变革的方法。(Grant & Green, 2018) 它的目标是为个体提供重要的，通常以关系为导向的反馈，而这种反馈在领导者的工作中往往是缺失的。(Cooper & Quick, 2003; Wright, 2009) 然而，几乎没有实证研究能够证明教练这种干预方式是否以及如何减少领导孤独感。(Kuna, 2019) 元分析的结果显示，只有认知行为方面的干预能够有效减少领导孤独感。(Masi et al., 2011) 认知行为方面的教练可能会是一种比社交技能和社会网络建设方面的行为矫正更为有效的干预方法。(Willson, 2020) 教练中的对话主要关注解决个体适应不良的人际信念，将个体对于工作关系质量的期望调整到一个更加切实的水平，并避免在工作互动中出现过度自我保护的现象。(Cacioppo et al., 2017; Schoenmakers et al., 2015)

　　除了教练，研究者们还提出通过写日记的方式来预防和减少领导孤独感。记录领导过程中遇到的挑战和情绪体验，能够帮助个体解决未完成的任务，重新集中精力逐一解决问题，并提高对自身价值观和信念的自我认知。(Cooper & Quick, 2003; Wright, 2009) 这种方式能使领导者变得更加接纳自我，而接纳自我能有效减少孤独感。(Lindsay et al., 2019) 根据最近的元分析研究 (van Dierendonck & Lam, 2023)，写日记是常见的提升心理幸福感的干预方法，这也为其能够减少孤独感提供了一定的理论支持。

工作场所的孤独感除了意味着个体需要重新建立社会联结，它还可能反映工作意义的缺失。孤独感通常和无聊联系在一起，而无聊是一种不愉快的情绪，表现为对事物不感兴趣和难以集中注意力。（van Hooff et al., 2014）具体而言，孤独感在社会层面上意味着一个人会因未能从有意义的关系中获得肯定而感到无聊。（Weiss, 1973）除了关注自己的社会需求，领导也可以考虑通过帮助他人来赋予自己的工作更多意义。最新研究表明，孤独感能够激励人们在工作中产生助人行为，特别是那些自我效能感高，且将孤独感归因于不稳定因素的领导者。（Gabriel et al., 2021; Snyder, 2014）

此外，回忆过去的美好时光也有助于减少孤独感。既有研究发现，怀旧，即回忆积极事件，能够通过两种方式减少孤独感。一方面，怀旧能够激活人们的社会接近动机，并恢复一定的社会联系感（Abeyta et al., 2015）；另一方面，特别是对有心理韧性的人而言，怀旧能够增加他们对社会支持的感知。（Zhou et al., 2008）除了回忆工作中的积极互动外，领导者甚至可以考虑吃一些美食来减少孤独体验。在一项实验中，食用鸡汤（一种常见的美食）的参与者相比尝试新食物的参与者，表现出更多与有意义的人际关系相关的神经联结，孤独感也因此减少。（Troisi & Gabriel, 2011）

第八节　本章小结

孤独感是一种主观的消极情绪，它反映的是个体实际的社会关系与期望拥有的社会关系之间的差距。从主观-客观以及概念结构的效价这两个维度，我们可以将孤独感及其他类似概念进行区分。

缺失、认知和社会建构主义是研究孤独感最主要的三个理论视角。缺失视角认为孤独感源于亲密关系或意义感的缺失；认知视角认为孤独感是对现有社会关系的不满；社会建构主义视角重视孤独感这个现象本身，不对孤独感下定义，而是提供对个体孤独体验的丰富描述。

孤独感在员工工作和组织领导情境下均会出现。然而，社会对孤独感存在污名化，并且普遍存在着对领导者的积极滤镜，导致在领导孤独感方面的理论和实证研究仍然较为匮乏。我们需要意识到领导孤独感的重要性，并增加对领导者工作场所心理健康的关注，积极探索能够有效减少领导孤独感的策略和方法。

课后思考

　　1.什么是工作情境下的孤独感？如何向员工、领导及公众解释其与孤独感类似概念的区别？

　　2.当孤独感的主流理论应用到当今不断变化的工作形式（如数字化工作、远程工作、混合工作安排和零工等）中时，这些理论有什么优势和不足？

　　3.工作和领导孤独感都有哪些诱因？

　　4.对于帮助员工和领导者减少孤独感，你还有哪些基于实证的建议？

第六章
参考资料

第七章

情 绪 劳 动

本章目标

学习完本章后，你应该能够：

· 描述情绪劳动的定义、特征和维度。

· 明确表层扮演与深层扮演之间的区别。

· 了解情绪劳动产生的原因和影响，并能够使用资源类理论（如
资源保护理论等）进行解释。

· 阐释情绪劳动在管理上的意义。

想象一下，你是一名客户服务代表。在一天繁忙的工作中，即使你感到疲惫或受到客户的不礼貌对待，但你仍需要保持友善、耐心和专业的态度与客户沟通。这时你就在进行情绪劳动。在这种情况下，你如何管理自己的情绪并继续提供优质的服务呢？此外，情绪劳动对你有何影响呢？相信学习完本章内容后，你会找到答案。

第一节　情绪概述

情绪（emotion）是人对外部事物产生的一种内部的主观体验，其反映的是外部事物与个体需求之间的关系，包括生理唤醒、主观体验和外部表现三种成分。（Gerrig et al., 2015; Kalat & Shiota, 2007）外部事物若能满足个体需求，则产生积极情绪；反之，则会产生消极情绪。

生理唤醒是伴随情绪产生的，指的是我们生理水平上的激活，它涉及人体的神经系统，如丘脑、下丘脑和杏仁核等。个体面对不同情绪时产生的生理反应模式是不同的，在感到恐惧时，个体会有心率加快、血压升高等表现；在感到痛苦时，个体血管容积会缩小。（Kalat & Shiota, 2007）我们所熟知的测谎仪就是利用不同情绪状态下会产生不同的生理唤醒这一原理设计的。但是关于到底是生理唤醒引起情绪体验还是情绪体验引起生理唤醒，即二者的先后顺序问题，不同的学者有不同的看法（如詹姆斯-兰格理论、坎农-巴德情绪理论等）。

主观体验是指个体对不同情绪的自我感受，不同的情绪能够给个体带来不同的主观体验。对于情绪主观体验的测量一般采用主观报告的方法，因为我们很难确定产生某种特定情绪的外部刺激具体是什么，并且不同个体对同一外部刺激的感受也不尽相同。（Kalat & Shiota, 2007）

情绪的外部表现就是我们常说的表情。它反映的是某种情绪被激活时个体身体各部位的动作、姿态的变化，这些行为反应就是表情，可分为面部表情、姿态表情和语调表情。面部表情是指通过眼部肌肉、面部肌肉和口部肌肉的变化来表现不同的情绪。例如，人们在感到惊奇时会瞪大双眼。姿态表情可以分为身体表情和手势表情，人在不同情绪状态下，姿态表情会有所不同。例如，人们在感到恐惧时可能会紧缩双肩（身体表情）和握紧双拳（手势表情）。语调表情也是表达情绪的一种重要形式，人们可以通过言语的声调、速度等来表达自己的情绪。例如，悲伤时语调低沉并且语速较慢。（Kalat & Shiota, 2007）

　　根据不同的标准，我们可以对情绪进行不同的分类。例如，基本情绪与复合情绪，应激、激情和心境，以及积极情绪与消极情绪等。

　　基本情绪是指人与其他动物所共有的情绪，是与生俱来的。例如，快乐、愤怒和恐惧等。复合情绪则是由不同的基本情绪组合派生出来的。

　　根据情绪发生的强度、持续时间与外部表现的不同，学者们普遍认为存在三种典型的情绪状态：应激、激情和心境。应激是指个体对意外的环境刺激所作出的适应性反应，具有超压性和超负荷性。应激强调外部事件发生的意外性以及时间的紧迫性（个体在高度紧张的状态下迅速作出决策并采取行动）。人在应激状态下会伴随着一系列的生理性反应。例如，肌肉紧张、呼吸急促、血压升高等。激情是一种短促的情绪状态，强烈且具有爆发性。激情的产生往往与对个体有重大意义的事情的发生有关，需要注意的是，激情与应激并不完全相同。在激情状态下人们会出现"意识狭窄"。心境则是一种平静、微弱且持久的情绪状态，其具有弥漫性，反映的是人们以同样的态度对待一切事物。(Kalat & Shiota, 2007; 彭聃龄, 2004)

　　积极情绪是指当内外部刺激或事件能够满足个体需求时产生的伴有愉悦感受的情绪。(郭小艳，王振宏, 2007)消极情绪则是与积极情绪相对的一个概念。

　　在情绪劳动研究领域，学者们通常聚焦于积极情绪与消极情绪的影响。越来越多的研究表明，积极情绪对员工及工作场所相关要素具有积极作用。(Diener et al., 2020)在Diener等(2020)的研究综述中，积极情绪的影响被分为个人结果和社会结果两类。根据Diener等对既有研究的回顾，积极情绪在工作场所中对员工的积极自我信念、创造力、工作参与度和个人健康等个人结果产生积极影响；对团队合作与协作（teamwork and cooperation）、职场内人际关系和客户满意度等社会结果也有促进作用。由此可知，情绪对工作场所的各个方面都具有显著影响。但是，在关注积极情绪的同时，我们也不能忽视消极情绪的影响。目前，学者们对消极情绪与工作场所中的反生产行为之间的关系给予了大量关注。Fida等发现，消极情绪与个人导向和组织导向的反生产行为之间均存在正相关关系。(Fida et al., 2015)此外，Bauer和Spector (2015)的研究还表明，愤怒、嫉妒等消极情绪能促使人们更容易采取主动形式的反生产行为，如虐待他人、盗窃等。同时，消极情绪还会增加员工的离职意向、道德推脱（moral disengagement）和毒性情绪体验（toxic emotional experiences），并对行业（如酒店业等）的口碑产生负面影响。(Fida et al., 2015; Kiefer & Barclay, 2012; Yu et al., 2021)

第二节　情绪劳动及其历史与发展

情绪劳动是指"通过管理情绪表达来创造对公众可见的面部和身体表现"的行为。情绪劳动可以被分为两个维度：表层扮演（surface acting，在不改变实际情绪的情况下改变情绪外部表达）和深层扮演（deep acting，在改变实际内部情绪体验的情况下改变外部情绪表达）。（Hochschild，2022；Hur & Shin，2023）评估情绪劳动的一个关键因素是情绪是否遵守组织的展示规则所导致的被动结果。（Grandey，2000）这个概念最早由Hochschild于1983年在 *The Managed Heart* 一书中提出，认为情绪劳动是一种调节情绪的策略。既往研究发现，在住宿和餐饮、护理、空乘、教师（Burić et al.，2021；Hur et al.，2013；Kim，2020；Shani et al.，2014）等服务性行业，以及管理和领导岗位（Gardner et al.，2009）中常涉及情绪劳动。由此可见，情绪劳动是一种常见但经常被忽视的工作要求。情绪劳动与情绪调节虽然类似，但仍有所区别。情绪调节是指个体如何影响自己的情绪，何时体验和表达情绪的过程（Gross，1998），其可以分为个体层面的情绪调节和人际层面的情绪调节（Troth et al.，2018）。情绪调节是独立于个体反应的一种对他人情绪表达的外在调节。（Troth et al.，2018）比方说，你的朋友正处于情感困扰期，时常感到情绪低落和沮丧。你察觉到了他的情绪变化，并希望帮助他调节情绪。情绪劳动是指个体对自己情绪主动调节的过程，可以看作是一种个体层面的情绪调节形式。根据Gross（2015）的观点，情绪调节是可能自行发生的过程。然而，正如前面所述，情绪劳动实际上是员工通过遵循情绪展示规则来被动调节情绪的过程，即情绪劳动并非自行发生的。

随着对情绪劳动领域的研究与发展，学者们对其有了不同的理解，其中三个观点对理解情绪劳动产生了重要影响。（Grandey，2000）

一、Hochschild的观点

Hochschild提出了情绪劳动的概念，并选择员工与外部客户互动的戏剧视角来研究和理解情绪劳动。她将工作环境比喻为一个"表演舞台"，情绪劳动者则扮演"演员"

的角色，在舞台上与"观众"（外部客户）互动。（Goffman, 1949; Hochshild, 1983）基于这一视角，她进一步提出了员工应对情绪劳动的两种策略：表层扮演和深层扮演。（Hochshild, 1983）Hochschild认为情绪劳动需要人们付出努力，它不是一种自动化的行为，而且情绪劳动可能使员工感到工作倦怠，并给他们带来更大的工作压力。

二、 Ashforth 和 Humphrey 的观点

Ashforth 和 Humphrey 将情绪劳动定义为员工为达到组织印象管理目标而展示适当情绪的行为。（Ashforth & Humphrey, 1993; Gardner & Martinko, 1988）与 Hochschild 的观点不同，他们强调情绪劳动作为一种可观察的行为（不强调情绪调节过程），并认为表层扮演和深层扮演可以由需要意志努力的行为转变为无意识行为。（Ashforth & Humphrey, 1993）同时，他们并不过多关注情绪劳动对员工身心健康的影响，而是更关注情绪劳动与任务结果或绩效之间的关系。近年的研究指出，当客户能够辨别情绪表达的真实性时，情绪劳动与任务效果呈正相关。（Grandey, 2000）

三、 Morris 和 Feldman 的观点

从互动主义的角度出发，Morris 和 Feldman 将情绪劳动定义为在人际互动中表达组织期望的情绪所做的努力、规划和控制。他们强调了社会环境对员工情绪表达的重要性。（Grandey, 2000; Morris & Feldman, 1996）此外，他们认为情绪劳动包含四个维度：适当情绪展示的频率、对所需展示规则的关注度、需要展示的情绪种类，以及因不得不表达组织期望的情绪而产生的情绪失调。（Morris & Feldman, 1996）Morris 和 Feldman 的观点与 Hochschild 的观点有相似之处，都认为个人情绪能够被改变和控制，社会环境在这个过程中起着重要作用。他们将 Hochschild 提出的表层扮演和深层扮演作为留意程度维度的一个次要方面。（Grandey, 2000）

综合以上三种观点可知，情绪劳动是一种多维度的、受意识控制的、受情境影响的、目的明确的被动行为，既包括内部情绪体验的调节，又涉及面部表情等情绪外部表现的变化。表7-1列举了以上三种观点关于情绪劳动的定义及其要素。

表7-1 情绪劳动的定义及其要素

作 者	年份	定 义	要 素				
			多维度	受意识控制	受情境影响	目的明确	被动
Hochschild	1983	通过管理情绪表达来创造对公众可见的面部和身体表现的行为		×		×	×
Ashforth 和 Humphrey	1993	展示适当情绪的行为(即符合展示规则)				×	×
Morris 和 Feldman	1996	在人际交往中表达组织期望的情绪所做的努力、规划和控制。四个维度：(a)适当情绪展示的频率；(b)对所需展示规则的关注度；(c)需要展示的情绪种类；(d)因不得不表达组织期望的情绪而产生的情绪失调	×		×	×	×

这三种观点在理解情绪劳动方面有相似也有不同。它们都承认情绪可以被管理和控制，在工作中展示适当的情绪对组织和任务结果具有重要影响。然而，它们在情绪劳动的定义、付出的努力程度和结果上存在差异。Hochschild关注情绪劳动作为管理情绪所需付出的努力过程，暗示其可能导致职业倦怠感和工作压力。（Hochshild，1983）Ashforth和Humphrey强调情绪劳动作为一种可观察行为和印象管理行为的影响，认为它可以变得具有常规性和无意识性。（Ashforth & Humphrey，1993）Morris和Feldman强调了情绪劳动涉及互动频率、留意程度、所需情绪的多样性和情绪失调多个维度（Morris & Feldman，1996），但他们对这些维度并未提供详细的描述（Grandey，2000）。

第三节 情绪劳动的前因后果

一、情绪劳动的影响因素

在对情绪劳动相关文献进行回顾后，本章将情绪劳动的影响因素大致分为两类，即

125

特质类（trait）影响因素和状态类（state）影响因素。同时，本章从员工自身、外部客户、组织和工作特征四个维度对情绪劳动的影响因素进行了分类。

特质类影响因素是指对情绪劳动产生影响的个体、组织等的特质，这些特质具有持久性和稳定性，不会随情境而改变。研究者通常使用资源保护理论（Hobfoll，2001）等来解释状态类因素对情绪劳动的影响。（Xu et al.，2020）

资源保护理论表明，个体的基本目标是获取、保护和增加资源，以满足生活需求和个人目标。个体在面对压力和逆境时，会努力保护已有的资源，并寻求获取新的资源来应对压力和恢复平衡。这里的资源包括物质财富、社会支持、个人特质、时间和能力等各种积极资源，它们能够满足基本需求、实现目标和应对压力。资源保护理论还强调资源的交换和积累，个体通过与他人互动和社会支持来获取资源，并积累资源以增强未来应对压力的能力。

此外，情商（emotional intelligence）是一种被广泛研究的个体特质类因素，它对情绪劳动有着重要影响（Mayer et al.，2004；Wen et al.，2019）。情商是指个体理解、管理和表达情绪的能力，以及与他人建立健康、积极和有效关系的能力。（Salovey & Mayer，1990；Wong & Law，2017）具有较高情商的员工能够根据环境调节自身情绪，更敏感地应对和适应自己和他人的情绪。（Lee & Ok，2012）你可以想象这样一个场景：在繁忙的客服中心，经验丰富的小李作为客户服务代表，敏锐地察觉到电话另一端客户的愤怒情绪。客户因订单延误而情绪激动，言辞激烈。小李明白，她的情绪反应不仅关乎客户满意度，还可能影响团队氛围。因此，她迅速调整情绪，以平和且专业的态度回应客户，表达了对客户不满的理解，使客户感受到被尊重与重视。待客户情绪稍稳后，小李有条不紊地解决问题，清晰解释延误原因，并通过积极沟通，最终为客户提供了满意的解决方案。在此情境中，小李敏锐地捕捉并有效管理情绪，避免了事态恶化，通过建立积极的沟通关系，成功解决问题，这充分展示了情商在情绪劳动过程中的关键作用及其对结果的显著影响。

根据资源保护理论，员工在选择情绪劳动策略时会受到自身资源的影响。（Kim et al.，2012）表层扮演和深层扮演的区别在于员工是否付出努力去实际体验组织要求其表达的情感，即深层扮演涉及情绪调节过程。在资源保护理论框架内，深层扮演相比表层扮演需要消耗更多的个人资源，因此拥有更多可用资源的员工倾向于采取深层扮演，而资源匮乏的员工则更可能采取表层扮演以减少资源消耗，保护自身资源。（Liu et al.，2008）高情商的员工能够敏感地捕捉他人的情绪，并根据具体情境表达符合组织期望的情绪，因此他们在工作中更倾向于从事深层扮演。（Gabriel et al.，2016）他们将情商视为可用资源，更好地调节自身情绪以应对情绪劳动。除情商外，员工的人格特质和组织规定的情绪展示规则等特质类因素也会对情绪劳动产生影响。（Xu et al.，2020）

状态类影响因素是指会对情绪劳动产生影响的个体因素、组织因素等，它们具有不稳定性，随情境变化而变化。情感事件理论（Weiss & Cropanzano，1996）是解释状态类影响因素如何影响情绪劳动的常见理论之一。情感事件是工作环境中触发的与情绪相关的事件，可以是积极的（如获得奖励、受到赞扬等）或消极的（如受到批评、遭受不公平待遇等）。情感事件可能源于工作本身、组织文化、同事和领导等方面。情感事件理论认为工作中的离散事件会引起情感反应，从而影响员工的行为和态度。人们对情感事件进行双重评估，首先评估情感事件与个人的相关性，然后对情感事件作出反应，产生不同的情绪反应（如愉悦、愤怒等）。情感事件理论还强调工作环境对情感反应的影响。例如，情感事件（如客户的骚扰行为等）会影响情感状态（如愤怒等），进而影响员工的态度（如工作满意度等）和行为（如情绪劳动策略和反生产行为等）。（Pugliesi, 1999; Xu et al., 2020）常见的状态类影响因素包括情绪劳动者的情绪状态（如恐惧、愤怒等）和客户的不文明行为。（Lee & Madera, 2019; Sliter et al., 2010）

二、情绪劳动的后果

以既有研究中所采用的理论为基础，本章将情绪劳动的潜在后果分为两大类——资源类后果和行为类后果，并从员工自身、外部客户和组织三个角度考虑，将其划分为六类后果——员工资源类、客户资源类、组织资源类、员工行为类、客户行为类和组织行为类。

资源类后果是指情绪劳动导致个人和组织可用的资源减少。工作要求-资源模型和资源保护理论能够有效解释情绪劳动如何导致资源减少。这两个理论都强调了资源的重要性，并认为工作环境中的资源对员工的健康和工作结果有重要影响。（Bakker & Demerouti, 2007）工作要求-资源模型认为工作中的人们会面对物质、认知或情感上的要求（如工作压力、情绪劳动等），但也会获得物质、认知或情感方面的支持，员工需要动用工作资源以应对工作要求。情绪劳动作为一种工作需求，包括对员工表达和调节情绪的要求，如展示积极情绪、控制或隐藏负面情绪，与困难客户沟通等。这些要求可能对员工的情绪和心理资源造成压力。总的来说，无论是资源保护理论还是工作要求-资源模型，都认为情绪劳动会消耗员工的工作资源，而个体需要足够的工作资源来应对情绪劳动的影响。员工较低的工作满意度是常见的情绪劳动资源类结果。（Gursoy et al., 2011; Karatepe et al., 2009; Lee & Hwang, 2016; Lee & Ok, 2012）资源保护理论被广泛应用于解释情绪劳动与工作满意度之间的负相关关系。例如，研究表明，从事情绪劳动会消耗员工的可用资源，员工可能面临更大的压力。此外，员工的职业倦怠感和客户的忠诚度也是研究者们经常讨论的资源类后果。（Brotheridge & Grandey, 2002; Wang, 2019）

行为类后果可以理解为情绪劳动是个体或组织作出某种行为的诱因。情绪的行动倾向理论是解释这一现象的理论之一。该理论认为每一种特定的情绪都与从事某些行为的倾向有关，情绪不仅仅是一种主观体验还是驱动个体行为的动机状态。情绪体验会激发相应的行为倾向（Fredrickson，2001；Frijda，1986；Frijda et al.，1989），消极情绪通常会阻碍行动倾向，而积极情绪则会促进行为倾向（Headrick & Park，2022）。对于接受情绪劳动服务的外部客户来说，当他们体验到积极情绪时，可能会作出奖赏行为，如给小费；对于情绪劳动者来说，当他们采取深层扮演策略调整自己的情绪以展示组织要求的积极情绪时，可能会展现更多以客户为导向的行为。此外，还有其他理论如自我损耗理论（Baumeister et al.，1998）、资源保护理论等也能为情绪劳动对个体或组织行为产生影响的观点提供支持。（Hülsheger et al.，2015；Lee & Ok，2014）

以下情境可能会帮助你更好地从工作要求-资源模型和资源保护理论的视角理解情绪劳动所带来的后果。如前面所述，在教育领域，教师同样面临情绪劳动的挑战。王老师是一名中学教师，每天需要面对学生的各种情绪和行为问题。长期的情绪劳动逐渐消耗了王老师的耐心与工作热情，而学生的问题改善甚微，她提出的建议也未获得学校的重视，导致她感到精力严重透支。这种无助感促使她逐渐回避与难以管理的学生互动，这不仅降低了王老师个人的工作满意度，也影响了同学们的学业成绩和班级氛围。

第四节　情绪劳动的未来发展

本节将探讨情绪劳动研究和实践的未来发展方向。我们借鉴了 Ashkanasy 和 Dorris（2017）提出的组织情绪五级分析框架，将情绪劳动概念化为第三级，即人际因素。情绪劳动会对员工的体验和行为产生影响。图7-1总结了既往实证支持主题及未来研究重点。接下来，我们将进行具体阐释。

一、状态层面

如今，工作场所与以往相比发生了许多变化，尤其是在COVID-19疫情暴发之后。

一方面，一些新型工作形式如远程办公在工作场所得到广泛应用。（Leonardi et al.，2024）那么，远程办公中的情绪劳动与传统工作情境中的情绪劳动是否有所不同呢？数字化工具和在线协作平台的广泛应用是否会影响情绪劳动呢？在非面对面接触的

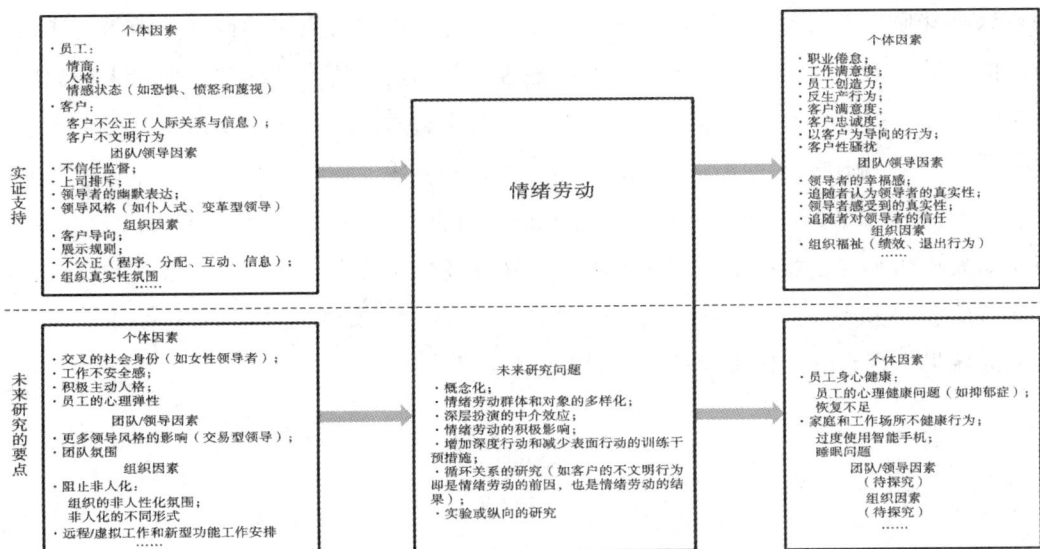

图7-1 情绪劳动既往研究总结与未来展望

情境中，情绪劳动是否更难被察觉？人们对情绪劳动的需求是否因非面对面接触而降低？或者说，对情绪劳动强度的要求是否发生变化？

另一方面，COVID-19疫情暴发不仅对人们的生理健康产生了影响，还引发了心理恐慌和心理不安全感。然而，既有研究不足以预测员工的心理不安全感是短暂的状态还是长久的压力源。员工在工作场所感受到的心理不安全感，可能是由于组织变革等措施所引起的。例如，受COVID-19疫情影响的企业可能会采取裁员等措施来应对困境。因此，我们可以思考组织对COVID-19疫情采取的行为是否会对情绪劳动产生影响。例如，在员工出现心理不安全感后，他们是否会增加情绪劳动以确保自己不会被裁员？即，情绪劳动的强度和频率是否会发生改变？

二、特质层面

特质层面的内容涵盖了人与人之间的分析，特指人与人之间的个体差异。（Ashkanasy，2003；Ashkanasy & Dorris，2017）根据Brockner和Higgins提出的"调节焦点"情绪理论（Brockner & Higgins，2001），个人的情绪调节焦点不同会对其情绪产生不同的影响。工作要求-资源模型是情绪劳动领域常见的理论之一，它能够很好地解释个体差异对情绪劳动的影响。例如，情商既是一种应对情绪劳动（工作要求）影响的工作资源，又是一种个体差异。那么，基于工作要求-资源模型，还有哪些个体差异可以作为未来应对情绪劳动影响的工作资源呢？员工的心理弹性、情绪调节能力与技巧、共情能力以及积极主动人格这几方面与情绪劳动密切相关，但目前尚未深入研究，因此我们认为可以将其作为未来关注的重点。例如，目前已有大量的研究探讨情绪劳动与情绪调节之间的关系，但个体情绪调节技巧的差异是否会影响员工情绪劳动的后果尚未得到广泛关注。此外，积极主动人格也可能是未来关注的重点之一。积极主动人格是指个人采取主动行为、坚持不懈并积极影响周围环境的倾向或特质，反映了个人对工作和生活的积极主动取向。（Fuller Jr & Marler, 2009; Seibert et al., 1999; Seibert et al., 2001）具有积极主动人格的员工可能将工作中的困难视为挑战或成长机会，并采取积极主动行为，如工作重塑和寻求反馈。（Parker & Collins, 2010; Tims & Bakker, 2010）这是否会对情绪劳动的后果产生影响，还需要进一步研究。

三、 团队层面

情绪劳动群体已不再局限于服务提供者或底层员工（Gardner et al., 2009），人们开始认识到组织中的领导者也是从事情绪劳动的群体之一。Grandey 等（2007）的研究表明，情绪劳动的主体既包括组织外部人员，又包括组织内部人员。以组织中的中层领导者为例，他们需要面对更高级别的领导和下属，这些人都可能成为潜在的情绪劳动对象。然而，对于领导者情绪劳动行为的研究尚不充分，这是情绪劳动未来发展的一个方向。具体而言，既有研究揭示了公仆型领导风格与员工情绪劳动之间的关系。（Lu et al., 2019）那么在实施公仆型领导风格时，领导者是否会进行情绪劳动呢？这对领导者自身有何影响？进一步地，特定的领导风格是否会对领导者自身、员工的情绪劳动以及其他方面（如工作幸福感等）产生影响呢？

除了考虑领导者群体的情绪劳动和领导风格对情绪劳动的影响外，团队氛围也是未来研究应关注的一个方向。既有研究表明，团队内部的真实性氛围可以有效减少表层扮演所带来的情绪耗竭。（Grandey et al., 2012）然而，对于团队真实性氛围如何产生影响以及其有效的条件，我们还了解甚少。除了真实性氛围之外，其他代表团队氛围的变量（如团队凝聚力等）是否会对情绪劳动的形成过程或结果产生影响呢？我们认为，这些都是值得进一步研究的问题。

以上我们探讨了个体内、个体间及组织内部情境下情绪劳动的未来发展趋势。然而，社会背景及非工作领域因素对情绪劳动未来发展的影响亦不容忽视。

四、 情绪劳动在AI时代

在当今职场，人工智能（AI）的广泛应用正推动工作场所向更高效、更智能的方向发展。例如，聊天机器人和虚拟助手已成为企业与客户沟通的新常态，它们全天候的服务极大满足了客户需求，这些工作以往由人类承担。随着数智化浪潮的兴起，对于情绪劳动的研究者们来说，一个关键问题出现了：AI对工作场所情绪劳动的影响是什么？从员工对客户情绪劳动的角度出发，有三个值得深思的问题：其一，AI是否能够将人类从情绪劳动中彻底解放？其二，AI的应用是否在所有情境下均有效？其三，情绪劳动在何种情境下是不可或缺的？

　　AI能否取代人类的问题一直受到各领域研究者的关注，如人力资源管理专家迫切想了解AI是否能替代人类进行员工选拔。（Chen & Benson, 2023; Pan et al., 2022）情绪劳动的研究也应关注此问题。正如前面所述，聊天机器人和虚拟助手在客服等服务行业（这些行业从业者需要进行大量情绪劳动）中日益普及。回想一下，当你进行线上咨询时，是否常由虚拟助手代替人工客服与你先行沟通？因此，AI是否能完全取代人类从事服务行为，从而解放人类于情绪劳动？本章认为这是AI浪潮下情绪劳动研究需要关注的重要问题。不可否认，AI在服务业的应用不仅提升了服务效率和精准度，也大幅降低了企业的人力成本。然而，AI在所有情境下都能带来积极效果吗？在哪些情境下人类的情绪劳动是必要的？这些问题仍需要深入探讨。

五、 情绪劳动与工作 - 生活互动

　　虽然情绪劳动是一个工作场所中的概念，但是我们对它的关注却不应该仅局限于工作场所之中。工作-生活互动（work-life interface）的观点认为，工作领域与生活领域（非工作领域）并不是完全割裂的，而是相互影响、相互作用的。工作领域与生活领域的关系可分为三类，即工作-生活冲突、工作-生活促进和工作-生活平衡。（Grawitch et al., 2010; McMillan et al., 2011）以工作-生活冲突为例，在该关系中工作的一般要求、投入的时间和形成的压力被认为会干扰员工履行与家庭有关的责任（Premeaux et al., 2007），这无疑体现了工作-生活互动的观点。所以我们有必要超越工作领域的限制来更加全面深入地理解情绪劳动。

　　不少研究者已经开始探讨情绪劳动在生活领域中的潜在影响，并已取得显著成果。例如，Cheung 和 Tang (2009)在其研究中发现，表层扮演与工作-家庭干扰呈正相关，且工作-生活质量（quality of work-life）在其中扮演了中介角色。此外，家庭-工作干扰（详见第十一章）也被发现是预测员工在工作场所表层扮演行为的关键因素之一。Yanchus 等(2010)的研究指出，工作场所的情绪劳动会通过改变个体对工作的感知，进而影响员工工作与生活领域的互动，最终对员工的生活满意度产生影响。他们还进一步探讨了抑郁症与情绪劳动之间的关系，尽管未观察到显著的相关性，但这一发现激发我们思

考：情绪劳动是否对员工的心理健康构成潜在影响？这也是未来研究值得深入探讨的方向。

　　尽管情绪劳动主要应用于工作场所，但在非工作领域，人们同样需要进行情绪劳动。Sanz-Vergel 等（2012）的研究揭示，日常工作场所的表层扮演与家庭中的表层扮演之间存在显著的正相关关系。工作场所的表层扮演会通过影响家庭中的表层扮演，进而对个体日常幸福感产生负面影响。在家庭中，伴侣间的日常表层扮演相互影响，对彼此形成正向反馈，一方的幸福感亦能正面影响另一方的幸福感。在 Gabriel 等（2023）最新的研究综述中可以看出，日常表层扮演会导致人们处于焦虑状态，进而引发一系列睡眠问题，如失眠等。（Fouquereau et al., 2019; Wagner et al., 2014）同时，表层扮演会促使人们花费大量金钱购买酒类产品，尤其对酗酒者而言。（Grandey et al., 2019）相反，深层扮演则预示着较少的饮酒行为。（Sayre et al., 2020）Headrick 等（2022）发现，表层扮演与不健康饮食及较少的运动行为呈正相关，这可由表层扮演产生的消极情绪来解释。然而，令人意外的是，深层扮演亦被证实与消极情绪和不健康饮食直接相关。随着现代社会对人类身心健康的高度关注，职业与组织心理学专家们在关注组织绩效的同时，也应重视员工的身心健康问题。因此，我们对情绪劳动在非工作领域影响的探索不应止步于此。结合情绪劳动研究领域的主流理论，本章主张在未来研究中，可以更多关注员工在生活领域中的资源类和行为类后果。具体而言，包括情绪劳动对员工心理健康的潜在影响，如抑郁症和情绪耗竭（Sayre et al., 2020; Yanchus et al., 2010），以及情绪劳动对员工生活领域行为的溢出性影响，如消费行为和人际交往行为等。

第五节　　启示

一、对员工的启示

（一）情绪调节策略

　　员工应主动表达情绪，并与同事、朋友和家人进行情感交流。（Rimé, 2009）例如，在工作结束之后可以与同事、朋友一起喝喝茶，分享彼此的工作经历和感受，通过这种情感交流，不仅可以释放压力，还可以加深对彼此的了解。

（二） 自我关怀和恢复

员工应密切关注情绪和心理健康。在非工作时间，确保充足的睡眠，可参与个人感兴趣的活动等。（Trougakos et al., 2014）例如，在下班回到家之后，使用自己喜欢的香薰，泡一个热水澡，品味今天发生的令人高兴的事情，由此使自己在身体和心理上都得到放松。

（三） 社会支持

员工应学会在工作和非工作时间寻求社会支持，分享情感、促进相互理解，并向他人提供帮助。例如，在周末，员工可以参加社区的志愿者活动。在那里，员工不仅可以帮助他人，也能够从其他志愿者那里获得情感上的支持和鼓励。这种社会支持网络的建立，能够帮助员工更好地面对工作和生活中的挑战。

二、 对团队和领导者的启示

（一） 任务设计和资源支持（任务导向）

领导应合理分配工作任务，并为员工提供必要的资源和支持。（Bakker et al., 2005）例如，领导者需要时常对员工的工作职责进行评估，确保任务分配合理，并提供工作所需的必要资源，如一些能够提高工作效率的工具，以减轻员工的工作负担。

（二） 情绪支持（关系导向）

领导应向员工提供情绪支持，积极倾听并回应他们的情感需求。（Barsade & Gibson, 2007；Sy et al., 2005）例如，组织领导可以在平时耐心倾听基层员工分享自己所遇到的工作挑战和个人感受。通过给员工提供这种情绪支持，不仅可以让员工感到被理解和被关心，也能够帮助员工释放累积的工作压力。

（三） 培训和发展（变革导向）

领导应为员工和自己提供情商和情绪管理培训机会，以增强情商和情绪管理能力。（Ashkanasy & Daus, 2005; Goleman, 1998; Jordan et al., 2002）例如，领导者可以定期组织团队培训，专注于员工职业发展和技能提升。

三、 对组织的启示

（一） 文化和价值观

组织应建立自己的企业文化，注重客户导向，同时关注员工的情感福祉和福利，平衡组织绩效和员工心理身体健康之间的关系。（Avey et al., 2010; Cameron & Spreitzer, 2012）

（二） 员工反馈、工作设计和资源分配

组织应积极收集员工对情绪劳动的感知和反馈，以及他们对工作的意见。根据这些反馈，持续改进工作设计。在合理范围内，赋予员工工作自主权，使他们能够自主调节情绪劳动的强度和频率，从而减少情绪劳动对员工的负面影响。

第六节　本章小结

情绪劳动在工作场所中是一种普遍现象，尤其在服务业中备受关注。资源保护理论等资源类理论常被用来解释与情绪劳动相关的现象，并已发现员工的情商和人格特质等是情绪劳动的前因。然而，人们似乎更关注情绪劳动对个人、客户和组织所产生的影响。尽管如此，我们对这些影响的潜在边界条件的了解仍然有限，这也是当前许多研究人员关注的焦点。深入了解情绪劳动及其结果之间的边界条件将有助于企业及其员工有

效应对情绪劳动的影响，并提供更全面的研究视角。

在情绪劳动概念提出的几十多年中，研究者们对其进行了广泛而深入的研究。未来的工作将面临三大挑战：员工心理健康、工作场所的多样性与包容性、远程／虚拟工作和新型工作形式。（Gabriel et al., 2023）情绪劳动与这三者密切相关。未来的工作形式对员工的情绪劳动将产生何种影响？在新型工作形式下，情绪劳动对员工的影响又会是怎样的？领导者应该如何合理运用情绪劳动，并帮助追随者应对其带来的影响？在未来新型工作形式的背景下，组织应如何正确看待情绪劳动？我们认为，这些问题是未来情绪劳动研究中值得深思的关键问题。我们相信，情绪劳动的研究将在未来蓬勃发展。

课后思考

1. 请简要解释情绪劳动是什么，并提供一个现实生活中的例子来说明。

2. 列举并解释可能导致情绪劳动的几个常见因素。

3. 分析情绪劳动对心理和生理健康的潜在影响，并提供一些建议来减小这些影响。

4. 解释为什么应该关注员工的情绪劳动，并提供三个管理员工情绪劳动的实践建议。

第七章
参考资料

第八章

领 导 力

本章目标

　　　　学习完本章后，你应该能够：

　　　　·明确领导的定义，区分领导和管理者。

　　　　·指出各种领导权变理论的区别。

　　　　·解释领导-成员交换理论。

　　　　·辨别和比较不同的领导风格。

第一节 什么是领导力

从柏拉图和苏格拉底等早期古希腊哲学家，到古代中国的儒家思想家都在道德教学和以身作则中研究领导的概念。（Bolden，2004）然而，对有效领导的需求从未像现在这样得到如此强烈的表达。有人认为，在这个不断变化的全球环境中，一个特定群体的成功或失败在很大程度上取决于领导者及其所展现的领导类型。人们对领导者的重视使其成为政治、军事和工作组织中的一个重要话题。各组织每年花费数百万元，试图从管理者中挑选真正具有领导气质的领导者。然而，尽管人们认识到领导力的重要性，但对于领导力到底是什么或如何定义它，仍然存在一定的争议。

在对领导力研究的回顾中，Stogdill（1974）得出结论，对于领导力的定义几乎和试图定义这个概念的人一样多。大多数定义涉及领导者利用其影响力来帮助群体实现目标。（Haslam et al.，2015；Yukl & van Fleet，1992）Burns（2012）把领导力定义为领导者引导下属为某些目标而行动，这些目标代表了领导者和下属双方的价值观和动机——欲望和需求、愿望和期望。具有领导能力的天才与大众的不同在于，他们会按照自己和追随者的价值观、动机来思考和制定行动的方式。因此，领导与赤裸裸的权力行使不同，它与追随者的需求和目标密不可分。领导者-追随者关系的本质是具有不同层次动机和权力潜力（包括技能）的人在追求共同或至少是共同目标时的相互作用。领导力（leadership）被定义为影响一个群体实现目标和愿景的能力。

通常，一个组织的领导者是拥有特定职位或头衔的人，比如主管、经理或总裁。但是也有非正式的领导者，一个作业小组的领导者可以是一个没有正式职位或头衔的人。这些非正式领导者的出现是因为他们有团队成员所看重的一些特征。（Riggio & Johnson，2022）值得注意的是，仅仅拥有经理或主管等正式职位或头衔并不代表一个人能够成为真正的领导者。在工作组织中，一个特定职位或头衔或许可以是一个人成为有效领导者的起点，但是我们可能都接触过"效率不高"的管理者，他们没有做任何事情来帮助团队实现工作目标，甚至可能阻碍了团队目标的实现。他们只是名义上的"领导者"，或者说是管理者，不过是拥有正式（行政）权力而已。一个真正的领导者应该具有影响他人实现组织目标和愿景的能力。

第二节　领导力理论

一、领导力的普遍主义理论

领导力的普遍主义理论的主要观点是有效的领导者具有一个或一组关键特征，这些关键特征与他们的能力有显著联系，标志着无论在何种情况下他们都将取得成功。普遍主义理论是最简单也是最早关于领导力的理论。这里，我们将简要讨论其中的两个理论——伟大的男性／女性理论和特质理论。

（一）伟大的男性／女性理论

伟大的男性／女性理论（great man/woman theory）的历史由来已久。作为一种普遍主义领导理论，该理论认为伟大的领导者是天生的，而不是培养出来的。（Riggio & Johnson, 2022）与其说它是一种理论，不如说它是一种信念，即个人素质和能力使某些人成为天生的领导者。伟大的男性／女性理论的支持者会说，那些历史上伟大的领导者，如凯撒大帝、秦始皇或成吉思汗，如果重生到现代，他们依然会因为他们天生的能力而再次成为领导者。这是否表明伟大的男性／女性理论确实有迹可循？尽管几乎没有科学验证的实验证据支持这一理论，但并不意味着人们不相信它。

（二）特质理论

特质（trait）是与个人身体或个性相关的且持久的特征或属性。特质理论（trait theory）试图发现所有有效领导者共有的特质，而且认为领导者和领导者的特质是组织成功的核心。

在20世纪早期，心理学家多次探索与领导者成功相关的具体特质。这些研究大多涉及特定的身体特征(包括身高、外貌、体型和精力水平)、人格特质（如外倾性、责任心等）（Hollander, 1985; Yukl, 1981），以及其他特征（如智力等）。遗憾的是，一篇研究综述发现，在将近80种领导特质中，只有5种能够被多次验证。（Geier, 1967）这些早期研究的成果未能提供任何单一特质是所有有效领导者所共有的确凿证据并作为整体理论的依据。（Hollander，1985）而在现实生活中，人们发现身体特征确实对领导者的选择有影响。在美国总统选举中，身材更高大、体格更魁梧的候选人确实会比其他人获得更高的支持率。（Judge，2020）领导者通常被认为有更具吸引力、更成熟的面孔。（Cherulnik et al.，1990）

对领导者特质的研究有着漫长而充满争议的历史。20世纪末以来，对特质的研究也从未停止过。这些较新近的研究表明，有效的领导者在某些关键方面与其他人确实有所不同。例如，一项对大五人格特质（详见第一章）进行的元分析研究表明，大五人格特质的整体模型与领导力有相当强的相关性，其中外倾性和领导力的关联最大，随和性和领导力的关联最小。（Judge et al.，2002）

关于结构更复杂的其他特质对领导力是否有影响，研究人员也有不同的观点。Kenny和Zaccaro将灵活性描述为，"能够感知支持者的需求和目标，并据此调整个人在团体的行动方式"。领导者的灵活性可能并不是一种单一的特质，而是一种多维结构的能力，包括感知和理解社会情境、有效沟通以及在各种社会环境中明智行事的能力（Hall et al.，1998；Riggio & Reichard，2008），这些能力更多地被称为"社会智慧"或"社会能力"（Zaccaro et al.，1991）。

另一个可能预测有效领导的特质是情商，一项小群体研究验证了情商和领导力之间的关系。（Côté et al.，2010）该研究发现，高情商的人更有可能拥有有效的领导力。在情商的四个维度（感知、运用、理解、管理情绪的能力）中，理解情绪的能力与人们表现出的领导力水平最为一致。情商的一个核心组成部分是同理心。同理心是一种能够设身处地理解他人心境或情感的能力。它通常被描述为以某种方式在自己的内心体验他人的观点或情感。感知并共情他人的感受有利于与他人建立一种情感纽带，有利于领导力的发展。（Kellett et al.，2002）虽然计划、协调、控制和组织等传统任务功能至关重要，但是感知和理解自己和他人的情绪，满足自己和他人关系领域的需求也同样重要。高情商的领导不仅关注任务结果和合理的过程，还涉及在一系列情况下与不同的个体沟通。这种做法的好处在于更好地满足了对专业和个人需求的认识和预期。（Skinner & Spurgeon，2005）关键的领导特质有助于领导者获得必要的技能，制定组织愿景，并采取必要的步骤在现实中实现这一愿景。

最初的领导特质理论的主要问题在于过于笼统，只关注了领导者。任何一种特质都不可能在所有情况下、所有类型的任务中、所有追随者群体中与有效的领导力联系在一起。工作世界中的员工和工作环境复杂多样，任何一种类型的领导者都不可能取得普遍的成功。值得欣慰的是，近年来不少对大五人格和领导力的研究为特质理论提供了有利的支撑。特质在预测领导者何时出现方面比区分有效领导者和无效领导者方面做得更好。

二、行为理论

与特质不同，行为可以被观察和改变。在20世纪40年代末至50年代，俄亥俄州立大学和密歇根大学各自开展的两个研究项目对领导者的行为进行了探讨。领导力的行为理论以这两个研究为基础，并认为领导者并非生来就是成功的，有效的领导力是可以通过学习和训练出来的。

(一) 俄亥俄州立大学领导者行为研究

俄亥俄州立大学的研究人员 Halpin 和 Winer（1957）通过领导者本人和其下属的自我报告，以及对领导者行为的详细观察，整理了一份包含数百种领导者行为的清单。他们使用因子分析的统计方法，发现这数百种行为可以被归纳为两大类——定规维度和关怀维度（图8-1）。

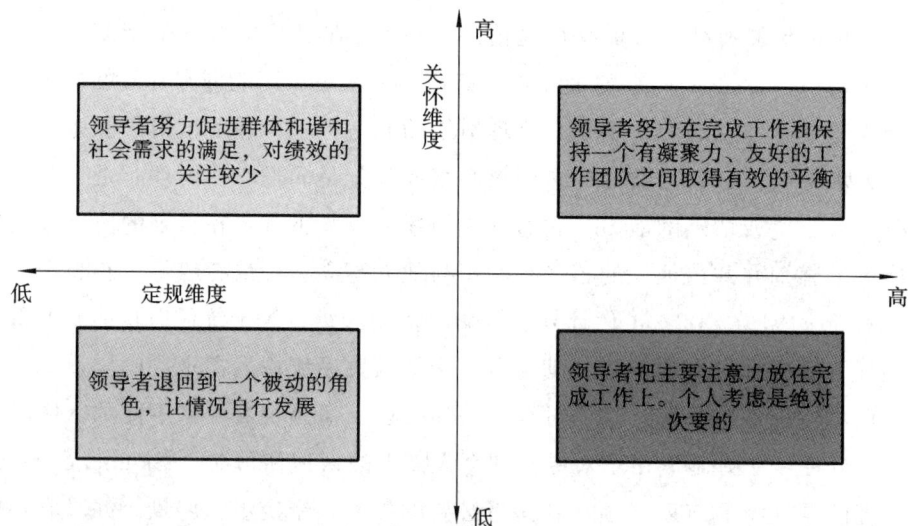

图8-1　俄亥俄州立大学领导者行为研究的维度结构

1 定规维度

定规维度指的是，领导者为了实现组织目标，而定义、组织和构建工作情况的领导活动。具有这一维度的领导者将会：向组织成员表明自己的态度和团队目标；为成员安排具体、明确的任务；确保成员理解他们在小组中的角色；期望成员取得一定的成果；为每项任务设定最后期限；制定公平的决策以及工作绩效标准；要求小组成员遵守标准、规则和条例。

2 关怀维度

领导者通过与下属建立融洽、相互尊重和信任的关系，表现出真正关心下属的感受、态度和需求的行为。这些行为包括：平等对待所有团队成员；提前通知有关变更并解释原因；鼓励成员间的沟通；询问成员的意见，落实成员的建议；关心成员的个人福祉，感谢他们的付出。

俄亥俄州立大学的研究人员得出结论：定规维度和关怀维度是相互独立的。也就是说，领导者在其中一项上的得分与另一项的得分无关。这意味着两种类型的领导行为都与有效的领导有关，但它们并不一定共存。一些有效的领导者只擅长于构建工作策略或目标，另一些则只表现出关怀能力，还有一些则两者兼而有之。（Bass & Bass, 2008）此外，还有研究发现，高定规维度的领导者虽然会带来更高的员工工作绩效，但是也会导致员工拥有较低的工作满意度。（Judge et al., 2004）研究发现，关怀型领导行为往往与工作满意度和领导有效性呈正相关，员工受到来自上司和同事的认可能够增强其工作动机，提高其工作满意度。（Asaari et al., 2019; Danish & Usman, 2010; Lambert et al., 2012）

(二) 密歇根大学领导者行为研究

几乎同一时期，密歇根大学的研究人员也对有效领导者的行为特征产生了浓厚的兴趣。其研究发现，成功的领导者往往表现出两种行为模式：以生产为导向的行为模式和以关系为导向的行为模式（图8-2）。（Kahn & Katz, 1960）以生产为导向（production-oriented）的领导者专注于执行团队面临的工作，以及员工如何完成不同的任务。因此与定规维度的行为相似。该领导者关心的是制定工作标准、监督工作、达到生产目标。以关系为导向（employee-oriented）的领导者侧重于在工作中维持人际关系，包括关心员工的需求，让他们参与决策过程等。

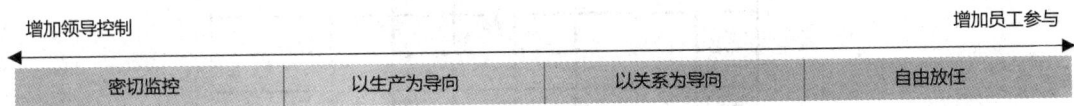

增加领导控制			增加员工参与
密切监控	以生产为导向	以关系为导向	自由放任

图8-2 密歇根大学研究——领导者行为连续体

资料来源：https://www.iedunote.com/michigan-leadership-studies。

俄亥俄州立大学和密歇根大学研究的主要区别在于，密歇根大学将这两种领导者行为置于同一连续体的两端，使其成为一维的。俄亥俄州立大学的模型认定这两种领导行为相互独立，使其成为二维的。密歇根大学的研究结果倾向于认为以关系为导向的领导行为比以生产为导向的行为更有效。（Likert, 1967）他们发现以生产为导向的和以关系为导向的领导者行为模式对团队绩效均有正向影响，而关系型（以关系为导向）领导者的下属往往比任务型（以生产为导向）领导者的下属对工作的满意度更高，且更不容易离职。（Morse & Reimer, 1956）近年的研究也支持这一观点。（Fayyaz et al., 2014; Fernandez, 2008）此外，以生产为导向的领导者会提高团队成员的团队效能和积极性（Rüzgar, 2018），以关系为导向的领导者则更能够增强团队成员之间的凝聚力，提高领导者与成员之间交流的效率。（Tabernero et al., 2009）

（三）领导力的管理网格模型

领导力理论在商业世界中较为成功和广泛的应用之一是领导力的管理网格模型（managerial-grid model of leadership）。（Blake & McCanse, 1991; Blake & Mouton, 1985）该模型包含两个核心维度：关注人和关注生产。管理网格的提出基于情境领导理论。该理论的基本假设是，最有效的领导者应该既高度关注任务和生产，又以人为本。使用两个9分制的量表对领导行为进行评估，一个量表用来评估领导者的生产导向，另一个量表被用于评估领导者对员工的关注倾向。如图8-3所示，最佳领导者得分为（9,9），这意味着他在生产和以人为本方面都很出色（被称为"团队管理式"领导力）；最差的领导者得到了（1,1）的评级，这意味着他在生产和以人为本方面表现都很差（被称为"贫瘠式"领导力）。Blake和Mouton的管理网格模型旨在反映在行为背后，领导者为实现目标的思维特征。他们认为这两个维度是相互依存的。这些维度之间的相互依赖和相互作用创造了领导力的具体方法。

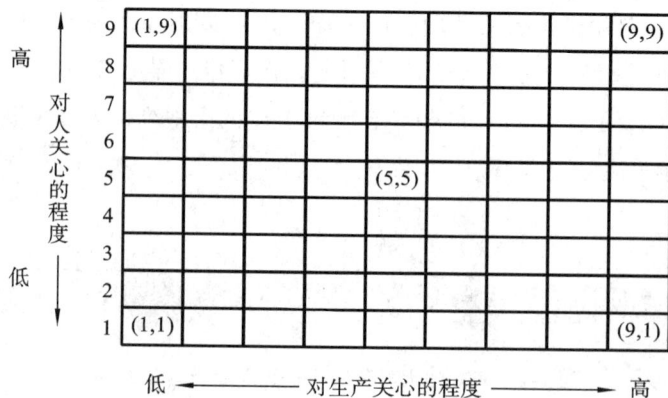

图8-3 领导力的管理网格模型

该理论用逗号（,）而不是加号（+）来表示领导风格在网格中的坐标，以区分其与俄亥俄州立大学领导者行为研究的维度。它提出了类似化学的概念，认为两种维度并没有泾渭分明的界限，而是可以结合或简单混合，同时保持其原有的性质。而两种元素之间的反应产生了一种新的化合物，其性质与原始成分中的任何一种都不同。（Blake &

Mouton，1982）尽管5种网格风格代表了个人行为倾向的分类，但需要注意，与俄亥俄州立大学和密歇根大学的研究中确定的行为维度不同，这些都是态度上的特征。

管理网格模型采用普遍主义理论的方法提出了一种最佳领导风格，但也因此受到批评。大多数研究者认为，并不存在所谓的最佳领导风格，有效的领导取决于领导风格如何适应特定的工作环境。（Fiedler，1967；Vroom & Jago，1988；Vroom & Yetton，1973）但不可否认的是管理网格模型确实产生了重大影响，例如，该模型帮助数千家企业提高了生产率和利润率，受益的企业也因此对该模型相当推崇。

三、领导力权变理论

如果我们相信普遍主义理论的论点，即存在一套有效的领导者特征和风格，那么领导行为理论就无法解释不同的领导行为代表一个有效的领导者。（DeRue et al.，2011）最有可能的解释是，存在其他因素决定了某些领导行为是否有效，特别是那些与任务类型或工作特征相关的变量。换句话说，任务导向的领导风格可能在特定情况下有效，而关系导向的领导风格可能在另一种情况下有效。权变理论因此顺应而生。权变理论以领导行为二分法——任务导向／定规维度和关系导向／关怀维度——为起点研究了领导者的特质与情境的相互作用，指出有效的领导取决于两者之间的匹配，没有所谓的最佳领导风格。

（一）费德勒权变模型

权变理论中最著名的、首个描述全面的权变模型是由心理学家费德勒提出。费德勒权变模型认为，领导的有效性取决于领导风格与领导者对工作情境的控制或影响之间的匹配程度。

1 领导风格

费德勒认为领导者的基础风格是相对固定的，可划分为任务导向型或关系导向型。根据费德勒的观点，任务导向型的领导者希望保持良好的团队关系，相比之下更关心工作任务的完成质量和团队绩效，关系导向型的领导者则更加关注团队成员之间的人际关系。换句话说，在大多数情况下，领导者们关注的侧重点不同。任务导向型的领导者更注重任务完成，而较少关注团队内部的人际关系。相比之下，关系导向型的领导者可能会以较低的任务完成效率为代价，尽力维持团队内的和谐关系。

为了测试领导者的基础行为风格，费德勒设计了最难共事者问卷（least preferred coworker questionnaire, LPC)。LPC要求领导者回想自己共事过的所有同事，找出一个最难共事者（不论感情喜恶，最不愿意与之合作的人），并给他打分。该问卷使用两级形容词评分量表，包括16组形容词（如愉快/不愉快、疏远/亲近、无聊/有趣、紧张/放松等），每组评分1~8分，总分128分。任务导向型领导者在LPC测试中得分相对较低（低于57分），而且会给他们的最难共事者非常苛刻的评分。关系导向型领导者通常是那些以相对积极的词语描述最难共事者，从而获得相对较高的LPC得分（高于64分）的人。分数处于58~63分的领导者属于中间水平，并没有显著的偏向，因而难以被费德勒权变模型预测。

这个评分系统背后的基本原理是，任务导向型的领导者对表现不好的员工非常苛求，会将员工的不良表现与不受欢迎的人格特质联系起来；而关系导向型的领导者重视人际关系，可以将最难共事的员工的个性与工作表现分开，所以可能会对员工给予更宽松的评价。（Fiedler，1967；Rice，1978）也就是说，他们会认为即便在工作岗位上员工的表现令人不满，但是脱离工作岗位后的员工也能差强人意。

② 工作情境

使用LPC确定领导者的行为风格只是费德勒权变模型的第一步。LPC的下一步是定义工作情境的特征。工作情境的特征是由以下三个维度来定义的。

1) 领导–成员关系

领导–成员关系（leader–member relations）是指，领导者在员工中受欢迎、尊重和信任的程度。根据费德勒的说法，该维度可以通过团队成员对其领导者的忠诚度和接受度来间接测量，结果分为"好"或"差"。

2) 任务结构

任务结构（task structure）是指任务的清晰化和结构化程度。根据团队的产出是否易于评估，团队是否有明确的目标，以及是否存在实现这些目标的明确程序，任务结构可以分为"高结构化"或"低结构化"。

3) 领导者的职位权力

领导者的职位权力（position power）是指，领导者的正式职权以及从其上层和整个组织所取得的支持，对组织的控制程度，如雇佣、解雇、升职、加薪等。职位权力通常很容易确定，因为它在企业政策中有明确的规定。职位权力可被评估为"强"或"弱"。

有效领导的关键是领导者在特定情境下的控制和影响。显然，对于有效领导来说，最有利的情况是领导者对组织或团体有较高的实际控制权，与下属关系和睦，任务高度清晰化和结构化。

3 匹配

如图8-4所示，工作情境的三个维度排列组合起来可以得到八种类型的情境。费德勒将情境分为有利、中等和不利三种，类型1、类型2被视为当前情境有利于组织或团队，类型7、类型8则被视为当前情境不利于组织或团队。他认为低LPC得分的任务导向型领导者在非常不利的工作情境下也能取得成功，因为他们的领导风格为其提供了一些支持，使用强硬的手段促进团队完成工作。只专注于任务表现和与任务相关的目标，可能会带来较好的结果。然而，在同样情境下，员工可能会降低对一个关系导向型领导者的服从性。在有利的工作情境下，组织内人际关系和谐紧密，任务导向型领导也能如鱼得水，从而能专注任务目标以实现更高的组织绩效。

领导-成员关系	好	好	好	好	差	差	差	差
任务结构	高	高	低	低	高	高	低	低
职位权力	强	弱	强	弱	强	弱	强	弱
情境类型	1	2	3	4	5	6	7	8
	有利		中等				不利	

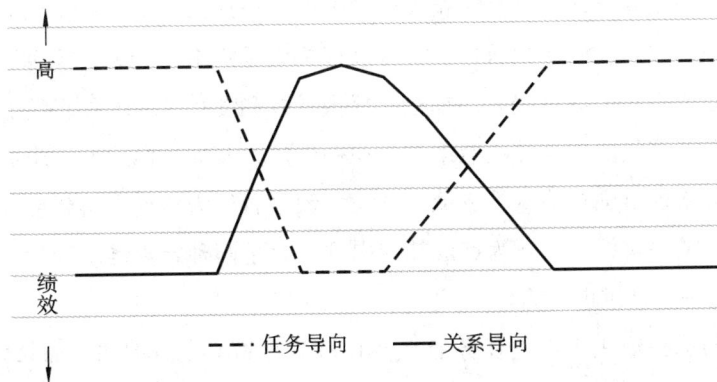

图8-4 费德勒权变模型预测

当领导者的情境控制和影响力在中等水平时，关系导向型领导者更能成功。因为中等情境下处理不可避免的人际冲突相当重要，而高LPC得分、关系导向型领导者通常在处理人际冲突方面颇有建树。对员工表现出关注并允许他们发表意见的领导者（关系导向型领导者）可能会提高团队员工的满意度和工作绩效。(Fayyaz et al., 2014; Fernandez, 2008)相比之下，中等情境时以任务为导向可能会影响领导和员工之间的关系质量，带来负面效果。当情境与领导者风格匹配效果差，组织想要改善这一情况以达到最佳效果，则要么改变情境（如增强或削弱领导者的权力、重新建构任务），要么重新任命新的领导者。

尽管费德勒权变模型推动了领导理论的研究发展，但是领导理论的学者们对它褒贬不一，批评主要集中在LPC的严谨性上：一些学者们认为LPC测量的内容不够明确，只是从对同事的感受中推断领导者的取向，而不是直接评估任务和关系取向。（Ashour, 1973; Schriesheim et al., 1979）另一些学者的批评集中于那些在LPC量表中得分接近中等水平的领导者。事实上，研究表明，LPC得分在中等水平的领导者，其工作似乎在各种情况下都表现得更为有效。（Kennedy, 1982）

（二）路径目标理论

路径目标理论（path-goal theory）指出，领导者的工作是帮助组织或团队实现其所期望的目标。（House & Mitchell, 1975）因此，领导者被视为一个向导，引领团队克服他们在实现目标的道路上可能遇到的各种障碍。通常，这些组织目标包括增加员工的工作动机，提高工作满意度。

路径目标理论认为，领导者可以根据追随者的需求、特点以及任务或情境的性质，灵活调整领导行为。该理论确定了四种主要的领导行为：指导型行为、成就导向型行为、支持型行为和参与型行为。其中，指导型行为是指为完成工作提供指示和建议。例如，给追随者提供具体的指导方针和程序，制定时间表和工作规则，设置明确的目标和期望，以及协调工作组活动。成就导向型行为是指关注具体的工作成果。这包括为团队设定具有挑战性的目标，并相信团队能够实现目标。支持型行为则是指平易近人，注重团队成员之间的人际关系，将心比心，关心追随者的福祉，提供友好和支持性的工作环境。参与型行为是指鼓励追随者在工作组的规划和决策中发挥积极作用。例如，向他们征求如何完成工作的意见和建议等。路径目标理论从俄亥俄州立大学领导者行为研究中得到启发并应用至这四种行为类型的分类中。指导型行为和成就导向型行为是两种定规维度行为，支持型行为和参与型行为是两种关怀维度行为。

领导行为的选择取决于工作任务的类型和追随者的特点。例如，如果任务是常规的、清晰的，并且追随者有能力、富有经验且具有主观能动性，则他们可以在没有太多监督的情况下完成工作。在这种情况下，需要参与型领导者进一步鼓励追随者积极参与，通过提出改进工作程序和工作环境的建议来提升组织承诺。当追随者面临工作压力或工作满意度较低时，可能需要支持型领导者来维持和谐的工作环境。当任务相当模糊或复杂，员工又缺乏经验时，指导型领导风格更能发挥作用。成就导向型领导风格则更适合于追随者对成就有很高的需求，并被具有挑战性的任务所激励时。有责任心的员工在领导者高度专注于团队目标时，会表现出更高水平的绩效；而那些责任心较弱、情绪不够稳定的下属，可能不适合目标导向型领导风格，甚至会因此感到更严重的情绪耗竭。（Colbert & Witt, 2009; Perry et al., 2010）不同的领导风格应该运用于不同的组织情境，这样才能因地制宜。

路径目标理论在定义领导者行为时，超越了费德勒权变模型将领导风格分为任务导向和关系导向的简单二分法；也确实提供了一些关于对情境的相当详细的评估，如领导者如何能够改变自己的行为以适应情境的建议。但最可惜的是，它并未形成一种特定的工作干预手段。(Miner, 1983)

（三）决策模型

领导者的主要任务之一就是主持与工作相关的重要决策。基于这一前提，决策模型 (decision-making model) 出现了。(Vroom & Jago, 1988; Vroom & Yetton, 1973) 该模型提供了7个与工作相关的"是"与"否"问题，领导者在采取特定战略之前必须回答这些问题。(Vroom & Jago, 1995) 该模型不仅对领导者在决策过程中的正确行为做了说明，而且还给出了决策者应遵循的策略。决策模型认为，当领导者在工作情境中作出决策时可以采取多种策略，既可以单独行动（纯粹的专制决策），又可以在群体协商后作出决策（小组式决策）。(Riggio, 2018) 表8-1列出了决策模型中的五种决策行为风格。

表8-1 决策模型中的五种决策行为风格

决策行为风格	行为描述
专制型 I（AI）	领导者利用现有信息作出决策，无须征求下属意见。 当领导者掌握了必要的信息，而群体的接受度并不重要，或者无论作出什么决策都有可能被接受时，领导者的决策就会有效
专制型 II（AII）	领导者从下属那里获得必要的信息，然后作出自己的决策。 当领导者希望获得决策所需的信息，小组是否接受解决方案并不重要时，决策也会有效
协商型 I（CI）	领导者与部分或所有下属单独交流问题。在听取他们的意见后，领导者作出决策，而这个决策可能与小组的想法一致，也可能不一致。 当小组的决策接受度很重要，但在小组成员对最佳决策意见不一致的情况下，这种方法很有效
协商型 II（CII）	领导者将问题与团体成员共同分享，而不是单独与下属分享。 当小组的决策接受度很重要，而且小组成员很可能就最佳解决方案达成一致时，这种方法比较有效
小组型（G）	领导者与小组分享问题，让小组成员共同制定解决方案，领导者只协助决策制定的过程。 当小组的决策接受度很重要，并且小组能够作出符合组织目标的决策时，这种方法就会有效

该模型有效地将理论与应用结合，它考虑了领导者的个人行为如何与特定情况的变化相适应，提供了对工作情境的详细定义。但该模型的主要问题是它的复杂性：当它提供的模拟问题越来越接近于现实世界，现实世界的复杂性可能使管理人员难以理解、掌握，因为人们通常希望有相对简单的解决办法。（Riggio，2018）

四、领导－成员交换理论

领导-成员交换（leader-member exchange，LMX）理论认为，有效的领导取决于领导者与特定小组成员之间的互动质量。（Dansereau et al.，1975；Graen & Uhl-Bien，1995）该理论将领导和成员之间的关系视为一种交互关系，这种关系在纵向二元对立关系和角色塑造活动中，随着时间的推移逐渐形成。（Riggio，2018）领导者和每名成员之间发展的二元关系的类型都会有所不同。

与领导力的传统观点不同，领导-成员交换理论认为领导者通常在组织中同时采用领导和监督两种技巧。对于一部分成员，领导者会与他们建立更密切的交流关系（基于信任的影响）这一部分成员被划为"内群体"（Kang & Stewart，2007）；而对于其他成员，领导者则只建立监督关系（主要是基于权威的影响），也就说"外群体"。领导者往往与"内群体"成员发展更好的关系，而与其他"外群体"成员的互动较少，关系较为表面。LMX理论鼓励领导者与所有成员建立高质量的交互关系，提供支持、赋予责任和机会，以促进成员的发展和提高整体团队效能。

LMX理论提出，高质量的领导-成员交互关系是一种涉及更多情感和喜好的人际关系，主管会为交互更频繁的成员提供更多情感和物质支持，进而提升成员对领导者和组织的满意度。（Dulebohn et al.，2012）同时，享有高质量交互关系的成员拥有更多的资源和支持来产生创新想法，并且可以获得关键信息和资源来落实这些创新想法。（Liao & Hui，2021）Martin 等（2016）在研究中提出，领导者能够为成员提供职业指导，也被视为通过高质量的LMX实现职业发展的榜样，进而提升成员工作绩效。

不同文化维度与LMX的相关性也有差异。研究表明，在集体主义文化环境中，领导者与成员的人格相似性与成员的晋升关系特别密切。（Schaubroeck & Lam，2002）进一步研究发现，在中国等集体主义文化背景下，LMX关系在工作中的重要性尤为显著。在中国的文化背景下，人际关系在工作中发挥着核心作用，具有中国传统价值观的成员无论LMX水平如何都会提供相似水平的公民行为（指不一定与人本身的职责和任务相关，但其依然以积极方式为组织作出的行为）。（Smith et al.，1983）随着领导和成员交流的增加，中国传统价值观下的成员将表现出更高水平的公民行为。（Hui et al., 2004）具有不同文化背景的领导者理解文化特点，合理利用和成员之间的交互关系，对于他们如何有效地工作以获得有利的结果具有重要意义。（Chen & Tjosvold, 2007）

第三节　基于权威区分的领导类型

基于不同的领导力理论，领导风格有不同的解释与分类方式。一种基于领导者在工作中权威的运用程度区分的理论，将领导风格分为三类，即独裁型、民主型和自由放任型领导风格。（Adeyemi, 2004）然而，领导风格并非一成不变，领导者可以根据情况调整领导方式，甚至融合多种风格。

一、独裁型领导

全球首屈一指的新闻媒体大亨鲁珀特·默多克（Rupert Murdoch），在其担任福克斯公司的CEO职位时贯彻了独裁型这一领导风格。他曾说，一个强大的企业有很多委员会和董事会，你不可能每次都要征求他们的意见，你必须能够自己做决定。民主型的领导风格允许员工在组织中拥有自主权，调动员工的积极性。Chaudhury（2012）认为这一观点在理论上听起来不错，但人的本性就是一有机会就逃避工作。因此，在现实生活中，专制的、自上而下的管理风格往往是最有效的。（Rubin, 2013）

独裁型领导风格的特点是所有的决策权都集中在领导者身上，下属并没有参与决策的机会。独裁型领导者倾向于利用由组织等级制度确保的权威来要求下属绝对服从（De Hoogh et al., 2015），增加他们与下属之间的权力差距。（Schaubroeck et al., 2017）文献中的证据表明，独裁型领导者迫使下属实现苛刻的目标并遵守规则。（Karakitapoğlu-Aygün et al., 2021; Li et al., 2018）他们通常会在决策和管理中忽视下属的情感需求，甚至要求下属压制情绪。（Chiang et al., 2021）这似乎是独裁型领导者无法确保良好的工作氛围或达成高绩效的实际原因。（Shen et al., 2019）运用这种领导风格的组织对领导者高度依赖，决策效率完全取决于领导者的效率。

然而，有学者关于独裁型领导风格对员工只会产生消极影响这一观点提出了异议，他们认为独裁型领导风格也可能对员工产生积极的影响。一项研究发现追随者会为领导者的独裁行为辩护，因为领导者被视为利益共同体的一员，其充当了家长的角色，严格要求是心系员工、重视集体利益的表现，从而提高员工对领导者的情感信任程度。（Tian & Sanchez, 2017）独裁决策有时也能够带来积极的后果，独裁型领导者风格减少了决策所需要的时间，提高了决策效率，并且降低了泄密风险。

二、民主型领导

与独裁型领导风格不同，运用民主型领导风格的领导者对其团体成员使用平等的权利。民主型领导（democratic leadership）向下属授权，鼓励团队成员参与决策过程，共同讨论，包括使用咨询、说服等方法，最终达成团队共识。虽然最终的决策是由领导者自己作出的，但领导者在作出决策之前会尽量考虑每个人的意见。Berkshire Hathaway 的 CEO 沃伦·巴菲特就是这种领导风格的典型代表。他重视与追随者的互动和合作，并努力创造一个良好的工作环境。在他管理的多家公司中，他非常重视沟通、相互信任和人际关系，并对自己的成功很谦虚。（Stallard, 2009）

在这种风格的领导者手下工作，员工不仅能够获得经济奖励以激励他们努力工作，并且他们的自主性需求得到满足，学习到新的技能。这样也能促使员工进行观察性学习，获得来自多个来源的反馈和自我反思，可以带来更高的工作满意度和更多的组织承诺。（Cilek, 2019; Pircher Verdorfer & Weber, 2016）此外，让员工参与到工作中来，能够提高他们的工作动机，增强亲社会行为。（Weber et al., 2020）

不过让每个人都参与到决策，并达成共识需要花费相当多的时间，这种民主的领导风格可能会导致决策更慢。但往往在这种领导风格下，团队能够提出更好地解决复杂问题的方案。民主型领导风格最适合于认为团队合作至关重要、质量比速度更重要的团队。一旦团队建立成熟的结构化的民主决策机制，团队将会变得十分强大。

三、自由放任型领导

自由放任型领导（laissez-faire leadership）能赋予员工权力，给予团队充分的自由。在这种情况下，授权是一种彻底放手的领导风格。自由放任型领导风格的特点是要求领导者的指导和控制最小化，仅为员工提供资料和回答问题；允许员工完全自由地确定目标，决定他们认为合适的工作形式和完成时间。

布拉德·史密斯（Brad Smith）曾担任硅谷多家企业的执行领导，自 2022 年 1 月起担任马歇尔大学校长。"永远不要告诉人们如何做事。当你企图教他们该怎么做，他们的聪明才智反而会让你大吃一惊。"这一理念造就了马歇尔的成功。（Rubin, 2013）史密斯重视聘用、培养和留住优秀员工。各级员工入职后，都会得到成长所需的支持和资源，包括大学生实习机会、应届毕业生轮岗发展机会、主管和高潜质经理的领导力发展机会，以及召开鼓励团队间知识共享的总监和副总裁年度领导力会议等。他创造了一种环境，让员工能够在工作中不受可能限制创新和创造力的障碍。"创意擂台赛和非结构化实践为充满激情的员工提供了机会，使他们能够结合新想法解决客户问题"。（Williams, 2012）

领导者赋予员工权利，员工感到被信任、独立、受到重视，变得更有责任感。首先，这一情境的前提是聘用适合自由放任型领导风格的人才，当员工能够分析形势并确定需要做什么以及如何做时，然后让他们自由地、积极主动地应对任何挑战。然而，过多的自由可能导致被动的员工感到角色模糊，尤其是在组织重组背景下，自由放任型领导可能削弱员工在新工作角色中厘清工作条理的能力。（Lundmark et al., 2022）通过减少员工获得角色明确性的可能性，自由放任型领导成为一种角色压力源，从而导致产生与工作相关的倦怠。（Diebig & Bormann, 2020）当领导者的组织地位较高时，会加剧自由放任型领导与员工心理困扰的正相关关系。（Robert & Vandenberghe, 2022）

第四节　其他领导风格

当我们回想那些杰出的领导者时会发现，他们不仅能够根据具体情况调整自己的行为，而且有能力激励下属实现组织目标。与行为理论和权变理论不同，其他理论关注这些杰出的领导者行为是否是他们本身所具有的能力。我们将简要地讨论另外两种与这些杰出的领导者有关的领导风格，它们是常常在组织面临巨大变化时发挥重要作用的魅力型领导和变革型领导。（Eisenbach et al., 1999）

一、魅力型领导

魅力型领导理论关注这样的杰出领导者，并试图识别和定义这些领导者受追随者认同的特征，同时介绍了魅力型领导者与追随者之间关系。（Klein & House, 1995; Trice & Beyer, 1986; Weierter, 1997）魅力型领导者被描述为他们能利用自身出色的沟通技巧、说服力和魅力来影响他人。Conger 和 Kanungo（1998）对魅力型领导者的特点进行了总结：他们使用易于理解的语言来清晰勾勒出美好的愿景并强调该愿景的重要性；他们愿意为了实现愿景，不计成本作出自我牺牲；他们对自己和下属的能力有深刻了解，对他人的需求和情感作出积极回应，与人建立深层次的联系；行为常常是新奇的、打破常规的。这些特点对于面临危机或追求发展速度的组织来说尤为重要，因为有魅力的领导者能够引领团队走向实现美好愿景的道路。（Mhatre & Riggio, 2014）

也有人认为，追随者的特征，如对领导者的认同，对领导者情感信息的敏感性，以及跟随意愿，都是魅力型领导的特点。因此，魅力型领导风格确实反映了领导者、追随者和情境的互动。有的领导者从小就具备魅力型领导的特点，而有的领导者则是经过训练才表现出魅力。例如，通过面对困境时敢于勇往直前的乐观心态的训练，可以使人产生魅力；学习并合理利用说话语调、眼神交流、面部表情和身体动作来传递积极正面的信息；尝试挖掘追随者的情感，激发他们的潜力，并建立能够激励他们的关系纽带。（Balkundi et al., 2011）

一项分析研究显示，大五人格特质在不同程度上预示着魅力型领导力。责任心、经验开放性和外倾性与魅力型领导力呈显著正相关，随和性也表现出中等水平的相关性，而情绪稳定性呈负相关。有责任心的人也是可靠的，并且往往更正直，因为他们往往会信守承诺。（Banks et al., 2017）因此，有责任心的人更有可能向利益相关者清晰传达对集体而言很重要的价值观，要求其遵循这些价值观并采取行动。外倾性的核心是对社会主导地位、归属感和积极情感的需求。这些核心动机转化为轻松自如地阐明自身立场的信心、激情和积极情绪的表达以及培养温暖的关系的能力。（Bass & Avolio, 1995; Bono & Judge, 2004; De Hoogh et al., 2005）此外，认知能力也被发现与魅力型领导力呈正相关，更高的认知能力使个人能够快速识别复杂且快速变化的环境中的有利信息，分析从环境中获取的信息并制定新颖的解决方案。（Banks et al., 2017）

二、变革型领导

研究领导力的学者们对领导力定义中影响他人的方式有不同看法。有些学者将领导力限定为某些特定类型的影响方式，如非强制性的，或涉及社会道德伦理的方法。有些学者并不把影响的方式作为定义领导力的属性，而是把它作为区分不同类型领导力的基础。（Vroom & Jago, 2007）

Burns（1978）区分了交易型领导（transactional leadership）风格和变革型领导（transformational leadership）风格。当领导者与追随者之间的关系建立在某种交换或交易的基础上时，如用金钱或用恭维的方式换取工作，或用领导者的关怀行为换取员工的忠诚和承诺，就被视为体现了交易型领导风格。换句话说，领导者和追随者可以被视为达成了一种心理契约，即无形的协议，追随者将时间和精力投入追求组织目标上，而领导者则提供奖励和工作保障作为交换。而变革型领导者则通过提供组织发展规划和创造一种激励高绩效活动的工作文化来激励追随者，改变追随者的价值观、信念和态度。（Bass，1985；Bass & Riggio，2006）变革型领导风格由以下四个维度组成。

1 感召力

感召力是指变革型领导者受到追随者的尊敬和崇拜，是追随者的正面榜样。

2 鼓舞性激励

与魅力型领导者一样，变革型领导者能够通过提供令人信服的未来愿景以及重要且有意义的成果来激励追随者为实现团队目标而努力。

3 智力激发

变革型领导者通过向追随者传递新思想、鼓励下属发表新见解、使用新手段来解决工作问题，激发追随者的好奇心和创造力。

4 个性化关怀

领导者对每个追随者的感受、需求和情感给予不同的关怀策略。

变革型领导者不仅通过增强其追随者对工作意义的感知来领导他们，而且能够带领他们的团队和组织取得更好的绩效表现。（Frieder et al.，2018；Wang et al.，2011）变革型领导者通过强调追随者与团队的联系，培养团队认同，提升团队效能来激励追随者。总而言之，变革型领导者似乎有可能通过协调团队成员之间的关系，提升团队凝聚力来提高团队绩效。（Wang et al.，2011）然而变革型领导风格也非十全十美，鉴于变革型领导风格对情境绩效的影响比对任务绩效的影响更大，在员工之间的人际合作不那么重要的、低相互依存程度的工作环境下，且任务绩效被视为主要利益时，变革型领导风格可能不如交易型领导风格有效。（Keller，2006）

有研究发现不同的性别和背景文化对变革型领导风格有不同的影响。（Carless，1998；Ergeneli et al.，2007）女性领导者更可能在工作中表现出变革型领导风格，但是其维度，即感召力和鼓舞性激励却被认为是没有性别差异的；男性领导者通常更有可能表现出交易型和自由放任型领导风格，但在现实情境中，人们并不认为交易型和自由放任型领导风格存在性别上的差异。（Eagly et al.，2003；Stempel et al.，2015）在短期目标导向和低绩效导向（即个体对绩效的重视程度，以及个人因卓越和进步而获得组织奖励的程度低；见Javidin et al.，2004）的文化中，领导者采用变革型领导风格会使员工认为其在挑战现状，因此变革型领导力与员工绩效表现出更强的正相关关系。（Crede et al.，2019）此外，在具有长期目标导向价值观的集体主义文化中，变革型领导风格与下属绩效的关系更为密切。

需要注意的是，变革型领导风格和魅力型领导风格有诸多相似之处。但二者的核心区别在于：魅力型领导者通过自身的"特殊"特质吸引追随者，而变革型领导者则通过提供明确的"愿景"，激励并培养追随者。

第五节　选择和训练优秀的领导者

一、选择领导者

选择一个正确的领导者对组织的可持续性发展至关重要。先不谈领导者的风评对企业声誉、股价的影响，表现不佳的领导者可能制定错误的决策、建立失败的人际关系，会使原本忠于组织的员工离开岗位，阻碍组织目标的实现。（Lavoie-Tremblay et al., 2016）

选择领导者前需要为此制定选拔标准。组织需要提前为领导者的变动制订计划。在选择新的领导者之前，首先进行工作分析，根据KSAOs模型了解对领导者的具体要求。知识（knowledge）、技能（skills）、能力（abilities）和其他因素（other characteristics，包括性格、经验、教育背景、职业经历等）。性格测试可以被用来识别领导特质。除了最受欢迎的MBTI性格测试的16种人格，大五人格模型在预测领导力方面表现更稳定。（Banks et al., 2017; Judge & Bono, 2000）如果组织想选拔魅力型领导者，那么在选拔中应优先关注那些在责任心、经验开放性和外倾性等人格特质测试中得分较高的候选人，更有助于找到合适人选。（Banks et al., 2017）

二、训练领导者

领导力培训项目有多种形式，但大多数都遵循以下方法。

第一种方法是教授领导者诊断技能，即如何评估情况，以确定最有效的领导行为。这种方法的理论基础是，一个知道特定情况需要特定行为来应对的领导者将能够相应地调整行为。路径目标理论要求领导者确定工作团队的目标，而决策模型要求领导者在决策前对情况进行详细评估。例如，当组织宣布变革时，随着组织的稳定性和未来可预测性降低，牢固的信任纽带将会取代原有的规则来维持员工对组织的承诺。（O'Toole Jr & Meier，2003；Vanhala et al.，2016）信任程度成为影响员工对当前变革的思考、感受和行为的关键因素。（Lines et al.，2005；Smollan，2013）因此，领导者应当意识到发展与追随者之间的信任关系至关重要。

第二种方法是教授领导者他们所缺乏的特定技能。（Doh，2003）这个方法可以训练任务导向型领导者更注重关系导向，或者训练交易型领导者更注重变革，加强与员工的情感交互。

在领导力培训过程中，还可以将上述两种方法进行结合，在提高领导者情境评估能力的同时使其掌握所需要的特定技能，使领导者的风格与工作情境相匹配。

为了最大限度地提升领导力的有效性，必须考虑许多因素。首要的是，在所有类型的培训项目中，必须确定培训需求。在领导力培训中，重要的是要明确领导者缺乏的具体技能，再针对性地进行培训。还有一个相关的问题是领导者对培训计划的接受程度，这被称为领导者发展准备，其与领导者是否准备好并有动力发展和提高他的领导技能有关。（Day，2013）

第六节　本章小结

领导力是指导一个团队实现目标的能力。领导力理论可以分为几类：普遍主义理论、行为理论、权变理论和领导-成员交换理论。

作为普遍主义理论，伟大的男性／女性理论认为有些人是天生的领导者。特质理论认为有效的领导者拥有一些共同的人格特质。这些普遍主义理论的缺点在于，它们过于简单化，只关注领导者的个人特征。

俄亥俄州立大学和密歇根大学对领导者行为的研究结果是领导力理论的基础，这些研究直接关注领导者的行为。领导者的行为被划分为两个维度：定规维度（也称任务导向行为），侧重于工作任务的完成度；关怀维度（也称关系导向行为），强调员工之间的人际关系。管理网格模型是对行为理论研究结果的应用。

费德勒权变模型指出，有效的领导取决于领导者的风格和工作环境间的匹配，并通过最难共事者问卷来评估领导风格。任务导向型领导者在非常有利或非常不利的情境下都是最有效的，而关系导向型领导者在中度有利的情境下表现更好。情境的有利程度由三个因素决定：领导-成员关系、任务结构、领导者的职位权力。路径目标理论认为，领导者是一个推动者，其可以采取四种类型的领导行为：指导型行为、成就导向型行为、支持型行为和参与型行为。决策模型根据不同情况，领导者可选择专制式、协商式或小组式的决策行为。领导-成员交换理论强调了领导-成员关系质量的重要性。

基于权威的运用程度区分的领导类型，是按照独裁、民主和自由放任等不同领导风格来分类的。魅力型和变革型领导风格关注领导者拥有的特殊特征或品质，这些特征或品质可以提升追随者对其的忠诚度，并激励他们实现目标。

总之，要聘用符合职业道德、值得信赖的候选人担任管理职务，并对现任管理人员进行培训，使其了解组织的职业道德标准，重视与追随者之间建立高质量的关系，从而提高领导效率，减少滥用监督的现象发生。

💡 课后思考

1. 领导者和管理者有何不同之处？
2. 领导-成员交换理论包含什么要素？
3. 魅力型和变革型领导的区别是什么？
4. 如何选择和培训领导者，有哪些注意事项？

第八章
参考资料

第九章

员工缺勤与勉强出勤

本章目标

　　学习完本章后，你应该能够：

· 理解员工缺勤和勉强出勤的概念、类型和影响因素。

· 认识缺勤和勉强出勤对员工个人及组织的影响。

· 掌握企业可以采取的管理策略和干预措施，以减少缺勤、改善勉强出勤状况。

　　某个工作日的早上，你像往常一样被闹钟唤醒。不同的是，这一天醒来后你突然觉得头疼欲裂，然后开始打喷嚏和感到嗓子疼。你起床吃了感冒药，但药效还没那么快发挥作用，这时候已经快到了你该出门上班的时间了，这种情况下，你通常会选择向上司请病假去看病，还是忍一忍、带着不适去上班呢？

　　选择缺勤还是勉强出勤会受到多种因素的影响，比如经济情况、行业特点、组织管理水平，以及员工的身心状态。在一些行业中，由于工作强度大、人手不足等原因，员工缺勤率可能相对较高。随着社会的快速发展和竞争的加剧，员工的工作压力也在不断增加。这种压力不仅会影响员工的身心健康，还可能进一步导致员工出现缺勤或勉强出勤的情况。但在一些注重员工关怀和福利的企业中，员工的出勤情况可能会相对稳定些。企业加强员工身心健康的关注和支持，帮助员工有效应对工作压力，提高工作积极性和满意度，对保障企业本身的效益是有益的。

　　员工缺勤与勉强出勤是全球性的现象。在一些发达国家，由于劳动法规完善和员工福利保障，员工更倾向于缺勤以保护身心健康。而在一些发展中国家，由于就业竞争激烈和经济压力较大，员工可能更倾向于勉强出勤，来保住自己的工作岗位。

　　在本章中，我们不仅会深入探讨员工缺勤与勉强出勤的前因和后果，还会通过一些实证研究的结果来讨论如何改善员工的出勤情况和工作表现。希望通过这些讨论，帮助读者全面理解员工的出勤行为，并结合实际情况制定更高效的管理策略，从而提升企业的运营效率和竞争力。

第一节　缺勤

　　2011年7月，某人力资源公司开展了全球范围内的缺勤调查，问及："你是否曾经在没有生病的情况下临时请病假？"结果显示，有71％受访中国员工表示曾在没有生病的情况下临时请过病假，位居各受访调查国家或地区首位。该调查的首席执行官认为，结果并不代表中国员工比其他国家的员工懒散，而是在法定年休假较少、请假可能被扣薪水的国家或地区，"装病"请假的问题通常较为突出，如印度的法定年休假为12天，也有62％印度员工表示曾"装病"请假，而中国员工的年休假平均仅有5～10天。

　　受儒家文化影响，中国员工普遍重视勤勉工作。但同时，随着社会价值观的逐渐改变，年轻一代员工对于工作与生活的平衡更加重视，可能导致缺勤原因多样化。此外，劳动法规定员工享有带薪休假的权利，但具体执行情况因企业的性质、规模和行业差异而有所不同。与一些发达国家相比，中国的带薪休假制度可能仍需进一步推广和完善。随着互联网科技等新兴行业的快速发展，这些行业的员工可能因工作性质特殊（如弹性工作制、远程办公等）而表现出不同的缺勤模式。综上所述，现今中国员工的缺勤情况应得到重新审视。

缺勤是指个人没有按照预定的计划或规定时间出现在工作岗位上的行为。（Darr & Johns，2008）缺勤大致可以分为两种情况，即有正当理由的缺勤和无正当理由的缺勤。有正当理由的缺勤通常由身体健康问题（生病）、家庭原因、事故等不可抗力因素引起。而无正当理由的缺勤通常是由个人主观原因引起的，如不负责任等态度问题。

国内某招聘平台曾在2015年对270家企业和348位员工进行了缺勤调查，当时结果显示所调研的企业和员工年度人均缺勤天数为5.6天。其中，员工缺勤原因中占比最大的是"病假"，为75.9%；其次是家庭问题（42.6%）、情绪问题（9.3%）、工作压力（3.7%）等。

然而，并不是所有以正当理由请假的员工都真正因其宣称的原因而请假。上述同一调查结果显示，有34.1%的受访员工在没有生病的情况下请了病假，他们请病假的主要原因有个人需求（40.1%）、情绪问题（16.9%）和工作满意度低（13.8%）。可以看出，在没有生病的情况下请病假的原因也是多样化的，有的人可能是不想因请其他假而失去部分的薪酬或福利，也有的人是因为对企业的不满而请病假。调查中还发现，73.5%的受访员工认为企业的出勤制度过于严苛，68.3%的受访员工对企业的假期福利政策不满。这侧面反映了严苛的出勤制度和企业的假期福利政策对员工是否在没生病时请病假是有一定影响的。

在本节中，我们将主要探讨影响缺勤的因素。

一、影响缺勤的因素

（一）个人因素

1 总体健康状况

许多过往研究都显示身体健康状况为缺勤的重要因素。研究结果显示，员工的身体健康状况可负向解释员工缺勤率，即员工身体健康状况越差，其缺勤频率越高。当员工感到身体不适时，他们往往需要休息或寻求医疗帮助，这直接导致缺勤。例如，一些常见疾病可能导致员工短期缺勤。这些疾病包括感冒、头痛和消化系统问题等。

也有一些员工的长期或慢性健康问题导致他们需要定期就医，从而增加缺勤的频率和时长。除了以上的直接影响之外，健康问题可能使员工对工作产生消极的态度，比如缺乏动力和热情，这可能会影响员工的工作满意度，甚至可能导致他们选择长期缺勤或者离职。

员工的心理健康问题也在近年来渐渐得到关注。根据英国特许人事发展协会和英国工业联合会 2007 年的调研结果（Cooper & Dewe, 2008），37.5%～40% 的病假源于工作压力、抑郁或焦虑等心理健康问题。心理健康问题可能导致员工的注意力难以集中在工作上，从而影响他们的工作效率和质量，更可能导致工作失误。这时候员工有可能会选择缺勤以避免在工作中出错或无法完成工作任务。此外，心理健康问题可能使员工失去对工作的热情和动力，降低他们参与工作的意愿和积极性，导致频繁缺勤。一些心理疾病如抑郁的症状可能会使他们感到疲惫、沮丧或者无助，对工作任务产生抵触情绪。在社交方面，心理健康问题可能导致员工与同事之间关系紧张。当员工处于情绪低落或焦虑状态时，他们可能更容易对同事产生误解或与同事发生冲突，从而营造紧张的工作氛围。这种紧张的工作氛围可能会影响员工的出勤情况，因为他们可能不愿意面对这种不愉快的工作环境，这种影响甚至会扩散至没有心理健康问题的员工。

同时，身体健康和心理健康也是互相影响的。长期的心理健康问题可能引发身体的不适，如失眠、消化不良、头痛等，当员工感到身体不适时，他们可能会选择休息或就医，从而导致缺勤；经常的身体不适导致高缺勤率和工作效率下降，又有可能增加员工的焦虑或其他负面情绪，从而形成恶性循环。

② 工作满意度

对工作不满的员工可能更容易找到缺勤的借口，或者在没有必要的情况下请病假。这可能是因为他们对工作的消极态度导致了较低的出勤意愿。有研究者（Ybema et al., 2010）通过多段纵向研究的方法发现，工作满意度和员工缺勤率互为因果关系，也就是说，工作满意度的下降可预测员工的缺勤率上升，缺勤率的上升也会引发工作满意度下降。对工作不满的员工会有较高缺勤率，而缺勤的行为又会导致该员工对工作更加不满。不过这并不意味着所有满意度低的员工都会频繁缺勤，因为还有其他因素影响员工的出勤行为。

(二) 组织因素

① 工作自主性

工作自主性（job autonomy）是指员工能够独立地控制自己的工作，包括决定工作方法、工作程序、工作时间和地点等。这种自主性很大程度上体现了组织对员工的信任，有助于提高员工对组织的认同感以及对工作的投入程度。当员工拥有较高的工作自主性时，他们往往对自己的工作有更强的责任感和归属感，这可能会降低他们的缺勤率，因为员工可以根据自己的情况和需求灵活安排工作，从而更好地平衡工作和生活，减少因个人原因导致的缺勤。工作自主性是影响员工工作态度和行为的重要因素之一。当员工感到自己在工作中有足够自主权时，他们更有可能对工作保持积极的态度，并减少缺勤行为。相反，如果员工在工作中的自主性较低，他们可能会感到对工作缺乏控制，进而对工作不满，增加缺勤的可能性。

② 工作任务的相互依赖度

工作任务的相互依赖度是指在同一个工作环境中，不同任务环节之间互相关联和影响的程度。通常来说，当工作任务高度相互依赖时，每名员工的工作都成为整体工作流程中不可或缺的一部分，这种情况下，员工会意识到自己的缺勤可能对整个团队或项目造成重大影响。因此，他们可能会更加努力地保持出勤，以确保工作流程的顺利进行。所以某项工作越依赖同事之间相互配合完成，从事该工作的员工通常缺勤率越低。

③ 团队规模

Durand（1985）在对不同行业蓝领员工的研究中发现，团队规模与缺勤率呈正相关。也就是团队规模越大，团队内成员的缺勤率就越高。这可能是因为随着团队人数的增加，单个成员对于团队整体运作的重要性相对降低，加上蓝领员工的工作往往更流程化，取代性较强，所以个别成员的缺勤对团队整体的影响变得相对较小。这种背景可能导致一些成员在感觉不适或面临其他缺勤诱因时更倾向于缺勤。而在白领群体或管理人员的研究中，研究者并未发现团队规模和缺勤率之间的明确关系。

二、缺勤带来的影响

缺勤对员工个人和组织来说都会带来正面和负面的影响。相对来说，有正当理由的缺勤（如用于休息和治疗的病假、处理必要个人和家庭事务的事假等）给个人和组织带来的正面影响比无故缺勤带来的正面影响更多。无故缺勤无论是对员工个人或组织都会带来较多负面影响。

（一）缺勤对员工个人的影响

1 正面影响

有正当理由的缺勤会给员工个人带来一定的正面影响：首先因病缺勤的员工可以得到身体上的休息或者治疗，有助于其身体的恢复。另外，因个人事务缺勤的员工可以抽出时间处理个人事务或陪伴家人，这样的缺勤可以帮助其更好地平衡工作与生活，增强与家人的联系和情感交流，对员工个人社交和家庭关系产生积极的影响。

2 负面影响

无故缺勤能够给员工个人带来许多负面影响。首先是员工个人的经济损失，缺勤通常会导致工资或奖金的减少。例如，对于按日计薪的工作，缺勤意味着当天没有收入；而对于月薪员工，长期或频繁的缺勤也可能会影响其年终奖金或绩效评估，从而对其造成经济损失。其次是个人职业发展受影响。缺勤可能影响到员工个人在工作中的表现和贡献，如缺勤可能在领导或同事心目中留下不可靠或不负责任的印象，以至于在关键项目分配或晋升机会的竞争中处于不利的地位。最后是长期的缺勤可能导致自我价值感的下降、自信心的削弱和社交圈的缩小，这些都可能对员工个人心理健康产生负面影响。此外，缺勤带来的损失和负面影响也可能引发焦虑等情绪问题，进一步损害员工个人的心理健康。总的来说，缺勤对员工个人的经济和工作满意度都会带来负面影响。

（二）缺勤对组织的影响

缺勤对组织来说在大部分情况下是弊大于利的。但是如果员工是因为治疗或避免传染性疾病传染给同事而请病假，则可以防止疾病传染扩散而造成更多同事的缺勤。某大型跨国人力资源咨询公司表示，员工临时请病假导致缺勤带来的损失占组织薪资成本的8.7％。

有学者（Siu et al., 2020）认为，缺勤对组织造成的影响可从短期和长期两方面来探讨。短期内缺勤可能会造成组织生产力下降，这一影响所带来的损失可能体现在直接人力成本上，如员工缺勤时会导致生产效率的下降，在某个关键岗位缺勤时，相关工作可能会停滞，影响整体工作进度。此外，员工休病假期间，组织仍需要支付一定的薪酬，或者需要为分担缺勤人员工作的同事提供加班补偿，又或者需要付出额外的时间和资源来安排和培训替代人员，从而增加人力成本。

长期看来，缺勤可能造成员工的离职意愿和离职率上升，员工未来的离职和再招聘成本可能对企业造成更大的经济损失。从团队角度分析，缺勤还有可能造成工作团队中其他成员的工作量上升。缺勤员工原本负责的工作由团队其他成员接手，因需要额外的时间去交接与沟通，会降低团队的协作效率，可能导致任务完成的时间被延误。上述的影响都可能引发更大的团队工作压力，间接造成团队其他成员的缺勤或勉强出勤。如果缺勤发生在客户服务部门，可能会导致客户服务的响应变慢或者服务质量下降，长期的不稳定服务可能影响组织的声誉和客户满意度。

总的来说，组织需要重视员工缺勤问题，并采取有效措施来降低缺勤率，以确保组织的正常运营和发展。

第二节　勉强出勤

勉强出勤是指员工在感到身体不适或生病时，仍然选择继续工作的行为。勉强出勤是全世界工作场所中普遍存在的现象，尤其是在一些人员相对紧缺、工作时间较长、压力较大的职业中，如医生、护士等医护工作者。

在过去二十多年间，西方学者对勉强出勤在西方社会的情况和影响进行了较为充分的研究，大量研究结果表明，勉强出勤对员工健康、生产力和组织利益都带来了不良影响。近年来，有学者（Cooper & Lu, 2016）指出，在东亚社会中的勉强出勤研究非常有限，这可能使学者在研究时忽略了职场文化差异对个人和组织的影响。因为东亚社会大多受传统儒家文化影响，视努力、勤劳为美德，个人也倾向于以长时间工作来体现对组织与工作的承诺。有学者（Wang et al., 2022）也发现，在面临较高工作负荷时，员工的勉强出勤行为可能会使他们收到较高的绩效评价。

就如同在本章开头所举的例子，我们每一天都有可能面临缺勤（请假）还是勉强出勤的抉择，这两个现象往往是此消彼长，以一种动态平衡的方式出现。那么有哪些因素会影响员工选择勉强出勤呢？

一、影响勉强出勤的因素

(一) 个人因素

1 健康控制点

健康控制点是一个心理学概念，它指的是个体对自己健康状况和行为的控制感知。控制点主要分为内部控制点与外部控制点。具有内部控制点的人通常认为自己的健康可以由自己控制，在他们面对健康问题时，更有可能采取积极的应对措施，如寻求医疗帮助或改变不良生活习惯等。相反，具有外部控制点的人通常认为健康问题是由不可控的外部因素造成的，所以不会那么积极采取措施改善健康状况。换句话说，如果员工认为无论做什么都无法改善自身健康状况，那么他们可能会更频繁地选择勉强出勤。

2 性格特质 - 神经质

神经质是大五人格模型中形容个体情绪稳定程度的一个指标，神经质水平越高，说明个体情绪稳定程度越低。神经质水平高的人通常会对工作的压力产生过度的情绪反应，而这些情绪反应可能使他们在身体状况不佳的情况下选择勉强出勤，以避免因缺勤带来的担忧或焦虑等负面情绪。神经质水平高的人也往往会对外界的反应比较敏感，可能导致他们在面对是否出勤的决策时，倾向于选择出勤以避免被他人评价或指责。

(二) 组织因素

1 缺勤政策（规定）

能否以正当理由请假，以及请假后能否得到经济上的保障，是影响勉强出勤频率的重要因素。明确的缺勤政策可以帮助员工了解合理缺勤的条件和可能后果，从而降低勉强出勤频率。另外影响勉强出勤频率的因素是组织能是否提供适当的缺勤经济支持，如全薪或适当减薪的病假，如果员工在缺勤的时候经济上得到保障，可能会减小因经济压力而勉强出勤的频率。

2 组织公平

组织公平可负向解释勉强出勤频率，也就是说，组织公平性越高，员工勉强出勤的频率越低。这可能是因为员工感知到组织公平时，意味着他们的努力得到了应有的回报，这种公平感会提升员工的工作积极性和工作满意度，从而降低勉强出勤频率。因为员工知道，他们的付出会得到公正的认可，没有必要通过勉强出勤的方式来展示自己的价值或争取更多的回报。

③ 工作安全感

工作安全感可负向解释勉强出勤频率，换句话说，工作安全感越高，员工勉强出勤的频率越低。工作安全感是一种员工对自己工作在未来具有稳定性的积极认知，当员工有较高的工作安全感时，他们认为自己可以保持现有工作的稳定，这种心理的安全感能够减少员工的担忧和压力，使他们更加专注于工作本身，而不需要去担心是否会失业。相反，缺乏工作安全感的员工可能会因为担心失业或职业前景不明朗而感到焦虑和不安，这种心理状态可能导致他们即使在身体不适的时候也选择勉强出勤，以展示自己的努力和工作态度。

二、 勉强出勤带来的影响

在过去主要以西方文化为背景的研究中，勉强出勤对个人身心健康和组织的生产力等各方面都有影响，但大多是负面影响。有学者总结出，勉强出勤为组织带来的直接经济损失大约为缺勤的 1.5 倍。（Siu et al.，2020）不过，随着近年研究方法的发展和对东亚文化背景下员工勉强出勤现象的关注，勉强出勤所带来的一些正面影响也逐渐被发现。

（一） 勉强出勤对个人的影响

① 正面影响

国内有学者（Wang et al.，2022）发现：在面临较高工作负荷时，员工的勉强出勤行为可能会带来较高的绩效评价，因为这可能被领导或组织管理者视为员工对组织的高承诺。勉强出勤有时可能被视为员工职业精神的体现。在员工选择带病坚持工作或加班时，他们通过这种方式展示了对工作的承诺和责任感，这种态度在某些组织文化中可能会受到认可和赞许。

国外学者（van Waeyenberg，2023）发现：在员工有自主选择权的情况下（为了保持生产力、工作连续性、完成重要任务等）选择勉强出勤时，该行为对员工敬业度有正向影响。这可能是因为勉强出勤的过程有助于达成员工的工作目标（相较缺勤保持了一定的生产力），提高了工作的投入感，从而正面影响员工敬业度。

2 负面影响

当员工身体不适或精神状态不佳的情况下勉强出勤时，他们的工作效率和生产力通常会受到影响。在感到疲劳或不适时，员工完成任务的速度和质量都会明显下降，这不仅影响员工个人绩效，还有可能影响同事对员工的印象和态度，削弱团队协调性。

同时，虽然勉强出勤看似是在避免缺勤，但实际上长期的勉强出勤可能导致更多的缺勤，因为勉强出勤的员工在带病坚持工作后，可能需要更长时间来恢复身体和认知机能。长期来看，在生病时不及时医治或休养可能导致员工病情恶化，出现慢性或长期疾病，这些问题不仅直接影响员工个人的生活质量，也会通过间接方式影响整个组织，长期的精神压力也会增加员工请病假的频率。

另外，在没有选择的情况下被动勉强出勤会使员工更容易经历情绪耗竭。长时间在压力和不适中工作会导致员工的情绪资源逐渐被耗尽，表现为情绪低落、对工作的热情和兴趣丧失等。情绪耗竭不仅影响员工的心理健康，还可能进一步降低员工的工作满意度，引发离职等不良后果。

（二） 勉强出勤对组织的影响

首先，当员工勉强出勤时，他们可能因身体不适或心理压力而无法充分发挥其正常的工作能力。而组织则需要投入更多的资源和时间来弥补这种生产力的下降，如增加工作时间、分配额外任务给其他员工或雇佣更多员工，这会使组织人力成本上升。

其次，勉强出勤的员工可能表现出情绪低落或无法全力投入工作，这种状态可能会影响团队的整体氛围，其他同事可能会因为需要承担勉强出勤员工的工作任务而感到不满或压力增加。长期积累的负面情绪可能导致团队内部的矛盾和冲突，影响团队合作和凝聚力。

再次，如果勉强出勤的员工患有传染性疾病，如流感、水痘等，他们可能会将病毒传染给其他同事。一旦疾病在办公环境内传播，可能导致多名员工同时缺勤，进而影响组织的正常运转。除了直接的生产力损失外，组织还需要承担可能的补偿费用。

最后，勉强出勤的员工可能因身体不适或注意力不集中而增加工作失误的风险。在某些行业，如制造业或建筑业，勉强出勤可能导致严重的安全事故或工伤。这些事故不仅可能对员工造成身体伤害，还可能对组织的声誉和财务状况产生负面影响。

图 9-1 所示的模型列举了研究者通过元分析／荟萃分析总结出的出勤行为因素和影响。

出勤行为个人因素	出勤行为工作因素	出勤行为组织因素

- 健康
- 情绪耗竭
- 工作压力
- 乐观
- 抑郁
- 情感承诺
- 家庭-工作冲突
	- 角色要求：
	  工作量
	  客户数
	- 时间要求：
	  时限
	  加班工作
	- 总体工作要求
		- 严格出勤政策
		- 人手不足
		- 组织支援
		- 骚扰
		- 组织公平

决策

缺勤   勉强出勤

个人影响	组织影响
- 身体恢复加快 - 生产力下降 - 工作满意度下降 - 晋升机会降低 - 经济损失风险 - 长期患病影响工作稳定性	- 同事受感染风险下降 - 生产力下降 - 投资回报下降 - 团队士气下降 - 接手工作的时间和金钱成本增加 - 带薪病假成本增加

个人影响	组织影响
- 生产力下降 - 未来缺勤 - 未来身体状况变差 - 情绪耗竭 - 去人性化 - 抑郁风险上升 - 工作满意度下降	- 生产力下降 - 同事工作投入度下降 - 同事负面感受 - 同事因染病而缺勤 - 较高失误、事故风险

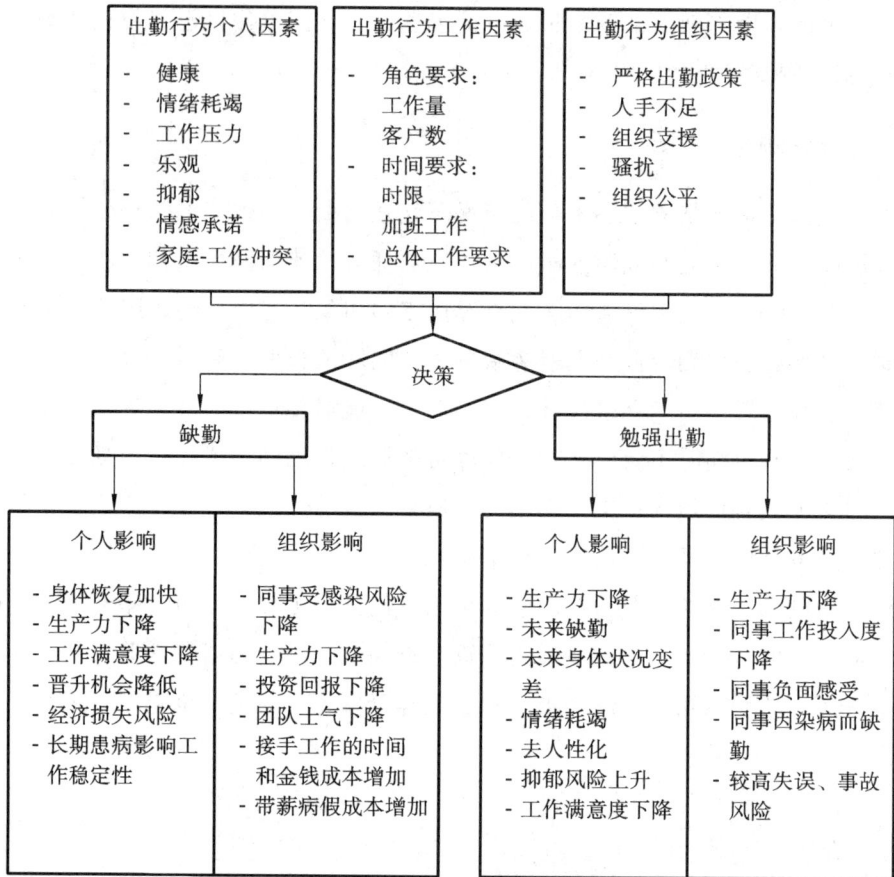

图 9-1 出勤行为因素与影响模型

第三节 和缺勤与勉强出勤相关的理论

  和缺勤与勉强出勤相关的理论有工作要求-资源模型。工作要求-资源模型是一个用于解释工作压力和工作动机的理论框架。根据这一模型，工作的特征可以划分为两大类，即工作要求和工作资源。工作要求是指工作中那些需要个体付出努力或成本才能完成任务的方面，如工作量、时间压力等，通常被视为负向因素。而工作资源则是能够促进工作目标实现、减少工作要求或促进个人成长的方面，如领导和同事的支持、工作自主性等正向因素。根据工作要求-资源模型，当个体在职场面临高工作要求，但缺乏必要的工作资源时，员工可能会感到孤立无援。这种情况会导致工作满意度下降，并产生倦怠感等问题。

当工作要求过高，如工作量巨大、时间限制严格或任务复杂度高，但缺乏相应的工作资源时，员工可能会因为无法承受过高压力而选择勉强出勤或缺勤。有研究表明，因工作量较大造成的勉强出勤可预测未来的缺勤行为，也就是说，就算员工因为顾虑缺勤所带来的负面影响而选择勉强出勤，也会导致他们的工作效率和质量下降，长此以往会对员工身心健康造成不良影响，也降低组织的整体绩效。（Deery et al., 2014）

第四节 管理策略与措施

员工缺勤与勉强出勤对组织产生众多负面影响，通过对员工缺勤与勉强出勤的主要影响因素进行分析，可以利用以下方法尝试降低员工的缺勤与勉强出勤率。

一、常用策略

（一）促进员工身心健康

许多研究表明，员工身心健康是影响员工缺勤与勉强出勤率较为重要的一个因素。组织可以通过以下方法促进员工的身心健康。

1 开展健康知识科普活动

组织可以通过开展健康讲座、开设线上课程等活动，给员工传输专业的健康知识。这些活动不仅可以帮助员工形成科学的健康观念，还能促使他们为个人的健康负责，并努力保障或改善自身健康状况。

健康知识科普活动不仅限于身体健康，还可以涉及心理健康，如定期组织心理专家为员工提供心理健康讲座，帮助员工增强应对职场压力的能力、提升自我认知的技巧。组织也可以通过开设一些培训课程，帮助员工了解常见的心理问题，提升对自身和身边同事潜在心理问题的察觉能力，以便及时采取应对措施。

② 提供专业健康服务保障

组织可以邀请专业人员为员工提供营养学、医学等方面的健康咨询服务。这些服务能够帮助员工评估自身的健康状况，提供改善建议，同时可以减少员工即时和未来的医疗支出。

在心理服务方面，组织可以考虑通过与专业心理服务机构合作，为员工提供可以倾诉和寻求支持的渠道，如设立心理健康热线或定期配备心理咨询专业人员，这些心理专业人员可以帮助员工处理工作和生活中的压力，减少工作压力对工作投入感、满意度等的影响。

③ 鼓励员工参加体育锻炼

组织可以提供健身设施，如健身房、瑜伽室等，并定期邀请专业人员指导员工进行科学的体育运动。尤其是以脑力劳动为主的行业或部门，长时间从事书面工作或在电脑前久坐，会对身体和心理健康产生负面影响。通过增加适量的运动时间，组织不仅可以帮助员工改善身体健康状况，还能增强员工的幸福感，有利于员工的心理健康。

有的组织以成立兴趣小组或者运动队的方式，鼓励员工自发开展体育运动，这种方法除了可以改善员工的身心健康，还可以增强团队协作性和凝聚力。

（二）制定有效的出勤政策

研究发现，出勤政策的优劣与员工缺勤或勉强缺勤的频率息息相关。有效的出勤政策应明确员工缺勤时需要遵循的程序，如提前请假、通知上级的具体时机等，并清楚说明缺勤可能的后果。这样的政策能够帮助员工清楚了解自己的行为界限，从而减少无故缺勤的情况。

有效的出勤政策会考虑到员工可能面临的实际情况，如健康问题和家庭紧急状况，鼓励员工在身体不适时选择休息，而不是勉强出勤，从而降低因健康问题导致的工作效率下降或事故风险。

有效的出勤政策还应该制定合理的休假机制，使员工能够在需要休息时得到充分的放松和调整，如对于需要遵循轮班工作制上夜班的员工来说，工作性质所带来的身心消耗比在日间规律时间上班的员工更多，所以应为其安排更加充足的休息时间。这样做是为了避免员工在身体过度劳累的情况下仍然勉强出勤而导致的不良后果。

有效的出勤政策能够营造支持性的工作环境，使员工感到自身的个人需求和健康受到重视。这种政策还可以减少勉强出勤的社会压力，让员工在必要时更愿意选择休息。

(三) 建立正面的组织文化

正面的组织文化（如公平、高自主性的工作形式等）可降低员工的缺勤与勉强出勤率。根据研究（Deery et al., 2014）发现，组织的分配公平会在员工的勉强出勤引起未来缺勤的过程中起到调节的作用，换句话说，如果组织内的分配公平性较高，那么员工勉强出勤与未来缺勤之间的正相关关系就会得到缓冲。

想要建立正面的组织文化可从以下方面入手（以公平为例）。

1 明确公平原则

组织应明确公平的定义，并在内部传达这些原则，确保所有员工都了解并认同，一般来说，组织内公平的原则包括机会均等、资源分配公平、决策过程透明等。

2 领导者示范

组织的领导者应以身作则，展示出对公平原则的承诺和践行。例如，如果领导者要求员工准时出勤，否则将受惩罚，那么领导者在自己不能做到准时出勤时，应该也受到相应的惩罚。

3 培训和教育

定期对管理者和员工进行关于公平的培训，提升他们对公平问题的认知和察觉能力。通过案例研究和角色扮演等方式，帮助员工识别潜在的不公平行为。

4 开放渠道鼓励沟通和反馈

建立有效的沟通渠道，让员工能够表达自己的想法、担忧和建议。若员工受到不公平待遇或察觉到不公平行为但没有反馈渠道，他们的工作满意度将会受到影响，并有可能以缺勤等降低生产力的方式进行反抗，所以建立有效的反馈渠道极为重要。

二、组织内政策的有效性评估方法

不管是推行促进员工身心健康的政策，还是制定有效的出勤政策，抑或建立正面的组织文化，都需要有方法评估新政策的有效性，因为组织内任何的改变都意味着需要投入成本，需要管理者和员工共同适应新的政策。

以下是一些可以帮助组织进行有效性评估的步骤（以出勤政策为例）。

（一） 明确评估目标和标准

管理者需要明确列出评估的目标，比如降低非计划缺勤率等。同时，确定评估时间段和范围，如一个季度或半年，在特定部门或整个组织内实施。

（二） 收集数据

收集出勤相关的数据，如员工的出勤、请假和迟到早退记录等。这些数据可以通过考勤系统、人事管理系统等途径获取。此外可以设计问卷或访谈，了解员工对出勤管理策略的看法和态度。数据的真实性和完整性对于后续分析至关重要。

（三） 建立评估指标体系

根据评估目标，建立一套指标体系。例如，员工的出勤率、员工的迟到率、员工的无故缺勤率和员工的病假率等。

（四） 分析数据

利用收集到的数据，结合评估指标体系，进行数据分析。通过对比不同时间段、不同部门或岗位的出勤情况，了解不同部门、岗位或员工群体的出勤情况差异。另外可结合员工的问卷或访谈结果，识别员工对出勤政策的主要关切和建议。

（五） 政策实施

针对通过数据的收集和分析找出的重点人群或岗位，进行政策调整和更新，如优化考勤规则、修改激励措施等。新的管理政策制定后，需要以透明方式告知所有受影响管理者和员工，确保他们了解政策变化和对个人的影响。

（六） 监控与改进

设定定期的出勤情况审查机制，并持续关注员工反馈。在政策更新一段时间后再次进行数据的收集与分析，以了解政策的更新是否达到预期中改善出勤情况的效果。

（七）记录

将评估过程、方法和结果整理成报告，并详细阐述评估目标、分析结果及政策改动内容。这样既有助于保持政策优化的连续性，又能为后续决策提供实证依据。

第五节　本章小结

本章围绕员工缺勤与勉强出勤展开系统性探讨，从概念界定、影响因素、带来的影响、相关理论及管理策略与措施等维度进行深度剖析，旨在为组织管理提供理论与实践参考。

缺勤的核心界定是指员工未按计划到岗的行为，缺勤的原因可划分为正当理由（如疾病、家庭事务等）与无正当理由（如主观态度问题等）两类。研究表明，个人因素中，生理与心理健康状况、工作满意度直接影响缺勤率，而组织因素中，如工作自主性、团队规模及任务相互依赖度也和缺勤行为显著相关。正当缺勤有助于员工恢复健康或平衡生活，但长期无故缺勤易引发个人经济损失与个人职业发展受阻。对组织而言，短期表现为生产力下降与人力成本增加，长期可能加剧团队压力与客户满意度下滑。

勉强出勤则是指员工带病或不适仍坚持工作的现象，在高压行业（如医疗行业等）尤为普遍。个人层面的外部健康控制点（认为健康不可控）与高神经质特质是其中两个诱因，而组织层面的模糊缺勤政策、低公平性与工作安全感不足则与高勉强出勤率相关。短期来看，勉强出勤可能因体现职业承诺而提升组织绩效评价，但长期将导致员工健康恶化、情绪耗竭及未来缺勤风险上升。对组织而言，勉强出勤的负面影响涵盖生产效率降低、疾病传播与工伤风险上升，甚至引发团队矛盾与士气低落。

工作要求-资源模型为理解上述行为提供了理论框架：高工作要求（如超负荷工作量等）与低资源支持（如缺乏自主性、组织公平缺失等）的失衡是缺勤与勉强出勤的核心驱动因素，二者可能形成恶性循环。

针对上述问题，本章提出管理优化路径：其一，通过开展健康讲座、提供心理咨询及建设运动设施等方法促进员工身心健康；其二，制定有效的出勤政策（如全薪病假制度等），减少员工因经济压力勉强出勤；其三，建立正面的组织文化，强调领导者示范与开放沟通以增强员工归属感；其四，借助出勤数据监控与员工反馈动态评估政策实效等组织内政策的有效性评估方法，确保管理策略的灵活性与可持续性。

因此，未来研究需要进一步关注文化差异对员工出勤行为的影响，并重新审视勉强出勤的潜在价值（如职业精神认可等）。实践层面，管理者需要权衡员工福祉与组织效能，尤其在资源受限时，通过创新管理方案缓解员工工作压力，实现员工与组织的双赢。

💡 **课后思考**

1. 对个人来说，选择缺勤还是勉强出勤更有利呢？为什么？

2. 对组织来说，员工选择缺勤还是勉强出勤更有利呢？为什么？

3. 如遇到因人手不足导致个体员工的工作量过大、但缺乏资源增聘人手的情况下，如何改善员工的缺勤与勉强出勤情况？

第九章
参考资料

第十章

组织情境中的物质主义

本章目标

　　　　学习完本章后，你应该能够：

　　　　·了解组织情境中物质主义的风险因素。

　　　　·明确组织情境中物质主义的破坏力。

　　　　·掌握物质主义在组织情境中的潜在积极影响。

　　　　·理解组织文化与组织成员物质主义的交互作用。

2019年，智联招聘对11024名职场人士进行问卷调查，随后发布《2019年白领生活状况调研报告》。该报告显示，"跳槽"和"涨薪"仍是职场白领们2019年职业发展的主要目标，近六成白领认为目前工作不值得，主要原因是薪酬不理想。"理想很丰满，现实很骨感。"与理想存在差距的薪酬也极可能成为这些职场白领们离职的导火索。

虽说赚钱不等于工作的全部，但被调查的职场人士中，则有近七成女性和近六成男性认可"收入代表着社会地位和话语权"，换言之，赚钱多少关乎自己的社会影响力。更有趣的是，"消费降级"现象近来吸引了大众的目光，能自己做家务就不要请阿姨，能在家锻炼就不要上健身房，能买便宜的就别选贵的……这些受访白领们终究也没有摆脱"消费降级"的命运，只是大多数人的消费降级是一种被动降级，即消费热情的缩减归根到底在于工资的上涨速度慢于物价的上涨速度。

职场人士被薪酬多寡所牵绊，这从理性和感性层面都不难理解。2020年发布的《Michael Page薪酬标准指南》指出，中国员工选择工作时最看重的五大要素分别是组织文化和团队活力、充分发挥个人才能、企业指导和领导能力、薪酬待遇、接触全新的挑战与领域；而留住员工的三大助力依次是有规划的培训与发展机会、更好的薪酬福利以及得到晋升。相比之下，新生代或偏年轻员工更看重薪资待遇。这具体表现在，30岁以下的求职者希望企业每半年调薪一次，40岁以下的求职者表示最可能因为待遇不合理而离职。当薪酬、福利、待遇、职位这些物质主义代名词，不自觉地与企业、工作捆绑在一起时，其原因还是要从物质主义产生的源头说起：物质主义常常与个体无法满足的需求，以及伴随产生的不安全感或其他心理不良体验有关。例如，研究发现，不能满足儿童需求的父母，其教养方式可能导致儿童更高的物质主义水平；在父母冲突、离异或分居家庭环境中长大的孩子，比在完整、和谐家庭中长大的孩子更注重物质，并表现出更高的强迫性消费水平。此外，资源或经济匮乏也是物质主义产生的"罪魁祸首"，物质主义程度高的青少年往往出身自社会和经济地位较低的家庭；而生活在较贫穷国家或经济不景气时期的个体，也比长期生活在较富裕国家或经济繁盛时期的个体更注重物质。从需求满足这点来看，企业、组织可以通过旨在提高工作、生活质量的实践活动，在满足个人需求方面发挥重要作用，而员工个人也可以借助组织平台，通过个人努力获取额外资源或弥补缺失的资源。

此外，物质主义关系到个体如何看待金钱、财富、地位，获得劳动报酬是员工的工作动机之一，反过来组织往往也以物质或薪酬的方式回馈员工，物质主义的本质与组织特点不谋而合。受COVID-19疫情的影响，西贝餐饮董事长贾国龙曾表示，预计2020年春节前后一个月时间将损失营收7亿～8亿元，倘若疫情在短时间内得不到有效控制，西贝账上的现金撑不过3个月；2020年4月开始，海底捞表示因受COVID-19疫情影响，企业亏损严重，遂作出涨价的决定，整体菜品的涨价幅度约为6%，而此消息一出，受到颇多的舆论压力和非议，短短几天之内在微博上的关注量达到4.9亿人次，虽然商家表示海底捞各家门店复业桌数、接待客户数量均有所限制，员工也无法满员工作，导致人力成本加上部分食材成本上涨，不得已才涨价，但最终此事还是以"商家道歉、恢复原价"结束。通过西贝和海底捞的遭遇不难发现，金钱在组织情境中有着不可取代的突出地位和独特意义，组织追求财富和经济利益的动机和行为，对组织中每一名成员都将产生深远影响。以职场人士都很关心的年终奖金为例，无论企业以"股票分红""年底双薪制""绩效奖金""隐性红包""旅游奖励或车贴、房贴"之中何种形式发放，都绕不开企业当年绩效的好与坏。

回归学术研究角度，组织情境无疑为深化我们对物质主义的理解、拓展物质主义领域的研究发现，提供了广阔的平台。可惜，其他非工作领域的研究成果或许不具备普适性，即推广至组织情境中则不一定成立。例如，大量证据揭示物质主义将贬损个体幸福感，然而，追求财富成功是物质主义的核心维度之一，而组织情境恰恰为个体提供了追求财富的路径和平台，即努力工作将换取更多的薪酬和更高的职位，那么在组织情境中持有高物质主义水平的员工，其幸福感或幸福感相关指标是否一定会被削弱，这一点值得深思。

物质主义领域的既有研究，绝大多数是集中于儿童、青少年群体或一般消费者群体展开的。本章将切换视角，结合物质主义和组织情境特点，对员工和企业层面的物质主义做进一步探讨。

第一节　组织情境中对物质主义的界定

学生时代的语文课本里，大家都读到过"吝啬鬼"葛朗台的故事。葛朗台是巴尔扎克的小说《欧也妮·葛朗台》中的重要人物，作为欧也妮·葛朗台的父亲，老葛朗台的个性却最为鲜明。老葛朗台是法国索漠城一个有钱、有威望的商人，但为人却极其吝啬。在他眼里，女儿和妻子还不如一枚金币，是守财奴的代表。对老葛朗台而言，金钱高于一切，没有钱，就什么都完了。他对金钱的渴望和占有欲几乎达到了病态的程度，半夜把自己一个人关在密室之中，爱抚、把玩、欣赏他的金币，放进桶里，紧紧地箍好。临死前还让女儿把金币铺在桌上，长时间地盯着，这样他才能感到暖和。巴尔扎克的小说既鲜活描绘了一个对金钱贪得无厌的吝啬鬼形象，又或多或少反映了人的某种本性。那么，真的如巴尔扎克的小说所描述的那样，当个体涉及商业、贸易时，物质主义便成为一种人性或本能了吗？

物质主义的界定本身，主要存在着人格、目标、价值论等不同流派。其中 Belk（1985）的定义与老葛朗台的特点较为匹配，将物质主义视为一种聚焦世俗财产的人性或人格特质，其起源于人类嫉妒、吝啬、占有欲等天性。Ger 和 Belk（1996）基于上述人性观点，开发了一个类特质量表以衡量评估个体与物质相关的态度、信念和情绪反应。

不同于 Belk "物质主义与生俱来" 的观点，Kasser 和 Ryan（1993）将物质主义视为一类强调外部奖励的个体目标，并据此开发了欲望指数（aspiration index）问卷，在物质主义实证研究中得到了较为广泛的运用。欲望指数包含一系列物质主义目标，如名誉、形象、财富成功等，通过绝对测量（即外在目标对个体的重要性）和相对测量（即外在目标相对其他目标对个体的重要性）两种方式对个体物质主义水平进行评定。

除人格和目标外，另一类关于物质主义的主流定义则延续了价值论的观点。Richins 和 Dawson（1992）将物质主义界定为：一种强调拥有物质财富重要与否的个人价值观，并据此开发了物质主义价值观量表（material values scale，MVS），其内涵包括三个维度：获取成功（是否以物质财富的多少来衡量个人的成功与失败）、获取中心（是否以物质财富作为生活的中心），以及获取幸福（是否认为物质财富是幸福和快乐的源泉）。与 Richins 和 Dawson 的观点相似，Inglehart（1981）也在价值观范畴对物质主义作出界定，只是 Inglehart 将概念推进到了社会层面，认为物质主义和后物质主义位于价值观体系的一个连续体上，物质主义代表着一种经济取向，即重视秩序、稳定、经济和军事力量；而后物质主义关注的则是自由、思想、平等和环境保护等。

虽然当前对物质主义在定义上存在不同流派，但在组织情境中探讨物质主义时，仍倾向沿用 Richins 和 Dawson 的价值观视角，将物质主义界定为：组织或组织成员强调拥有物质财富重要与否的价值观，物质主义水平越高的个体或组织，则越倾向于将财富、金钱、地位视为生活或工作的中心、衡量成功与否的标准，以及幸福的源泉。一方面，人格视角的物质主义是个体一种稳定的人格特质，在童年就确定并不会随着环境和成长而发生较大改变。这与组织领域的理论假设不太一致，组织领域的研究倾向于认为组织和组织成员的价值观相互依存、相互影响。例如，在领导力研究领域，自 2000 年 Tepper 提出辱虐管理（abusive supervision）①的概念后，便得到研究者和实践者的关注，大多研究结论也是围绕辱虐管理对下属心理和行为的负面影响来展开的，然而，也有研究聚焦军队情境中的辱虐管理，认为该领导方式有利于新入伍的士兵去个性化，尽快建立军人的身份认同并接纳军队文化。另一方面，价值观是主体按照客观事物对其自身及社会的意义或重要性，进行评价和选择的原则、信念和标准，其制约着人的思想倾向性和整体心理面貌，实质上决定着动机的性质、方向和强度。

伴随着发展中国家经济进步、人口增长，环境问题、道德问题、自信问题、幸福问

---

① 一种消极领导方式，指的是下属感知到的领导持续表现出的言语或非言语敌意行为（身体接触除外）。

题接踵而至，组织或组织成员如何树立积极健康的价值观体系、避免潜在的价值观危机急需被关注。

第二节　组织情境中物质主义的研究焦点和发现

比起聚焦儿童、青少年或一般消费者群体的丰富的研究发现，物质主义领域仅有少量实证研究是着眼于工作场所、以全职员工或企业组织为研究对象来开展的，这些关于职场物质主义的研究发现，大致可归为以下几类。

第一，物质主义水平越高，职场人士越容易"不满"。Deckop等（2010）采用两个点的时间滞后设计，发现物质主义与工作幸福感（包括内外奖赏满意度、工作满意度和职业满意度）呈显著负相关；国内研究者的研究证据也表明，物质主义对员工薪酬满意度存在显著的负向影响。

第二，物质主义有减少积极工作场所行为、增加消极工作场所行为的潜在风险。Deckop等（2015）尝试将物质主义与员工职场行为相联系，采用自评和他评相结合的方式，探讨了员工物质主义和组织公民行为、偏差行为之间的关系，证实物质主义与组织公民行为呈负相关，与指向他人的偏差行为（如"背后说同事坏话"等）呈正相关，与指向组织的偏差行为（如"偷拿企业财产"等）无显著关联；员工的本分是做好本职工作，所以Deckop也关注到了物质主义与员工角色内行为的关系，发现物质主义和员工任务表现（由同事他评）之间存在正向但不显著的相关性（相关系数为0.24）。与前述的研究发现不谋而合，国内研究者同样发现物质主义会通过马基雅维利主义（machiavellianism）[①]的作用，进而增加员工的工作场所不道德行为。

第三，职场物质主义的影响极有可能自工作场所溢出至家庭或社会。首先，物质主义有加剧员工工作负担和工作-家庭冲突的可能，当员工越追求物质，将感受到肩上的工作负担越重，进而花费更多的精力和时间在职场或工作上，招致工作-家庭冲突发生。2019年末，中商产业研究院结合民政部门公开信息，进行了关于中国离婚大数据的分析。数据显示：从2003年起，我国离婚率连续15年上涨，由1987年的0.55‰上升为2017年的3.2‰，2018年离婚率继续保持3.2‰。其中，离婚率上升最快的是北京、上海、广州、深圳等大城市。《安娜·卡列尼娜》的开篇语曾提及，"幸福

---

①权谋之术的代名词，高马基雅维利主义者更倾向使用权术、操纵别人以达目的。

的家庭都是相似的，不幸的家庭各有各的不幸"。不难想象，当生活节奏越来越快，生活压力越来越大，为了生活，工作会占据我们越来越多的时间。待在办公室的时间越长，和伴侣、小孩待在一起的时间就会越短，家庭成员之间的情感交流和陪伴也会越来越少，这就是工作-家庭冲突的典型表现。即使个体抱有让家庭成员更幸福的美好愿望，背负"养家糊口"的沉重负担去竭尽全力工作时，也会带来双面效应：一方面激励个体努力工作、努力赚钱，进而提升工作绩效；另一方面也会导致工作成为"赚钱的工具"，失去工作本身的意义和创造性。（Zhang et al.,2020）

在众多企业中，有一类企业被称为蜜蜂型企业。蜜蜂是世界上较为古老、聪明的物种之一，在地球上已生存了上亿年，是与环境、社会和谐共生的代表，是可持续发展模式的典范。蜜蜂采蜜、酿蜜，满足自己生活的同时供给人类，它传播花粉，为植物生存发展提供不可或缺的帮助，同时也为自己创造了更广阔的采蜜花源。对于那些像蜜蜂一样，积极致力于与环境、社会构建共生共荣的和谐关系，不断提升责任感、增强竞争力，追求可持续发展的企业，人们称其为蜜蜂型企业。中国的可持续发展需要这样的蜜蜂型企业。推广企业社会责任（corporate social responsibility，CSR）[①]，使更多企业在满足经济效益的同时，成为蜜蜂型企业，这是大势所趋。然而，物质主义却削弱了企业社会责任水平。例如，Davidson 等（2019）指出，引领企业发展的CEO物质主义水平越高，则CSR得分越低。

难道组织情境中的物质主义真的就百害而无一"利"吗？物质主义与组织公民行为之间的关系是很微妙的，它既存在减少员工组织公民行为的风险，又有缓冲工作场所排斥与组织公民行为之间负向联系的可能。王鲁晓等（2018）做了这样一个实验，具体而言，被试写下一段简单的自我介绍并提交后，向其呈现另外4名参与者的自我介绍，这4名参与者作为被试的潜在搭档供被试选择，当被试作出选择后，向其发出"所选择的搭档拒绝与你组成小组"的反馈，随即让被试进行再次选择，几秒钟后程序反馈"所有成员拒绝与你组成小组"，以此来启动当事人的被排斥体验。随后，又将被试随机分配到实验组和控制组，实验组的被试将观看奢侈品图片（如轩尼诗酒、香奈儿香水的宣传广告图），控制组的被试则观看一些普通纸杯或玻璃杯的图片，最后再对被试的组织公民行为进行测量。结果发现，员工遭受的工作场所排斥水平越高，表现出的组织公民行为越少；而当被排斥后，观看奢侈品图片能够显著提高个体的组织公民行为。

物质主义或物质线索对工作场所排斥这一负性工作场所现象的后效存在缓冲作用，这一现象并不难解释。已有研究发现，不确定感（包括对自我的不确定）对物质主义有潜在预测作用，因为物质财富可为人们提供一定关于成功和抱负的规范与指引，进而有助于克服不确定感。物质主义对不确定感的弥补作用，更进一步体现在自

---

①企业社会责任（corporate social responsibility，CSR）是指企业在创造利润的同时，也应强调对消费者、环境和社会的贡献。

我构念方面。例如，横断面研究和实验室研究均发现，当个体自尊受到贬损时，物质主义便成为应对方式之一，人们可以通过物质财富的信号功能重新塑造积极的自我形象。遭受职场排斥或一般性社会排斥（如友情破裂或失恋等）的个体，不可避免地会经历资源耗损、体验到较为负面的自我意识或评价。此时，金钱和物质财富线索发挥了符号性或象征性功能，成为"疗愈"伤痛的利器。

直接在职场中对物质主义进行实证的研究并不多，但有些研究者尝试通过聚焦工作价值观或工作价值定向，间接将物质主义研究向组织领域延伸。Vansteenkiste等（2007）发现，持有外部工作价值导向的员工，即更看重物质获取的员工，会产生一系列负面效应，包括工作参与度的降低、情绪衰竭和离职意愿的增加。更为重要的是，外部工作价值导向对上述工作场所结果变量的破坏作用并不受客观因素（如薪资水平等）的调节。其原因是，无论是对高收入群体而言，还是对低收入群体而言，外部工作价值导向均会破坏其基本心理需求，导致后续不良效应。Schreurs等（2014）也发现，团队层面的工作价值观（包含内在和外在工作价值观）将对个体层面心理需求满足造成或正或负的影响，进而影响工作投入。

第三节　组织情境中物质主义的风险因素

究竟哪些因素有可能助长组织中个体甚至组织本身的物质主义？基于物质主义领域的实证研究，其形成主要源于榜样的影响、不安全感和不确定感等三方面因素。其中，不安全感和不确定感在前面已经提及。一方面，当个体经历了需求未满足、资源匮乏等体验后，有可能"投奔"物质主义，以克服当前的心理不适；另一方面，当个体经历了不确定感（包括对自我的不确定感）后，物质财富可以为人们提供一定的关于成功和抱负的规范与指引，以抵抗不确定感，也可以发挥潜在的信号功能帮助重新塑造积极的自我形象。而榜样的影响，则主要来源于包括父母、同伴在内的重要他人和社交媒体等。例如有证据表明，在物质主义环境中成长的个体往往物质主义水平更高。此外，媒体上充斥着含有物质主义色彩的广告时，物质主义价值观在观看电视广告过程中不知不觉孕育而生，物质主义水平与看电视时长呈显著正相关。更糟糕的是，电视节目一定程度上揭示了现实和理想的差距，对人们的生活满意度造成潜在的负面影响。

虽然围绕组织情境中物质主义成因的实证研究较为缺乏，但可以断定的是，倘若物质主义的诱导因素主要来自环境和重要他人的影响，则需求未满足或资源匮乏将导致不安全感，以及自我或环境引起的不确定感。推断至组织情境，物质主义组织文化（环境或他人影响）、社会经济地位（自身资源）和工作不安全感极有可能成为诱发组织情境中物质主义的风险因素。

一、物质主义组织文化

物质主义是一种强调拥有物质财富重要与否的个人价值观，而组织文化的核心构成则是组织层面的价值观，有理由相信员工个人价值观和组织价值观之间存在不同程度融合和相互影响的可能。

第一，员工个体层面的物质主义价值观，有可能上升到组织层面，成为组织团队共享的工作价值观。人们总是试图寻求个体与环境的匹配，Schneider的吸引-选择-摩擦模型（attraction-selection-attrition，ASA）指出，工作价值观的相似性是个体和组织之间相互吸引的重要因素，在求职甄选过程中，面试官也会考虑申请人的工作价值观与工作环境中占主导地位的价值观之间的契合度，元分析结果的确表明，如果员工个人工作价值观与组织价值观不相符，其离职意愿将有所增加。通过吸引、选择和摩擦的作用，组织或团队成员的价值观将有趋同倾向。

第二，由于社会化的作用，组织价值观也会逐渐渗透至员工个人。社会化描述了新成员逐渐学习组织和团队价值观的过程，通过各种社会化策略，包括入职培训、信息共享等，个体逐渐明晰组织团队的价值导向。上述社会化过程与工作价值观动态视角保持了一致：在同一工作环境中持续工作的个体，可能会随着时间的推移而改变其工作价值观，实现个体与环境需求更紧密的结合。

简而言之，组织成员个体层面的物质主义与物质主义组织文化之间或存在互为因果的关系，一方面，借助社会化的作用，组织价值观有可能逐渐渗透至员工个人；另一方面，在长期的磨合和共融中（即吸引、选择和摩擦的作用），员工个体层面的物质主义价值观会上升到组织层面，成为组织团队共享的工作价值观。

二、社会经济地位

经济增长导致的财富不均正在世界范围内蔓延。以中国为例，经济的快速发展导致财富不均等问题日益凸显，尤其是2002年以后，中国的基尼系数（衡量一个国家或地区居民收入差距的常用指标）从 0.54 增长至 2010 年的 0.74（注：近年来基尼系数有所回落，但仍超过 0.4，表明收入差距较大）。(Li & Wan, 2015)

个人生活中已有的资源（即"社会经济地位"，socioeconomic statu，SES）一定程度上决定了其感知到的物质资源的重要性。社会经济地位有时可与社会阶层互换，指的是客观物质资源（通常以收入、受教育程度和职业为代表）或关于相对社会地位（与社会中其他人比较）的主观感知。具体而言，研究者对社会阶层的定义主要集中在两个层面：第一，客观社会阶层或称为客观社会经济地位，其衡量指标关注的是个体所拥有的客观物质资源多寡，如家庭年收入、受教育程度、职业类型等，相应地，其测量方式多为依据一项或多项客观指标进行量化、拟合；第二，主观社会阶层或称为主观社会经济地位，其衡量指标关注的是个体感知自己在当前社会环境下所处的社会阶层，并且这种感知的结果是在与周围人相比较的过程中形成的，强调的是自我与他人定位的差异化模式。用于测量主观社会阶层的工具主要是麦克阿瑟主观社会地位量表[①]，在一些实验研究中也常使用成熟的范式对被试的主观经济地位进行把握。

资源的多寡关乎个体的安全感（即物质主义的前因之一），原生家庭或童年时期的经济地位更多影响的是个体偏人格特质的物质主义，是相对固化而稳定的；倘若将物质主义纳入价值观体系中进行探讨，关注对象为职场员工，聚焦其当下的主、客观社会经济地位更有意义。

依据社会阶层的社会认知理论，社会经济地位(SES)可预测社会认知思维模式。SES 高的个体具有"自我为中心"的社会认知倾向，他们更关注自己的内在状态、目标和情感，更强调自我表达和自我发展；相反，SES 低的个体往往更强调外在的、不可控制的因素（如周围环境和他人等）。Wang 等（2020）通过纵向追踪研究发现，社会经济地位还可以缓冲物质主义对个体自尊的负性影响，简言之，从长远来看，物质主义对个体自尊有慢性损伤作用，但该伤害在 SES 高的群体中有所缓解。

其实，既有研究在大学生或青少年群体中已经展开了对社会经济地位和物质主义关系的探讨，可惜结果似乎存在分歧。在 Li 等（2018）的研究中，社会阶层与物质主义呈负相关（相关系数为 -0.16），但该系数不显著；一些研究揭示，物质主义与个体的 SES 之间没有显著相关性；一些研究甚至发现 SES 较高的学生整体表现出较高的物质主义水平，如 Wang 等（2022）发现，高社会流动性增加社会经济地位不确定感，从而激发物质主义。

通过工作换取的报酬、奖赏和福利是员工获取资源的主要途径，当员工的主、客观社会经济地位较低时，一是在认知模式上会对外在的物质财富更为看重，二是在实际行动层面上会对物质财富展开"追求"。

[①]麦克阿瑟主观社会地位量表向被试呈现一个包含 10 级的阶梯，从 1 级到 10 级代表不同的社会阶层，更高的级别水平代表更高的社会经济地位，即更高的收入、更高的受教育程度和更高的职业地位。

三、　工作不安全感

全球各地的企业面临着越来越多的威胁、变化和挑战。技术自动化的无情步伐或引起下一波经济混乱，这可能使得许多中产阶层工作者被淘汰，无论低技能职业者（如司机、安保人员、清洁工等）还是高技能职业者（如律师、医生、分析师等）也都将面临失业的风险。此外，据麦肯锡公司估计，技术进步将使得约45%的工作或相关活动被人工智能、机器所取代。科学技术的发展、共享经济的兴起，以及类似COVID-19疫情这样的突发状况，都将使得工作不安全感成为热议话题。

工作不安全感（job insecurity）是指面对有威胁的工作情境，个体对将要失去工作或重要的工作特征而感到无助或不安的程度。有研究者将工作不安全感区分为认知成分和情感成分，认知工作不安全感是对工作机会或利益损失可能性的一种感知，而情感工作不安全感是由于这些潜在损失（工作机会或利益）而产生的担忧或焦虑等情感体验。在社会交换理论、压力-应激理论、资源保存理论、不确定管理理论等多元视角下，既有研究表明组织层面的变量（如组织变革、组织公平等）和个体层面的变量（如人口统计学特征、人格特质、可雇佣性等）层面的变量均有可能导致员工工作不安全感的产生，而工作不安全感又最终影响到一系列工作场所结果变量（包括健康和幸福感、工作态度和表现等），甚至会通过溢出效应影响到家庭，招致工作-家庭冲突等。

工作不安全感（尤其是认知工作不安全感）可视为一种员工因感知到的可能的工作变化而产生的压力，无论是不确定感还是由不确定感导致的压力，都有可能与员工物质主义相联系，因此工作不安全感也是员工物质主义的潜在风险因素之一。

第四节　组织情境中物质主义的破坏力

瑞士宝盛银行发布的《2020年全球财富及高端生活报告》，对全球28个大城市的奢侈生活成本进行排名，香港、上海和东京名列前三，纽约位居第四，伦敦排在第七。可见，财富（包括个人财富和城市财富）逐渐成为奢侈、精致、幸福生活方式的先行指标。然而，大量研究却证实物质主义对消费行为、人际关系和信任、亲环境态度和行为产生显著破坏作用。

在一系列负性影响中，物质主义与个体幸福感之间的关系得到最多的关注。总结一下，有三个视角可以揭示物质主义对个体幸福感的负向作用机制。第一，最主流的观点来自自我决定理论（self-determination theory，SDT）。该视角认为个体基本心理需求（自主、胜任和人际关系）是幸福的根基和土壤，物质主义将削弱基本心理需求满足，进而降低幸福感；Reyes 等（2023）证实物质主义通过贬损基本心理需求影响员工的职业倦怠感。第二，目标达成视角的研究发现，物质主义水平高的人，对金钱、财富等外部目标的预期较高，容易产生失望和不满，即所谓"期望越大，失望越大"，导致产生不幸福感。第三，溢出视角的研究发现，在物质主义者眼中，总有人比自己富裕、市场上总有优于自己所拥有的产品（进行"社会比较"），由此招致的财富不满足感会蔓延至日常生活中，造成生活满意度的下降。其实，从认知和临床心理学的角度，也有研究者提出，物质主义之所以让个体感知到不幸福，是因为物质主义者倾向于经验性回避（由于人们不愿与其厌恶的个体内部经验保持接触，因而改变了这些经验的形式或频率以及引发它们的情境），经验性回避不仅是很多心理障碍者的致病原因，也是正常人群在日常生活中感到心理痛苦的重要原因之一。

物质主义不仅对个体幸福感产生影响，同时还有可能对他人的生活方式和生活质量产生"干扰"，影响他人的幸福感。COVID-19疫情的全球性暴发让人们再次陷入人与自然、人与整个生态圈和谐共处的深思，而学术界的实证研究证据却揭示，物质主义与个体乃至区域性的亲环境态度和亲环境行为存在负相关，一定程度上制约了经济的可持续发展。其原因主要来自两个方面：一方面，从价值观体系看来，物质主义强调的成功、财富、形象，与关心社会公正、平等、自然和谐统一之间存在背离，按照Inglehart的观点，后者更可能属于后物质主义范畴；另一方面，持有物质主义价值观的人倾向于建立低质量的人际关系，较少以共情的方式对待他人，在任务完成中表现出更多的竞争而非合作性，具有更高水平的马基雅维利主义和自恋。上述物质主义者可能具备的特点，均阻碍了其与他人、社会、自然的和谐共处。

物质主义对个体的影响聚焦在幸福感、自我、亲环境行为（即关乎他人幸福感的心理与行为）和道德等层面，考虑到组织情境特色，可将员工物质主义和自尊与组织自尊（自我）、工作场所绿色行为（环境）以及亲组织不道德行为（道德）相联系。

一、自尊与组织自尊

自我概念一直贯穿在物质主义研究中，近些年出现的以自我概念为核心的物质主义相关理论（包括自我逃避理论、认同动机理论）更促使自我概念成为物质主义未来研究的一个新焦点。例如，Donnelly 等提出自我逃避理论，试图从自我意识的角度阐释物质主义者的行为模式。该理论认为，物质主义者倾向于自我灌输自责和其他消极的自我观念（如自我怀疑、自卑等），这些观念将会激活高度厌恶的自我意识；于是，冲动和非理性的行为模式一触即发，以帮助个体摆脱伴随而来的烦躁情绪和认知结构。Shrum等的认同动机理论也为物质主义领域的自我研究奠定了基础，这一理论将物质主义视为"通过象征性消费或所有物的象征性价值，来构建、维系自我身份认同的工具"。

物质主义关乎员工的一般自尊和组织自尊，其中一般自尊是指个人基于自我评价产生和形成的一种自重、自爱、自我尊重，并要求受到他人、集体和社会尊重的情感体验，多采用Rosenberg（1965）的自尊量表（self-esteem scale）进行评定。相较于一般自尊，组织自尊是在组织情境中的具化，是员工的一种自我感知价值，是其对自我角色在组织或团队中的价值、影响力或地位的判断和认知。具有较强组织自尊的个体认为自己对组织是有价值的，并且能够通过组织角色来满足自己的需求。

物质主义之所以会影响到员工自尊，至少有以下几点原因。一是，如物质主义自我逃避理论所说，物质主义者倾向于自我灌输消极的自我观念，并激发厌恶的自我意识；二是，物质主义水平高的个体依赖物质成功这一外部标准对自身整体价值进行评估，往往带来低水平的自尊；三是，有研究者倾向于把自尊视为幸福感指标之一，由于物质主义者将金钱、财富此类外部目标赋予过高权重，影响内部需求的满足和幸福感体验，"不幸福"的体验自然也会蔓延至自我意识层面。

在非组织情境中，物质主义与自尊的关系其实已经得到了不少关注，并存在以下三类主张或发现。首先，部分研究者将低水平自尊视为物质主义的前因，检验了物质主义对自尊贬损的补偿效应。例如，Chaplin和John（2007）的研究发现，启动被试的高水平自尊后，将导致物质主义水平的降低；同理，Jiang等（2015）通过实验室实验证实，经历了同伴拒绝后，被试的内隐自尊将会降低，进而导致后续物质主义水平的提升。此类研究表明，自尊将影响到个体的物质主义水平，而高水平物质主义是低水平自尊的应对和弥补方式之一。其次，有研究者将自尊作为物质主义的结果变量，探讨了物质主义对个体自尊的影响。此类研究发现，物质主义水平较高者的向上社会比较倾向、对财富较高的自我要求，以及对外界评价反馈的较强依赖，导致其拥有较低水平的一般自尊和较高水平的外在权变自尊。例如，Kasser等（2014）的研究发现，物质主义与自尊之间存在负相关，即通过对被试的物质主义水平进行干预，将导致其自尊的改变。最后，亦有研究者综合前两派的观点，验证了物质主义和自尊之间的双向关系。例如，Li等（2018）通过两个实验，同时验证了自尊在社会经济地位和物质主义之间的中介作用（实验1），以及启动物质主义之后对自尊的影响（实验2）。

虽然上述研究发现不是在组织情境中获得的，但依旧丰富、深化了我们对物质主义与自尊之间关系的理解。然而这些研究的弊端在于，其大多采用的是横断面数据或实验室范式来展开，基于此所获得的研究结果给推断物质主义和自尊的因果关系造成了困难，换言之，我们很难断定，从长远角度看来，究竟是自尊水平的降低导致物质主义水平的提升，还是物质主义水平的提升导致自尊水平的降低。因此，Wang 等（2020）通过三个时间节点的追踪（跨度约 2 年），发现在纵向研究视角下，自尊不会改变物质主义，但物质主义对自尊却存在负性影响，只可惜该研究是在大学生群体中完成的，全职员工方面仍缺少相关数据。

二、 工作场所绿色行为

环境可持续性是企业生存的一个重要组成部分。延续物质主义与亲环境行为的研究成果，组织情境中的亲环境行为，以及与物质主义的关系都有待探究。

Ones 和 Dilchert（2012）将工作场所绿色行为定义为"在工作环境中有助于或有损于环境可持续性目标的任何可测量的个人行为"，并提供了一个基于工作绩效的分类体系，将工作场所绿色行为分为五类——可持续性地工作、节约资源、影响他人、发挥主动性以及避免伤害。可见，工作场所绿色行为并不是一类纯粹的自愿行为，Norton 等（2015）具体区分了强求的绿色行为（required green behavior）和自愿的绿色行为（voluntary green behavior）。顾名思义，前者指的是在员工工作场所范围内执行绿色行为，包括遵守组织相关政策规定，以及创造、创建可持续的产品、过程等，强求的绿色行为与任务绩效类似，是组织要求成员作出的行为，直接或间接地为工作绩效作出贡献；自愿的绿色行为在既有文献中处于主导地位，指的是涉及个人主动性、超出组织期望的绿色行为。其他学者亦尝试按照此思路对工作场所绿色行为进行多维划分，如任务型绿色行为 vs. 主动型绿色行为、角色内绿色行为 vs. 角色外绿色行为。

动机是个体行为的内驱力，并决定着后续努力的强度和持续性。例如，自我决定理论认为，行为是自主和控制动机的结果。换言之，如果员工从事绿色行为可从中"获利"，无论是个人满足（自主激励）还是获得奖赏（可控激励），均会增加其行为意愿。物质主义恰巧与一系列外在受控的目标相挂钩，它与两类不同类型的工作场所绿色行为之间的关系有待探究。更重要的是，组织物质主义不仅仅关系到员工个体层面的绿色行为，也与团队组织层面的绿色行为乃至企业社会责任息息相关，关乎企业和企业成员绿色低碳等亲环境行为规律的探索。

三、亲组织不道德行为

物质主义在实证研究中常常与道德相联系。例如，消费者行为领域实证研究发现，物质主义有可能增加消费者购买假冒产品的行为、降低其消费相关的道德信念；青少年发展领域有研究指出，物质主义是青少年应对寂寞的消极方式之一，而最终招致更多的违规行为；社会心理学家证实物质主义存在减少公民慈善行为的风险；管理心理学家也提出，中小企业主的物质主义水平对其金钱相关的道德态度有显著影响，企业CEO的物质主义水平也将最终影响组织的企业社会责任水平。

不难看出，在物质主义影响下产生的不道德态度和行为一定程度上都是由利益驱动的，如通过不道德行为获得更多的外部赞赏、更高的身份地位或更丰富的经济利益等。近年来，组织行为领域广泛关注的亲组织不道德行为，正是一类特殊的不道德行为，既违反道德规范又与组织利益紧密相连。尤其在集体主义文化下，个体更有可能通过道德辩解为亲组织不道德行为开脱。亲组织不道德行为最早由Umphress等（2010）提出，指的是"员工为了使组织获益而采取的不道德行为"，例如，为了促进销售而故意隐瞒产品缺陷。随后Umphress和Bingham对亲组织不道德行为的定义进行了更为细致的表述，将其界定为"意在促进组织或其成员有效性，但却违背社会核心价值观、道德、法律或合理行为标准的行为"，并认为亲组织不道德行为主要包括三个核心内涵。其一，不道德性，亲组织不道德行为的不道德性并非指违反了组织的某项规章，而是违反了被广泛接受的社会准则或道德标准。其二，亲组织性，即亲组织不道德行为必须包含亲组织动机（如为了实现组织或组织成员的利益等）。其三，意图性，即亲组织不道德行为应是行为者有意为之的。后有研究者质疑，认为亲组织动机是亲组织不道德行为的必要动机，但不一定是唯一动机，其可以与其他动机（如亲成员动机、利己动机等）相混合。物质主义可分别作用于员工个体的道德水平和企业的道德文化，进而影响组织层面和个体层面的亲组织不道德行为，而组织和个体行为之间又相互影响和制约。

第五节 物质主义在组织情境中的积极影响

目前，绝大多数学者倾向将物质主义作为一个负性概念进行研究和探讨，事实上，无论是概念界定还是实证研究，均有证据表明物质主义存在潜在的非负面乃至积极意义。

一、概念界定证据

Csikszentmihalyi 和 Rochberg-Halton（1978）首先区分了终极物质主义（terminal materialism）和工具物质主义（instrumental materialism）。前者是"为了物质主义而物质主义"，或利用财富招引他人嫉妒，相对比较负面；后者则较为积极，物质主义仅被作为实现个体目标、满足个体需求的途径。基于此，Shrum 等（2013）也对物质主义进行了重新界定，将物质主义视为一个中性概念，着重强调了物质主义的工具性价值，即物质主义的功能是通过象征性消费（symbolic consumption）或所有物的象征性价值，来构建、维系自我身份认同。自尊、效能、连续、意义、独特、归属是引导个体进行身份建构的六种不同内驱力（概括为身份认同动机，identity motive），其均可通过物质主义或相关行为进行满足，只是物质主义究竟对个体幸福感造成贬损抑或提升，取决于上述身份认同动机的满足方式。

二、实证研究证据

实证研究关于物质主义积极意义的探讨，一部分是受到金钱积极意义的启发，如金钱阵痛效应，拥有金钱的个体容易感到自给自足、展现较低水平的依赖性、更倾向选择独自完成工作等。此外，在个体、消费、经济发展、社会等不同层面，均有少量证据揭示物质主义的潜在积极效应。

(一) 个体层面

物质主义在个体层面发挥的积极影响，首先要追溯到物质主义的前因研究上，研究证据表明物质主义有助于个体建立和维系身份认同、降低不确定感、修复受损的自尊，甚至某种程度上成为放松自我、应对压力的方式之一（即所谓"花钱使人快乐"）。Sirgy 等（2013）的研究结果也表明，物质主义对生活满意度的作用方向，取决于个体评价生活标准（standard of living，SOL）的方式，当个体基于理想去评价生活，物质主义会贬损生活满意度，相反，若个体基于现实去评价生活，经济动机被激发后，物质主义反而有助于提升生活满意度。随后，Sirgy 等（2019）的研究进一步揭示，物质主义获取幸福维度的确会贬损生活满意度，但物质主义获取成功维度则对生活满意度，尤其是预期的未来生活满意度有提升作用。Tuominen 等（2022）的研究发现，物质主义有促进印象管理进而增加网络社会资本的积极效用。

(二) 消费层面

持有物质主义价值观的青少年对广告给予更多的注意并保持一定的敏感性，使之成为潜在的潮流引领者或意见领袖；对于营销人员来说，物质主义有助于识别目标客户、进行品牌推广等；也有证据表明，当品牌与个体理想自我高度一致时，物质主义可以提升消费者的品牌依恋程度。

(三) 经济发展层面

研究表明，物质主义可以激发成就动机，进而刺激内需、促进经济的进步；对企业利润的追求也有助于促进生产和技术的发展；在变革和享乐体验的刺激下，物质主义更有可能提升共享经济（sharing economy）的参与度。

(四) 社会层面

物质主义在社会层面的影响仍以负面为主（如亲环境行为、亲社会行为的减少等），但 Bock 等（2018）的研究发现物质主义者在自我保护动机（如缓解不良情绪和不确定感、维护自我形象等）的驱动下，更有可能投身于慈善行为。更出乎意料的是，Strizhakova 和 Coulter（2013）对金砖四国（中国、印度、俄罗斯、巴西）和两个发达国家（美国、澳大利亚）共计 1872 名被试进行调查，从长远、可持续发展视角，发现持有全球视角的被试，物质主义价值观对其亲环境意向（如投身亲环境行为的可能性、购买绿色产品的意向等）存在积极影响。

三、财务幸福感

作为一个新兴的研究领域，Kasser（2018）呼吁物质主义领域研究者给予"财务幸福感"更多关注。既往研究或报告主要采用主、客观两种方式对财务幸福感进行评定，客观指标主要包含收入、实际财产、负债收入比等，是对个体财务状况的客观评估，与前面提到的客观社会经济地位有类似之处；主观指标则包括感知到的生活水平满意度、对储蓄和投资的满意度以及债务忧虑水平等。由于主观测量可以更好地捕捉个体面对相同或不同财务状况的心理反应及其差异，因此更加受到推崇。

在此基础上，Brüggen 等（2017）将财务幸福感定义为个体对是否能够维持当前和预期的理想生活水平和财务的主观感知。该定义有如下几个特点：第一，财务幸福感本质上是主观的，它是基于个体的主观感知，这意味着只有自己才能评估自己的财务幸福水平；第二，该定义对时间做了两种限定，既包括当前的状况，又包括未来的情况；第三，"生活水平"往往是指财富、服务、舒适度和物质产品的有机结合，这些对个体生活至关重要，在Brüggen 等所做的定义中，除了当下的生活水平，还囊括了个体期望的生活水平，即人们对自己生活质量的期望；第四，财务自由也是该定义的核心内涵之一，指的是人们在支付或选择必需品时不会感到压力。如前所述，依据Sirgy 等的前期研究，当个体基于现实评价生活以及物质主义获取成功维度有可能激发经济动机，对生活满意度，尤其是预期的未来生活满意度有提升作用。Khenfer（2022）的研究发现，当突出物质意识或想法时，财务素养信息会降低美国消费者的财务乐观水平，进而增加其储蓄意图；相反，在阿拉伯消费者群体中，当突出物质意识或想法、提升财务乐观水平时，财务素养信息反而会促进其消费。

既有研究从自我决定理论、目标达成视角和溢出视角探讨了物质主义对个体主观幸福感（亦称"享乐幸福感"）乃至意义幸福感的破坏作用。然而，财务幸福感作为一般幸福感重要预测指标之一（指的是个体对能否维持当前和预期的理想生活水平和财务主观感知），它与物质主义获取成功（即是否以物质财富的多少来衡量个人的成功与失败）维度息息相关。依据Sirgy 等的前期研究，物质主义有可能激发个体的经济动机，进而对生活满意度，尤其是预期的未来生活满意度有提升作用。因此，即使物质主义对员工幸福感有贬损作用，但物质主义（尤其是成功维度）与财务幸福感的关系仍值得探讨，二者之间存在正相关的可能。

从物质主义与工作绩效的关系上看，如今的企业总在为创造一个健康的工作场所做着不懈努力，健康的工作场所是"人们运用他们的天赋和才能取得最大的成就，获得最大满足和幸福的地方"。那么，持有物质主义价值观或金钱、财富之类的外部物质目标，究竟是会促进、提升，还是会阻碍、降低一个员工的工作绩效呢？一方面，物质主义所推崇的目标同组织情境中追求的某些目标（如企业利润、企业声誉等）是一致的，物质主义或许对工作绩效有积极影响。例如，前面提到Deckop等（2015）的研究，除关注了物质主义与积极或消极组织行为之间的关系，还发现物质主义和员工任务表现（task performance，由同事给予他评）存在正向但不显著的相关性（相关系数为0.24）；类似地，Zhang等（2020）强调"养家糊口"的家庭动机，对努力工作、拼命赚钱有激励作用，但换来的代价是工作本身意义和创造性的丧失。另一方面，在学校情境中的研究证据表明，"物质至上"的孩子，努力学习的动机是外部的，即追求更高的学业成绩和表现，以得到肯定和认可，而不是出于丰富自身知识储备的目的。换位思考，若回归至组织情境中，是否存在这样的可能：员工接受企业培训，是出于想被领导和同事认可的目的，而非真正想提升自己的专业技能。除此之外，即便物质主义可能对员工工作的努力程度和绩效表现有激励和促进作用，但最终付出的代价颇高，如低创造性、高职业倦怠感和工作-家庭冲突。

第六节　组织文化与组织成员物质主义的交互作用

探究物质主义与结果变量的关系时，既往研究倾向于认为二者关系（物质主义→后果）强度较为恒定。例如，如前所述，大量关于物质主义与幸福感的研究中，自我决定理论成为主要理论依据之一。自我决定理论认为，人类的基本心理需求包括自主需求、胜任需求、关系需求，它们是个体幸福体验的重要基石；物质主义过于强调外部目标，如金钱、外表、地位的追求，会削弱上述三种基本心理需求的满足程度，进而破坏幸福感和心理健康。除自我决定理论，自尊的权变结构理论也认为，个体在自我评价时，对不同特定领域表现的依赖程度是不同的，物质主义的本质意味着个体过度依赖于物质成功这一标准，对自身的整体自我价值进行评判，往往带来低水平的幸福感和自尊。Gu等（2018）在中国情境下探讨物质主义与个体、区域性亲环境态度和行为时指出，重视内在价值和目标的个体更加注重环保，但是，随着物质主义水平的提升，个体关注的重心逐渐由内在目标向财富、地位等外部目标转移，导致对环境保护的忽视。换言之，物质主义对个体幸福感、自我意识乃至行为造成伤害的根本原因，并非源于个体对物质的追求，而在于个体将物质成功这一目标的优先级置于其他生活目标之上，所以这种伤害是负向且恒定的。

然而，环境匹配理论却对上述观点提出了挑战。环境匹配理论强调，物质主义对个体影响的强弱，取决于个人与所属环境之间价值观的一致性：在一致的环境中，个体有更多机会表达价值观、实施计划和实现目标，更容易感受到来自其他成员的欢迎、支持和青睐；相反，处于不一致环境中的个体，可能更害怕被孤立、更担心被开除、也更容易遭遇内部价值冲突。环境匹配理论暗示着个体所属群体和环境将是物质主义与后果之间的调节变量：个体在价值观匹配的环境中更加幸福，并且更倾向于作出与环境要求相一致的行为。

关注环境调节效应的实证研究较少，且存在以下两个特点。一是，结论不一致。Dittmar 等（2014）的元分析研究中，通过对收集到的独立研究进行编码、分析后发现，若被试来自一致环境中，则物质主义对个体幸福感的负性影响的确较小。然而，实证研究中又存在不一样的证据：Jiang 等（2016）对某学院的大一新生进行纵向追踪后发现，学院环境会影响学生的物质主义发展速度，但并不会调节物质主义与主观幸福感的关系。二是，实践价值相对较弱。Dittmar 等（2014）的元分析基于独立研究中被试的人口统计学信息（如国家、地域等），依据世界价值观调查（world values survey）和 Schwartz 的相关理论和统计，进行了二次编码；Jiang 等（2016）关注的是学生所处的学院文化。无论国家文化还是学院文化，相比组织文化都是较难改变的，从而削弱了研究发现的实践意义。

员工个人价值观和组织价值观之间的拟合程度是否会影响个体物质主义水平和结果变量之间关系的强弱？自我决定理论预示着物质主义对个体幸福感、自我意识乃至行为造成伤害是恒定的，环境匹配理论则暗示着个体所属群体和环境将是物质主义与后果变量之间的权变因素：个体在价值观匹配的环境中更加幸福，并且更倾向作出与环境要求相一致的行为。因此，组织物质主义是否具备杀伤力，或许有两种可能。其一，无论员工所处的企业环境和文化如何，高水平的物质主义均会导致其较低水平的一般自尊和组织自尊，以较少的组织绿色环保行为和更多为换取利益而从事的不道德行为。其二，当组织的物质主义文化水平较高时，员工的自我、幸福感将受到保护，同时，更有可能减少绿色行为（即与组织文化相背离的一类行为）、增加亲组织不道德行为（即与组织文化相一致的一类行为）。

第七节　本章小结

本章聚焦组织情境中的物质主义，从界定、研究焦点和发现、风险因素、破坏力、积极影响及组织文化与组织成员物质主义的交互作用等层面展开探讨。

首先，物质主义的定义涵盖人格、目标、价值论等视角，学术界更倾向于将物质主义界定为组织或成员强调物质财富重要性的价值观，其本质与组织追求经济利益的核心目标相契合。

其次，组织中存在诱发物质主义的多重风险因素，如物质主义组织文化通过社会化过程与员工个体价值观相互作用和渗透，社会经济地位较低者因资源匮乏更易滋生物质主义，不确定感或工作不安全感带来的压力也可能促使员工将物质追求视作心理补偿。

再次，物质主义的破坏力体现在多方面。一是个体层面，其通过削弱基本心理需求、引发社会比较等降低幸福感，损害自尊，且与亲环境行为呈负相关——物质主义者的价值观与环保、社会和谐等存在冲突，制约可持续发展。二是工作层面，高物质主义的员工更易对工作不满，存在减少积极职场行为（如组织公民行为）、增加消极职场行为（如反生产力行为）倾向，且物质主义的影响可能从工作领域溢出至员工个人家庭、加剧工作-家庭冲突。三是组织层面，物质主义可能导致组织不道德行为、损害组织声誉，如企业为追求利润忽视商业伦理、影响企业社会责任水平。

从次，物质主义也存有潜在积极意义，如激发个体成就动机以促进经济发展，其工具性价值可帮助个体构建身份认同、应对不确定感等。

最后，物质主义的影响并非恒定，受组织文化与成员价值观匹配度调节——环境匹配理论。该理论指出，当个体与组织的物质主义倾向一致时，或缓解物质主义的负面影响；当两者冲突时，则加剧心理不适，如在强调社会责任的企业中，高物质主义员工有身陷角色矛盾的可能。

基于此，未来需要关注伴随数智化转型产生的新兴风险，如数字身份"炫耀"引发的物质主义，以及跨文化差异，如集体主义文化中物质主义与组织利益的结合可能强化不道德行为。在实践中，组织可通过塑造积极向上价值观、提供心理安全感降低物质主义水平，员工则需要建立多维成功标准，平衡物质追求与内在需求，以减少物质主义的负面影响，构建更健康的组织生态。

课后思考

1. 数智化转型时代下，组织情境中还有哪些诱发物质主义的风险因素？
2. 组织情境中物质主义的影响可能存在哪些跨文化差异？
3. 组织和员工如何采取措施降低物质主义水平？
4. 组织和员工如何采取措施减少物质主义的伤害？

第十章
参考资料

第十一章

工作与家庭平衡

本章目标

　　学习完本章后，你应该能够：

　　·了解工作与家庭平衡的含义。

　　·列出本章讨论的主要工作-家庭的理论。

　　·描述每一种工作-家庭理论是如何解释工作行为的。

　　·比较和对比几种主要的工作-家庭理论。

当你的孩子生病需要紧急就医，而此时你所在的企业又有一个需要你通宵才能完成的紧急任务时，你应该如何作出艰难的抉择？当你已经两周没有时间陪孩子读绘本、逛公园，但手头上的工作却源源不断时，你应该如何平衡工作和家庭的需求？

在现代社会，工作和生活之间的平衡变得异常艰难。每个人都要在不同角色中承担各种来自社会和家庭的职责，既是企业中的管理者或被管理者，又是家中的父母或子女，身负众多义务和责任。这些复杂的角色，给我们的工作和生活带来了各种压力与挑战。

中国传统文化对人们工作与家庭的观念有着深远影响。中国人非常重视家庭，但在处理工作与家庭之间的关系时，往往难以达到恰当的平衡。随着竞争加剧和工作压力增加，长时间的工作日、加班文化和通勤时间的增加，使得工作和家庭之间的界限变得越来越模糊，让人们感到无法平衡和疲惫不堪。根据国际劳工组织2019年的报告，全球约有35.4%的劳动者每周工作时长超过48小时的标准工时。在批发和零售业，这一比例更是高达48.8%。一项调查显示，超过40%的受访者表示经常加班，而超过20%的受访者表示每周加班超过10个小时。这种困境不仅对个人造成身心压力，同时也对家庭关系和整个社会产生不利影响。因此，现代社会急需关注和解决工作与家庭平衡的问题，为个人提供更好的支持和资源，以实现健康、充实和有意义的生活。

在本章中，我们将首先介绍工作与家庭平衡的含义，探讨工作与家庭之间的冲突和促进因素，并深入讨论工作与家庭平衡的重要性及其对个人和组织的影响。其次，我们将详细阐述相关理论，以帮助读者更好地理解相关概念。最后，我们将提出一系列实用的建议和策略，帮助个人和组织实现更好的工作与家庭平衡。

自20世纪90年代以来，全球化浪潮席卷了职场，带来了职场文化的巨大变革。长时间的工作导致了员工出现心理健康问题。与此同时，女性在劳动力中所占比例不断上升，传统的"男主外，女主内"的工作-家庭模式正在发生转变，出现了双职工模式、单亲工作模式等多样化的家庭结构。（Greenhaus et al., 2018）

在中国，随着企业不断融入全球化进程，"996"等长时间工作的模式正日益盛行，员工的工作时长和工作强度明显增加，工作压力加大。（聂伟，风笑天，2020）根据国家统计局的数据，2023年全国企业的就业人员的周平均工作时长高达49小时。与此同时，经济合作与发展组织（OECD）的统计数据显示，排名榜首的哥伦比亚人一年的平均工作时长达到2405小时，而上班时间最少的德国人一年的平均工作时长仅为1341小时。如果按一年52周计算，中国人一年的平均工作时长高达2548小时，比哥伦比亚人高出近6%，是德国人的将近2倍。

超负荷的工作时长不仅会导致员工身心疲惫，也会严重影响员工家庭生活，引发工作-家庭冲突。（Virtanen et al., 2011）随着两孩政策的放开和人口老龄化趋势的加剧，中国家庭结构和责任也发生了深刻变化。（Ji et al., 2020）这意味着越来越多的年轻员工需要同时承担照顾儿童和老人的责任，在工作与家庭之间寻求平衡变得更加艰难。研究发现，工作与家庭失衡会导致员工出现焦虑、抑郁等心理健康问题，并增加其缺勤和离职的概率。（Ahuja et al., 2007）

这些问题都警示我们必须提高对工作与家庭平衡的重视程度。只有政府、企业和个人共同努力，才能切实改善当前的工作与生活失衡状况，促进社会的可持续发展。

第一节　工作与家庭平衡的含义

近年来，人们对工作与家庭平衡的研究兴趣激增，并产生了许多概念来解释这两个主要生活领域之间的关系。一些学者提出了工作与家庭平衡的定义，具体内容如下。

Greenhaus 等(2003)提出工作与家庭平衡是指一个人在工作角色和家庭角色中平等地参与并同样感到满意。这与 Marks 和 Macdermid(1996)对工作与家庭平衡的定义是一致的。Greenhaus 等认为工作与家庭平衡由时间平衡、参与平衡和满意度平衡三个关键要素组成。第一，时间平衡，投入工作角色和家庭角色的时间相等；第二，参与平衡，对工作角色和家庭角色的心理参与程度相等；第三，满意度平衡，对工作角色和家庭角色的满意度水平相等。

然而，这一定义受到了质疑，Kalliath 和 Brough（2008）强调了个人对平衡的主观感知的重要性，而不仅仅客观地衡量每个领域所花费的时间和满意度，并认识到这些感知可能会随着生活优先级的变化而变化（即角色显著性）。例如，一个高度敬业的员工可能会长时间工作，而用于非工作活动的时间较少。但是，他们并不认为这种角色的"不平等"会带来任何不利后果。也就是说，他们可能仍然认为自己的生活是"平衡的"，因为他们喜欢自己的工作，自愿地选择长时间工作，并且也喜欢参与非工作活动（虽然所花时间的比例较小）。

Valcour（2007）提出了工作与家庭平衡满意度的概念，其指的是由于成功地处理多重角色（工作角色与家庭角色）而产生的积极评价所带来的满意或满足感。也就是说，工作与家庭平衡不仅仅是一个客观状态，更重要的是个人对此状态的主观感受和评价。只有当个人对自己的工作与家庭平衡感到满意和幸福时，他才算是真正达成了工作与家庭平衡。这与 Brough 等（2014）的观点一致，他们强调将工作与家庭生活平衡定义为个人对其工作与非工作活动以及生活之间一致性的主观评价。

工作与家庭平衡并非仅仅关注工作和家庭生活所花费的时间比例。更重要的是关注个人对这些角色的主观感知和承诺，其本质特征在于，员工能够成功地"导航"或履行自己在工作角色和非工作角色（家庭角色）之间的共同承诺，而不仅仅关注在这两个领域投入的时间比例。工作与家庭平衡是由工作满意度、家庭满意度、工作功能、家庭功能和角色冲突等多个综合因素组成的。（Brough et al., 2014; Siu, 2013; Siu et al., 2023）Brough 等（2014）通过关注工作与家庭之间的积极和消极关系来完善工作与家庭平衡的概念。他们开发了一种新的四项工作与家庭平衡测量方法。工作与家庭的平衡对个人的身心健康、家庭关系和职业发展至关重要，它有助于减轻工作压力，提高工作效率和满意度，同时增强家庭的凝聚力和幸福感。个人需要学会设定合理的界限，拒绝过度的工作压力，为自己留出时间和空间来满足个人和家庭的需求。

同时，组织在支持员工实现工作与家庭平衡方面扮演着重要的角色。（McCarthy et al., 2013）通过提供灵活的工作安排、健康的工作环境和政策支持，组织可以帮助员工更好地管理和整合工作与家庭责任，从而提高员工的工作满意度和参与度，增强员工的工作绩效和忠诚度。

总的来说，工作与家庭平衡是个人在职业需求和个人生活需求之间达到的一种平衡状态。这种平衡对个人和组织都具有重要意义，可以对身心健康、家庭幸福和职业发展等产生积极影响。

第二节　工作-家庭冲突

成人生活的两个重要领域是工作与家庭。然而，这两个领域的角色期望并不总是兼容的，从而造成了工作与家庭之间的角色冲突。工作-家庭冲突是指个人在工作角色和家庭角色之间遇到的矛盾和冲突情况。这种冲突表现为在工作角色和家庭角色之间分配时间、精力和资源时，其中一个角色的需求和责任可能与另一个角色相冲突，导致个人在满足两个角色需求时面临困难和压力。工作角色与家庭角色之间的冲突可分为两种形式，即工作-家庭冲突（work-family conflict，WFC）和家庭-工作冲突（family-work conflict，FWC）。（Netemeyer et al., 1996）

工作-家庭冲突（WFC）往往源于工作方面的要求、投入时间和压力，干扰了个人履行家庭责任。例如，长时间加班、繁重的工作任务以及因工作压力导致的疲劳，可能会使个人无法在家庭中投入足够的时间和精力，从而影响其家庭责任的履行。（Byron, 2005）

家庭-工作冲突（FWC）则是源于家庭方面的要求、投入时间和压力，干扰了个人履行工作责任。例如，家庭事务、照顾家人需求或处理家庭紧急情况，可能会要求个人提前离开工作岗位、在工作时间内分心处理家庭事务，从而影响工作的执行和专注度。（Zhang et al., 2012）

WFC和FWC代表了不同方向上的角色冲突，这些冲突可能导致个人在工作与家庭之间难以平衡，产生压力和不满。

一、工作-家庭冲突的类型和预测因素

（一）以时间为基础的冲突（time - based conflict）

时间冲突是指个人在工作与家庭两个角色之间分配有限的时间资源时遇到的困难与冲突。这种冲突来自这两个角色都存在诸多需求和责任，但个人的时间资源却有限，无法完全满足各方需求。（Greenhaus & Beutell, 1985）

在工作方面，个人可能需要投入大量时间和精力来完成工作任务、满足工作要求和应对工作压力。这可能包括长时间的工作、加班、处理紧急任务、参加会议等。这些工作要求可能会占据个人的时间，使其难以在家庭角色中投入足够的时间和精力。

在家庭方面，个人可能有家庭责任和事务需要处理，如照顾子女、陪伴伴侣、参与家庭活动、做家务等。这些家庭角色的需求同样需要时间和精力，但由于工作的时间要求，个人可能无法充分投入家庭。

这种时间冲突会给个人带来压力和焦虑。个人可能感到无法在工作与家庭之间取得平衡，觉得时间不够用，无法满足双方的需求和期望。在工作方面，时间冲突可能导致工作效率下降、任务延迟和工作质量下降。在家庭方面，时间冲突可能导致与家人的关系紧张、家庭活动的缺席和家庭成员的不满。

（二）以角色为基础的冲突（role - based conflict）

角色冲突是指个体在不同角色中所面临的期望和要求之间的不一致，从而导致困惑和冲突。每个角色都有其独特的权利、职责、期望、规范和行为方式。（Kopelman et al., 1983）然而，这些角色之间的期望并不总是一致的，可能存在冲突点。

举个例子，假设一个人在工作中扮演着领导者的角色，需要作出决策、指导下属并保持权威。然而，当这个人回到家庭中扮演父母的角色时，家庭成员可能期望他更加平

等和合作，而不是过分强势。在这种情况下，他可能会面临角色冲突，因为在这两个角色中采用相同的威权主义互动风格可能会导致家庭关系的紧张和不和谐。角色冲突还可能出现在其他角色之间，如职业角色和个人角色之间、家庭角色和社交角色之间等。每个角色都有其独特的期望和行为规范，当这些期望之间存在冲突时，个人可能会感到困惑和压力。

（三）　以压力为基础的冲突（strain‐based conflict）

压力冲突是指个人在一个角色中面临的压力或困难会传递到另一个角色中。（Ten Brummelhuis & Bakker, 2012）具体来说，当个人在工作角色中经历压力、困扰或不适时，这种负面情绪和经历可能会影响到其在家庭或个人生活角色中的表现和体验，反之亦然。

压力冲突可能会导致一系列负面影响，包括情绪紧张、焦虑、疲劳和抑郁等。这是由于负面情绪在不同角色之间传递或溢出，从而对个人的整体幸福感和生活质量产生负面影响。（Sanz‐Vergel et al., 2012）例如，如果一个人面临着工作上的高压力和挑战，他可能会感到情绪低落、焦虑和疲劳。这些负面情绪可能会影响其在家庭中的表现，导致与家人的关系紧张、缺乏参与感。同样地，如果个人在家庭生活中遇到问题或冲突，这些问题或冲突可能会影响他在工作角色中的专注力、动力和效率。

二、工作‐家庭冲突导致的后果

工作-家庭冲突可能对家庭、工作和健康产生一系列后果（图11-1）。在工作方面，工作-家庭冲突可能降低工作满意度（Grandey et al., 2005）、降低工作绩效（Nohe et al., 2014）、限制职业发展机会以及增加员工流失率（Lu et al., 2017）等。在家庭方面，工作-家庭冲突可能导致家庭关系紧张、父母与子女关系受影响等。（Ford et al., 2007; Matthews et al., 1996）而对健康而言，工作-家庭冲突可能加重健康问题，如引发疲劳、失眠、酗酒等问题，以及增加心理健康问题，如抑郁症等的风险。（Allen et al., 2000）因此，个人需要寻找适当的平衡方式来处理工作与家庭之间的冲突，包括合理安排时间、寻求社会支持，以及采取健康的应对策略等。

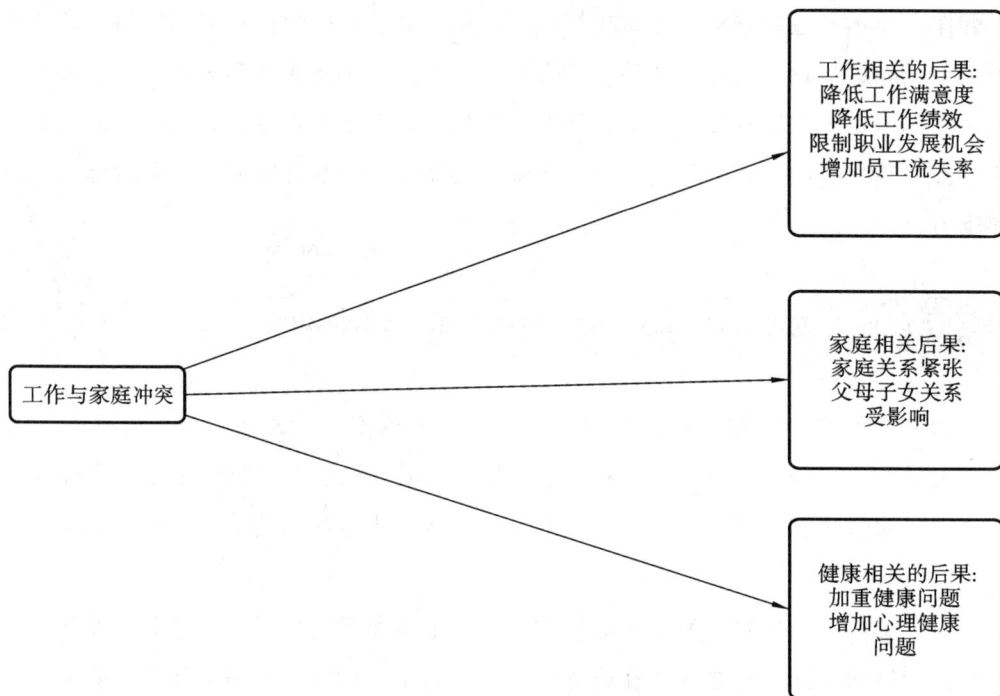

图 11-1 工作-家庭冲突的后果

第三节 工作-家庭促进

一、工作-家庭促进的含义

工作-家庭促进是指个人在工作与家庭这两个生活领域的双向互动和参与，参与其中一个领域可以带来一系列收益，如个人发展、情感支持、资源积累或效率提升等，这些收益有助于增强个人在另一个生活领域的功能和表现。（Wayne et al., 2007）

该定义包含三个核心组成部分：参与度、收益和增强功能。

参与度是指个人投入工作与家庭相关活动的程度。它很重要，因为个人行为是工作-家庭促进的基础。通过积极参与某个生活领域，个人能够获得各种有助于另一个生活领域运作的利益和收获。

收益主要包括四点内容。其一，发展收益，即技能、知识、价值观或观点的获得；其二，情感收益，即情绪、态度、信心等方面的改变；其三，资本收益，即经济、社会或健康资产的获得；其四，效率收益，即注意力的增强或多重角色责任带来的效率提升。当在一个领域获得的上述收益转移到另一个领域，并随后增强后者的基本功能时，就会发生促进作用。

增强功能指的是改善那些对领域性能至关重要的基本过程，如问题解决或人际沟通。

总之，工作-家庭促进的三个核心组成部分协调互动，有利于促进工作与家庭这两个领域之间的积极联系。

二、工作对家庭的促进因素

（一）工作时间

灵活的工作时间安排允许员工根据个人需求和家庭责任调整自己的工作时间。这可以包括非传统的工作时间模式，如弹性工作制、部分时间工作、远程办公等。这种灵活性使员工能够更好地平衡工作与家庭需求，有助于减少时间冲突和压力。（Russell et al., 2009）

（二）决策自由度

决策自由度是指在工作环境中能够自主作出决策的程度。（Karasek et al., 1979）增强决策自由度有利于缓解工作-家庭冲突（Billing et al., 2014），从而对工作与家庭之间的促进作用产生积极影响。增强决策自由度对工作和家庭之间的促进作用主要体现在以下几个方面。首先，决策自由度可以提供灵活性和平衡，使个人能够更好地安排工作时间和家庭时间，满足双方的需求。其次，决策自由度可以提高个人的自主性和责任感，带来满足感和成就感，并促进积极的家庭互动。再次，决策自由度有利于个人的职业发展，通过参与决策过程和承担更多责任，个人可以积累知识和技能，改善家庭的经济状况。最后，决策自由度有利于提高工作满意度，减少工作压力，使个人能够把更多的精力和时间集中在家庭事务上。因此，增强决策自由度可以在工作与家庭之间产生积极的促进作用。

不同的领导风格对工作、家庭也有不同的影响。例如变革型领导风格，变革型领导风格是一种强调激发员工潜力、鼓励创新和发展的领导风格。（Hammond et al., 2015）在家庭支持方面，变革型领导者通过赋予员工自主性和灵活性、提供个人发展机会、倡导团队合作和支持以及使用激励和奖励措施等方式，积极促进员工在工作与家庭之间取得平衡。（Syrek et al., 2013）首先，他们鼓励员工参与决策和解决问题，赋予他们更多的自主权和灵活性，使员工能够根据个人需求和家庭责任合理安排工作时间和工作形式。（Major & Morganson, 2011）其次，他们注重员工的发展和成长，提供培训、学习和职业发展机会，帮助员工提升能力和技能，减少工作对家庭的冲突。再次，他们倡导团队合作和共享愿景，鼓励员工相互支持和帮助，创造积极的工作环境，有效减轻员工的工作压力，使他们能够更好地平衡工作与家庭责任。（Munir et al., 2012）最后，变革型领导者使用激励和奖励措施来鼓励和认可员工的工作表现，增强员工的工作动力和满意度，有助于他们在工作和家庭之间取得平衡。（Kovjanic et al., 2012）总的来说，变革型领导风格通过多种方式积极促进员工在工作与家庭之间的平衡，提高员工工作满意度和生活质量。

除了以上因素之外，还有其他因素同样可以对工作与家庭之间的促进作用产生积极影响，如工作社会支持、工作安全感、薪酬等。

三、 家庭对工作的促进因素

工作塑造这一术语最早由 Wrzesniewski 和 Dutton（2001）提出，他们将工作塑造定义为个人在工作任务或关系边界内作出的身体和认知变化。从这个角度来看，员工可以通过三种类型的塑造来修正工作身份，增强工作意义，即任务塑造、关系塑造和认知塑造。任务塑造（Hur et al., 2017）包括改变工作中所完成任务的数量、范围或类型，如承担更多自己感兴趣的任务，从而改变工作任务边界。关系塑造（Ghitulescu, 1994）是指主动改变工作中的人际互动，如计算机技术人员通过向同事提供帮助来拓展与更多同事的联系。认知塑造（Geldenhuys et al., 2021）则涉及改变个人对工作的构思和看法，比如医院保洁将工作视为治病救人，而不仅仅是打扫卫生。

Tims 等（2012）根据工作要求-资源理论（Bakker & Demerouti, 2007），将工作塑

造定义为员工为平衡工作要求和资源与其能力和需求而作出的改变。通过主动优化工作要求和增加工作资源，个人能够更恰当地将自己的工作角色与自己的才能、偏好和抱负相匹配。Tims 等确定了工作塑造的四个不同维度：第一，增加结构性工作资源（如增加个人发展机会等）；第二，增加社会性工作资源（如向上司征求反馈意见等）；第三，增加具有挑战性的工作要求（如承担额外任务等）；第四，减少阻碍性工作要求（如确保工作在情感上不那么紧张等）。

这两种理论观点都表明，员工可以扩大（如通过增加更多任务或关系等）或缩小（如通过减少工作量等）他们的工作和角色。

Petrou 等（2012）将工作塑造定义为主动的员工行为，包括寻求资源、寻求挑战和降低要求三个维度。这与 Tims 等的观点一致，但是在 Petrou 等的研究中并没有区分结构性工作资源和社会性工作资源，而是把这两种资源归纳在一起。

无论是哪一种定义，通过工作塑造，员工可以主动参与塑造和改善他们的工作环境，以更好地满足个人需求和目标。这种积极主动行为有助于提高员工的工作满意度，从而对工作与家庭平衡产生促进作用。（Yeşilkaya & Yıldız, 2023）

（二）工作投入

工作投入被定义为一种积极的、有成就感的与工作相关的心态，其特点是活力、奉献和专注。（Bakker, 2011）活力是指工作时精力充沛。奉献则意味着全身心投入工作，体验到工作带来的意义、热情、灵感、自豪感和挑战感。专注则表明一个人能专注且愉快地投入自己的工作，时间在不知不觉中流逝。

根据双路径模型（Greenhaus & Powell, 2006），工作投入与工作-家庭促进之间存在积极关系。工作中的知识、技能和各种资源可以直接提高家庭角色中的绩效。高度敬业的员工通常具有强烈的工作认同感，意识到工作的意义和价值，并乐于接受挑战，相信通过工作可以不断学习和成长。这种高度敬业的员工更容易将工作中获得的知识、技能和各种资源转移到家庭领域，并在家庭角色中更好地应用。此外，根据双路径模型，高度敬业的员工通常具有活力、精力充沛和快乐的心情。这种积极情绪可以在工作中蔓延，并影响到家庭领域，促进家庭角色的发挥，进而增强家庭领域的积极情绪。

除了以上因素之外，还有其他因素同样可以对家庭与工作之间的促进作用产生积极影响，如核心自我评价（core self-evaluations）、个性特征（personality traits）和情绪劳动（emotional labor）等因素。

第四节　工作－家庭理论

一、边界理论

个人的工作和家庭生活是交织在一起的，并且一直相互影响，最重要的是个人如何在工作和家庭角色之间划清界限，并在两者之间进行过渡，以实现工作与家庭的平衡。

边界理论（boundary theory）强调通过创造、保持和改变边界，个人能够简化和分类他们所处的世界。（Ashforth et al., 2000）这有助于降低工作和个人生活之间的冲突，提高工作满意度和生活质量，同时增强个人的适应能力和应对复杂环境的能力。边界理论认为在个人生活中的工作和非工作方面存在着心理、身体或行为上的界限。这些边界划定了工作领域和非工作领域之间的区别，使它们成为相互独立且有所不同的领域。（Allen et al., 2014）个人在管理工作和个人生活之间的界限时，可以通过分割领域或整合领域的过程来实现。（Clark, 2000）

分割领域是指个人将工作和个人生活划分为独立的领域，努力保持它们之间的边界清晰明确。这意味着在时间、空间和心理上划定明确的分界线，使工作和个人生活之间的冲突和干扰减至最低。个人可以设定明确的工作时间和个人时间，确保在每个领域都有专注和充分的投入。

整合领域是指个人试图将工作和个人生活融合在一起，使它们相互支持和协调。在这种情况下，个人努力在工作和个人生活之间寻找平衡与和谐，将它们视为一个整体。个人可以寻找工作中的个人意义和满足感，将个人价值观和目标融入工作中，或者在工作中融入个人兴趣和价值。

个人可以根据自身需求和偏好选择分割领域或整合领域的策略。有些人更倾向于保持工作和个人生活的分离，以避免冲突和压力；而另一些人则更倾向于将工作和个人生活融合在一起，以获得更大的整体满意度。

无论是分割领域还是整合领域，关键是个人需要意识到自己的需求和限制，并采取相应的行动来管理工作和个人生活之间的界限。这可能包括设定明确的工作时间、制定个人优先事项、寻求支持和协助等措施，以确保工作和个人生活的平衡和健康。

二、角色理论

角色理论（role theory）认为：工作角色和家庭角色源于他人的期望，以及被认为适合特定职位（如下属、配偶等）的行为；工作和家庭领域都包含多重角色，个体在社会中扮演多个角色，有多重身份。（Kahn et al., 1964）例如，在工作中扮演员工的角色时，个体可能需要遵守组织的规定和完成特定的工作任务；而在家庭中扮演父母的角色时，个体可能需要提供关爱和支持。

角色理论强调角色是一定社会身份所期待的特定行为方式及其内在的态度和价值观。角色期望是指社会对处于特定角色的个体在行为方式和认知态度方面的期待。（Shiwu Huang, 2016）社会中的个体扮演多个角色，每天都会转换多次角色。然而，如果个体不能同时满足对其有意义的多种角色期望，就会产生角色冲突。

角色冲突是指个体在不同角色之间无法同时满足对其有意义的多种角色期望的情况。（Kopelman et al., 1983）例如，工作角色和家庭角色之间的期望可能存在冲突，导致个体感到压力和困惑。角色冲突可以包括角色压力、冲突、模糊、过载和时间要求等。

角色理论可以帮助我们理解不同角色之间的冲突和互动，以及如何在不同角色之间实现平衡。在工作与家庭平衡研究中，角色理论可以用来解释角色期望不一致导致的冲突，以及如何通过角色整合来应对这些冲突。在面对角色压力时，个体可能会屈服于压力，导致资源流失和工作-家庭冲突。（Michel et al., 2011）

因此，角色理论提供了一种理解个体在工作和家庭中扮演多重角色时面临的挑战，并探讨如何应对角色冲突以实现平衡。

三、溢出理论

溢出理论（spillover theory）基于这样一种观念，即从工作领域到非工作领域的经验存在"延伸"，也就是认为个人对工作领域和非工作领域的社会经验的感知实际上是无边界的。（Wilensky, 1960）个人在工作领域中的经历、情感和资源可以扩展到非工作领域，对个人在非工作角色中的行为、情感和绩效产生影响。同样地，个人在非工作领域中的经历、情感和资源也可以溢出到工作领域，并影响个人在工作角色中的行为、情感和绩效。这种观点强调了工作领域和非工作领域之间的相互关系和互动性。个人的经验和情感并不受限于特定的领域，而是在不同领域之间流动和延伸。这种无边界的感知使得工作领域和非工作领域之间的交互作用成为可能，从而影响个人的整体生活体验和绩效。工作领域和非工作领域（即工作与家庭）之间是存在相互关联和相互影响的复杂关系，其两者关系可以通过工作与家庭之间积极的溢出和消极的溢出来理解。

（一）积极的溢出

积极的溢出指的是个人在一个领域中的积极经历、情感和资源对另一个领域产生积极的影响。（Poelmans et al., 2008）例如，一个人在工作领域中获得的成就感、满足感和自信心可以溢出到家庭领域，提升家庭生活的满意度和幸福感。同样地，家庭角色中的积极经历和情感，如家庭支持和温暖的家庭氛围，也可以积极地溢出到工作领域，提升工作绩效和工作满意度。

（二）消极的溢出

消极的溢出指的是个人在一个领域中的负面经历、情感和压力对另一个领域产生消极的影响。（Grzywacz & Marks, 2000）例如，工作上的压力、冲突和不满可以溢出到家庭领域，导致家庭关系紧张、不和谐。同样地，家庭角色中的负面经历和情感也可以溢出到工作领域，影响工作绩效和工作满意度。

积极的溢出和消极的溢出反映了工作领域和家庭领域之间的相互作用和影响。它们强调了工作和家庭之间的平衡和互补的重要性。积极的溢出有助于个人在不同领域中获得积极的体验和资源，提升整体生活质量。相反，消极的溢出可能导致负面的影响和冲突，对个人的生活和绩效产生不利影响。为了实现健康的工作与家庭平衡，需要关注并引导积极的溢出，同时采取措施来减少消极的溢出。这可能包括制定灵活的工作安排、提供支持性的工作环境和家庭政策，以及培养有效的应对策略和沟通技巧，以促进工作领域和家庭领域的积极互动。

四、丰富理论

Sieber（1974）提出了丰富视角，即参与多个角色或角色积累为个体提供了各种资源，这些资源可以被个体在不同的角色表演中利用。Greenhaus 和 Powell（2006）提出了工作-家庭丰富化的概念，这是体现工作和家庭积极互动机制的一种方式。他们将工作-家庭丰富化定义为一个角色的经历改善另一个角色生活质量的程度。这意味着一个领域（工作或家庭）中的积极经历和资源可以对另一个领域（家庭或工作）产生积极影响，从而提高该领域的生活质量。

　　Carlson等（2006）进一步描述了工作-家庭丰富化的双向和多维概念。丰富可以双向发生，既包括工作对家庭的丰富，又包括家庭对工作的丰富。工作提供了财政或其他资源收益，使人们能够支持和更有效地处理家庭问题。同时，家庭提供了情感支持或其他资源收益，缓冲工作带来的压力，从而提升个人在工作领域的能力。通过工作-家庭丰富化，个人能够在不同领域中获得积极体验和资源，并提高整体生活质量。这种双向的丰富化有助于实现工作和家庭之间的平衡和互补。

　　Greenhaus和Powell（2006）开发了一个工作-家庭丰富过程的理论模型，以提供对积极的工作-家庭联系的更完整的理解。该模型确定了：五种有能力促进工作-家庭丰富的工作和家庭资源；制定了两种机制或路径；提出了几个调节变量，这些变量决定了一个角色中的资源最有可能丰富另一个角色中的生活质量的条件。

　　图11-2说明了角色A（工作或家庭）的经历如何提高角色B（家庭或工作）的生活质量。该模型指出了参与角色所产生的五种资源：技能和观点、心理和生理资源、社会资本资源、灵活性，以及物质资源。技能指的是一系列与任务相关的认知和人际关系技能、应对技能、多任务处理技能，以及从角色经验中获得的知识和智慧。观点涉及感知或处理情况的方式，如尊重个体差异，重视文化背景差异，理解他人的问题等。简而言之，工作和家庭经历可以扩展一个人的"世界观"。心理和生理资源包括积极的自我评价，如自我效能感和自尊。这些资源还包括个人韧性、对未来的积极情绪（如乐观和希望等），以及身体健康。社会资本资源是指通过社会联系和社会关系所获取的资源。灵活性指的是在满足角色需求的时间、进度和地点方面拥有自主决定权。物质资源包括从工作和家庭角色中获得的金钱和礼物等。

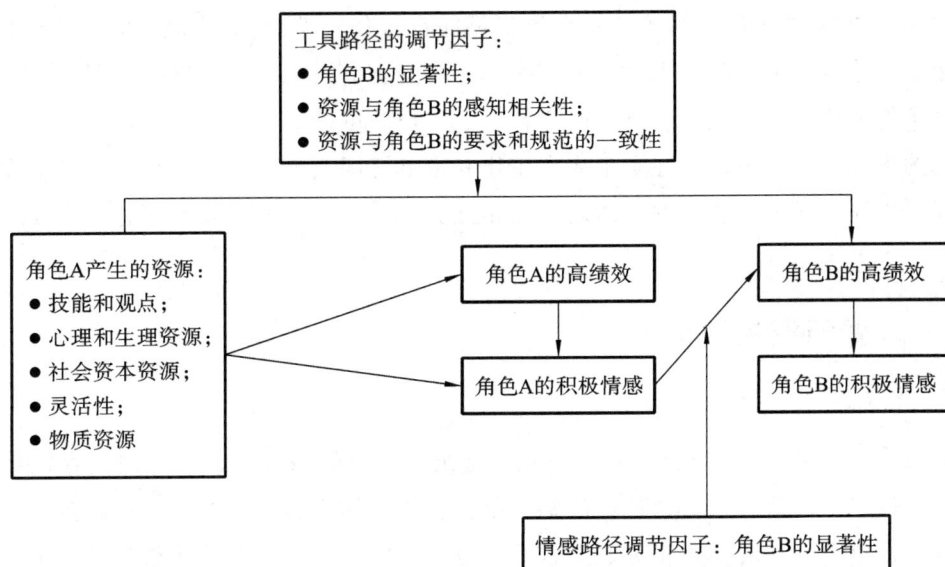

图11-2　工作-家庭丰富化模型

该模型规定了两种路径，通过这两种路径，角色A中产生的资源可以促进角色B中的高绩效和积极情感。一方面，资源可以直接从角色A转移到角色B中，从而提高角色B中的绩效。与Hanson等(2006)一致，我们将其中一种路径称为工具路径，因为资源的应用对另一个角色的绩效具有直接的工具效应。另一方面，在角色A中产生的资源可以促进角色A中的积极情感，而这种积极情感反过来又会在角色B中产生高绩效和积极情感。由于这一过程是通过积极的情感效应来运作的，我们将这一路径称为情感路径。

五、 补偿理论

补偿理论（compensation theory）描述了个人在某一领域缺乏满足感时，会尝试在另一领域寻求补偿。工作场所和家庭生活实际上是同一环境的两个组成部分，二者之间存在着相互补偿的关系。工作和家庭生活是相互关联的，它们可以互相弥补，即一个领域中的负面经验可以通过另一个领域中的积极经验来得到补偿。（Lambert, 1990）

补偿理论提出了两种形式的补偿效应：工作对家庭的补偿和家庭对工作的补偿。（Rincy & Panchanatham, 2014）

在工作对家庭的补偿中，个人可能会在家庭生活中遇到问题，但可以通过在工作中获得满足感和回报来弥补这种缺失。例如，一个人可能在家庭中面临家庭纷争或压力，导致他在家庭生活中感到不满意。然而，他可以通过在工作中投入更多的时间和精力来寻求成就感和认可，以弥补他在家庭生活中可能缺乏的满足感。他可能会追求更高的职业目标，从工作中获得成就感，并将工作作为满足感和自我价值的来源。相反，在家庭对工作的补偿中，个体可能会在工作中经历负面经历，但可以通过在家庭生活中获得积极经验来弥补这种不满。例如，一个员工可能在工作中遇到高压和竞争，感到压力很大。然而，他可以通过与家人共度美好时光、享受家庭团聚来补偿这些负面经历。家庭生活给予他情感上的满足、支持，以弥补他在工作中可能缺乏的满足感。

总的来说，补偿理论描述了个人在工作和家庭之间通过寻求补偿来满足需求和欲望的过程。它强调了工作和家庭生活之间的相互关系，并提出了不同形式的补偿效应。

六、 资源流失理论

资源流失理论（resource drain theory）指出，家庭领域和工作领域之间存在负相关关系，即任何个人资源在一个领域的消耗都会减少可用于另一个领域的资源数量。这一理论强调，资源（如时间、精力、金钱等）是有限的，从一个领域转移到另一个领域会导致原始领域的可用资源减少。（Morris & Madsen, 2007）

当资源（如时间、精力、金钱等）在特定领域不足时，这将会产生压力和倦怠感。（Frone，2003）也就是说，当我们在某个领域耗尽了资源，而该领域的需求仍然存在时，我们可能会感到压力和负担。这种情况下，我们可能无法满足工作、家庭和个人生活的各种需求，导致情绪紧张、身心疲惫和焦虑感增加。长期处于这种状态可能会对身体健康和心理健康产生负面影响。此外，资源流失效应也可能产生倦怠感。当我们在某个领域长时间投入大量资源，而收益或回报相对较少时，我们可能会产生倦怠感和失去动力。这种倦怠感可能来自工作、家庭或其他领域。工作倦怠感表现为对工作任务的不满、意志消沉和工作动力下降，从而影响工作绩效和工作满意度。类似地，家庭倦怠感表现为对家庭责任的抵触情绪、家庭关系的疲劳和对家庭活动的兴趣减退。（Grawitch et al.，2010）

了解资源流失效应对于管理个人和平衡工作与家庭之间的关系至关重要。我们应该明白资源是有限的，不可能无限地投入某个领域而不影响其他领域。因此，合理分配和管理资源变得十分关键。这可能包括优化时间管理、设定优先级（Allen et al.，2013）、寻求支持和帮助、培养自我关爱的习惯等。平衡资源的使用有利于减轻压力和降低倦怠感，提高个人的幸福感和综合生活质量。

第五节　如何实现工作与家庭的平衡

一、基于员工的角度

（一）确定优先级并设定界限

确定工作和个人生活中重要任务和责任的优先级。为家庭和个人活动设定明确的界限，避免过度承诺或承担超出你能力范围的工作。（Ezzedeen & Zikic，2017）

（二）有效的时间管理

培养有效的时间管理技能，优化生产力，为工作和家庭合理分配时间。可以科学使用日历、计划器（如待办事项清单等）或数字应用程序等工具来安排和组织任务，确保时间的平衡分配。（Roberts，2008）

（三） 授权和寻求支持

学会在工作和家庭中授权任务和责任。寻求家庭成员、朋友等支持，分担工作量，为工作和家庭活动创造更多时间。（Matias et al., 2017）

（四） 与主管沟通

主动与主管沟通工作和家庭需求，诚实地表达困难和担忧，并探讨可行的解决方案，如工作时间调整、任务分配等，寻求理解，这有助于工作与家庭的平衡。（Talukder, 2019）

（五） 充分利用工作生活计划和福利

探索和充分利用企业提供的工作生活计划和福利，如育儿假、灵活的工作时间或健康计划。（Gray & Tudball, 2003）了解并利用现有资源，促进工作与家庭的平衡。

（六） 练习自我照顾

优先练习自我照顾活动，这对减少压力、保持整体健康至关重要。可以参加各种活动来达成这一目标，如锻炼、学习放松技巧、发展兴趣爱好，或与亲人朋友共度美好时光等。（Petrou & Bakker, 2016）

（七） 建立支持网络

与家人、同事、朋友或社区团体保持密切联系，让他们理解你面临的困难。可以与这些支持者分享你的经历和烦恼，向他们寻求建议。同时也要主动向那些成功平衡工作与家庭的人学习，了解他们的管理技巧等。（Hammer et al., 2005）

（八） 定期评估和调整

持续评估你的工作与家庭状况，并根据需要作出相应的调整。定期检查你的优先事项、责任和目标，确保它们与你期望的工作与家庭平衡保持一致。如果有必要，要主动

作出改变，以达到更加健康的工作与家庭平衡。（Zito et al., 2019）

二、 基于组织的角度

（一） 灵活的工作安排

实施灵活的工作安排，如灵活的时间表、远程办公等。这些安排使员工能够更好地履行他们的工作和家庭责任，从而增加了工作与家庭的平衡。（Masuda et al., 2012）

（二） 支持性组织文化

培养一种重视工作与生活平衡的文化，支持员工将工作角色和家庭角色整合起来。鼓励开放的沟通，提供资源和支持系统，促进工作与生活的融合。（Lee & Choi, 2019）

（三） 员工援助计划

提供咨询服务、儿童保育援助、老年人护理支持和其他资源，帮助员工有效地管理他们的工作与家庭需求。（Brough & O'Driscoll, 2010）

（四） 管理支持和培训

与员工就工作与家庭的平衡问题进行公开对话，并提供适当的管理支持和培训。（Behson, 2005）

（五） 角色示范

组织的领导者和主管应该积极地为工作与家庭平衡树立榜样。当管理者自身优先考虑工作与生活的融合，并在组织内营造健康的工作-家庭文化时，就能为员工提供一个积极的示范，员工就能从中获得启发和动力，更好地实现自己的工作与家庭平衡。（Braun & Peus, 2018）

（六） 定期评估和反馈

持续评估工作与家庭平衡计划的实施效果，可以通过员工调查、焦点小组讨论或其他反馈渠道，收集员工的宝贵意见，以此评估计划的有效性。并根据反馈结果，及时调整和完善相关政策及措施。（Talukder，2019）

第六节　本章小结

本章主要探讨了工作与家庭平衡的概念、冲突和促进因素，以及相关的理论和实践方法。

工作与家庭平衡是指在工作与家庭之间实现一种平衡状态，使个人能够满足工作与家庭的需求，并减少冲突和压力。在工作-家庭冲突方面，介绍了两种类型：工作对家庭的冲突和家庭对工作的冲突。工作对家庭的冲突发生在工作要求和家庭责任之间存在冲突的情况下，而家庭对工作的冲突则是由家庭要求和工作要求之间的不协调引起的。这些冲突可能基于时间、角色和压力等因素产生，对个人的幸福感、家庭关系和工作绩效产生负面影响。相对于冲突，工作-家庭促进是指工作和家庭之间的积极互动和相互促进。本章介绍了工作对家庭的促进和家庭对工作的促进，促进的因素包括决策自由度、领导风格、工作塑造和工作投入等。

本章还介绍了几个与工作与家庭平衡相关的理论。边界理论强调了个人在工作和家庭之间建立和管理边界的重要性，以避免冲突和不协调。角色理论关注个人在工作和家庭中扮演的角色，并研究这些角色对工作与家庭平衡的影响。溢出理论认为工作与家庭之间的经历、情绪和资源可以相互影响，从而影响个人的幸福感和工作与家庭平衡。丰富理论强调了工作和家庭之间的积极互动，通过提供资源和支持来增强个人的幸福感和提高其满意度。补偿理论指出个人可以在工作和家庭之间进行权衡和补偿，以实现整体上的满足和平衡。资源流失理论提醒个人需要合理分配和管理资源，以避免资源的耗竭和不平衡。

最后，分别从员工和组织的角度，介绍了一些实现工作与家庭平衡的方法。

课后思考

Divad 担任一家大型跨国公司的高级经理。他在职场上表现非常出色，经常加班并承担着重要的项目。然而，随着时间的推移，Divad 开始感受到工作与家庭之间的冲突。Divad 已经结婚并有两名年幼的孩子。他的工作要求经常需要他在晚上加班或出差外地，这导致他无法参与孩子的日常生活和家庭活动。他经常错过孩子的重要时刻，如学校活动、家庭聚餐和庆祝活动等。这让他产生了内疚和失落感，他意识到自己在家庭角色中的缺席。

此外，Divad 的工作压力也开始对他的家庭生活产生影响。他经常带着工作的压力回家，无法完全放松和享受家庭生活。他发现自己在家中常常心不在焉，无法全身心投入。这给他与配偶和孩子的关系带来了紧张和疏离感。Divad 面临着工作与家庭之间的冲突，他渴望找到一种平衡的方式，既能在工作中取得成功，又能在家庭中扮演积极的角色。他需要面对工作要求和家庭责任之间的挑战，以实现工作与家庭平衡，并提高他和家人的生活质量。

结合以上案例，请思考以下问题。

1. Divad 在工作和家庭之间面临的主要冲突是什么？

2. 这些冲突对 Divad 的个人生活和职业发展有什么影响？

3. 你认为 Divad 可以采取哪些措施来实现更好的工作与家庭平衡？

4. 你认为企业和组织如何能够支持 Divad 及其他员工实现工作与家庭平衡？

第十一章
参考资料

第十二章

睡眠与工作

本章目标

　　　　学习完本章后，你应该能够：

　　　　·了解睡眠的周期及生物节律，熟悉常见的睡眠活动及其测量
　　　　方式。

　　　　·深入剖析睡眠活动的影响因素及作用后果。

　　　　·理解失眠的病因学分析，学会使用失眠的认知行为疗法。

睡眠对人们的身心健康至关重要，它是身心恢复、整合记忆以及保持生物钟正常运作的基石。良好的睡眠不仅有助于强化免疫系统，保持心脏健康，同时能减轻压力和焦虑。尤其是在深度睡眠阶段，身体会自主进行组织生长、细胞修复和激素调节，这些过程对于维持日常生理和认知功能是必不可少的。长期缺乏睡眠会严重影响个体的情绪稳定性、记忆力和判断力，甚至增加各类慢性疾病的风险。另外，优质的睡眠还能提升幸福感，同时减少工作失误和事故。因此，保证充足的睡眠时间和提高睡眠质量，是保持身心健康和工作活力的重要策略。

中国睡眠研究会与华为运动健康联合发布的《2024中国居民睡眠健康白皮书》指出，我国居民整体睡眠质量欠佳，平均夜间睡眠时长为6.75小时，平均入睡时间为零点，呈现出普遍的晚睡现象。易醒、入睡困难是主要的睡眠困扰。考虑到睡眠的重要性以及我国居民睡眠现状，本章以睡眠健康为主题，内容主要包括睡眠周期及生物节律，睡眠活动的概念与测量，睡眠活动的影响因素及影响效果，以及失眠的病因分析干预。

第一节　睡眠周期及生物节律

个体的睡眠结构周期大致分为两个时期：非快速眼动睡眠期（non-rapid eye movement sleep，NREMS）和快速眼动睡眠期（rapid eye movement sleep，REMS）。NREMS又包括四个不同的子阶段，如图12-1所示。

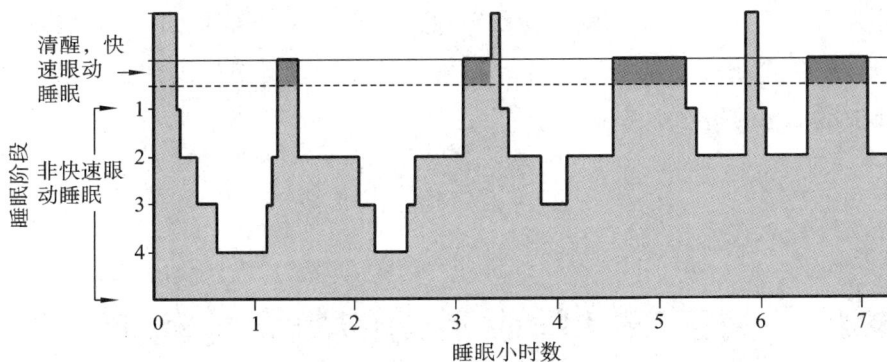

图 12-1　睡眠周期示意图

图片来源：劳伦斯·J.爱泼斯坦,史蒂文·马顿.如何睡个好觉：哈佛医学院睡眠指导书[M].杜芯宁,译.北京：机械工业出版社,2019.

（1）阶段一是个体从清醒进入浅睡的过渡过程，大约会持续5分钟，脑电波以混合波为主。此时，呼吸速率下降、肌肉放松，意识下沉；人会慢慢失去对自己周围环境的感知，但依旧对外界刺激保持高度敏感，很容易被唤醒。

（2）阶段二仍为浅睡眠阶段，会持续25分钟左右；此时心率和呼吸频率会继续变慢，体温降低，开始正式睡眠。

（3）阶段三和阶段四合起来被称为深度睡眠阶段，或慢波睡眠；此时大脑对外界刺激的反应变得迟钝，会出现较多低频的德尔塔波，因此不易被唤醒。同时，心率、呼吸速率、体温以及大脑活动速率都会跌至最低点。我们的身体会得到充分的放松和休息，生长激素分泌，身体组织生长、细胞修复。如果在这个时候被唤醒，会需要较长时间才能恢复精气神。

经历前四个阶段后，人体会再次进入短暂的第三和第二阶段，接下来便会进入一个神奇的第五阶段，即快速眼动睡眠阶段，又被称为梦眠期。在快速眼动睡眠阶段，我们的大脑会高速运转，脑波迅速改变，出现与清醒状态时相似的高频率、低振幅脑波；同时眼睛会在闭合的眼睑后面快速前后转动，呼吸会变快，心率会增加，体温调节功能减弱，做梦常发生在此阶段。从入睡到次日醒来，快速眼动睡眠阶段持续时间越来越长，而深度睡眠阶段持续时间会逐渐减少。非快速眼动睡眠和快速眼动睡眠交替出现一次为一个睡眠周期。完整的睡眠周期平均为90分钟，正常成年人一晚上会有5~6个周期。

我们的大脑中存在一个生物钟，可以对日常睡眠和清醒的规律进行管理。现有证据表明，这一内在生物钟位于大脑下丘脑的视交叉上核（SCN）。这一群细胞是下丘脑的一部分，控制着一些生理特征的起伏，包括体温、血压、激素、消化液以及睡眠和清醒的时刻。此外，大脑中积聚的化学物质也会规律地调整我们的睡眠-清醒节律。黄昏后，褪黑素从松果体释放至血液，浓度上升，产生"睡眠压力"。一旦睡眠开启，褪黑素的浓度会逐渐降低；当清晨的阳光透过眼睛进入大脑，松果体会关闭褪黑素的释放。随着褪黑素的缺乏，大脑和身体也会收到信号，即睡眠结束。

总体来看，正常成年人的睡眠-清醒节律会呈现出双峰模式，即睡意最高峰发生于清晨时分。第二个小高峰发生在12个小时之后，也就是下午中段，这种双峰模式是传统午睡或午后小憩的生物学基础。

第二节　睡眠活动的概念与测量

睡眠是伴随机体活跃度减弱而出现的一种生理状态（Siegel, 2005），有助于生理和心理机能的重新组织与恢复。良好的睡眠活动由多个指标组成，具体如下。

一、 睡眠质量和睡眠时间

在职业健康心理学与组织行为学的研究中，睡眠活动的相关研究主要聚焦于睡眠质量和睡眠时间。睡眠质量是一个复杂的概念，既包含与睡眠相关的定量成分，如夜醒次数，又包含个体的主观评价，如入睡困难程度（林梦迪等，2018），是一个评价睡眠有效性的综合性指标。睡眠时间是指个体处于睡眠状态的持续时间，一般成年个体每晚的理想睡眠时间为7～9个小时。（National Sleep Foundation，2009）值得注意的是，既有研究证据表明，睡眠质量和睡眠时间是不同的。（e.g.，Cappuccio et al.，2010）个体的睡眠时间越长，但并不代表睡眠质量越好，可能出现易醒和多梦的情况。元分析的结果也表明睡眠质量和睡眠时间的相关度只有0.16。（Litwiller et al.，2017）

目前，对睡眠质量和睡眠时间的测量有两种主要方式：主观测量和客观测量。主观测量主要是量表自评。匹兹堡睡眠质量指数（Buysse et al.，1989）适用对象广泛，评定内容全面，是目前使用最广、权威性最高的测量工具。该量表包括七个维度：主观睡眠质量、入睡时间、睡眠时间、睡眠效率、睡眠障碍、催眠药物和日间功能障碍。该量表既可整体使用，又可选择部分维度单独使用。

睡眠质量和睡眠时间的客观测量可在一定程度上弥补自评量表的不足（社会赞许性、应试动机以及反应倾向）。比如，多导睡眠监测（polysomnography，PSG）可以监测个体整夜的睡眠状态，通过记录呼吸情况、脑电图、眼电图、血氧饱和度等对睡眠质量和相关疾病进行客观、科学的评估和诊断，是目前国际上诊断睡眠疾病的"金标准"。肢体活动记录仪的工作原理建立于睡眠-觉醒周期之上，通过记录运动状态和运动量来推算睡眠时间。"睡眠帽"（nightcap）则可通过监测眼睑和身体运动感应来区别清醒阶段、非快速眼动睡眠阶段和快速眼动睡眠阶段。睡眠质量和时间的主、客观测量均有一定的优势和局限性，应根据实际情况综合考虑使用场景。

二、 失眠

失眠（insomnia）作为一种典型的睡眠障碍，是指个体尽管具有充足的睡眠机会与环境，但在睡眠起始、持续、巩固阶段或睡眠质量方面仍存在持久性障碍与困难。（American Academy of Sleep Medicine，2014；史健，龙立荣，2018）《精神障碍诊断与统计手册(第五版)》指出，失眠的主要症状有入睡和维持睡眠困难、早醒且无法再入睡；次日感觉疲劳、脾气暴躁、注意力不集中或其他功能受损。其中，超过3个月的失眠是慢性失眠，未超过3个月的失眠为急性失眠。Jenkins等（1988）开发的失眠问卷，既可以适用于临床样本又可应用于个体日常失眠研究，包括入睡困难、难以持续睡眠、过早清醒、夜间睡眠中途多次醒来与正常睡眠后疲惫不堪等内容。

三、 睡意

一般认为睡意（sleepiness）是指睡眠缺乏，睡眠时间短或睡眠质量差引发的有强烈睡眠愿望的心理及生理活动。（Mullins et al., 2014; 李宏利, 2017）睡意也是个体对睡眠的渴望，反映了生理需求的一种稳态，与口渴或是饥饿相当。（Dement & Carskadon, 1982）但睡意不仅是一种生理需求，也是一种适应性表现。睡意的主观测量工具主要有Epworth嗜睡量表（John, 1990）和Standford嗜睡量表（Hoddes et al., 1973）。

四、 睡眠剥夺

睡眠剥夺（sleep deprivation）是由个体睡眠时间不足而引起自身功能减弱的状态（Barnes & Hollenbeck, 2009），在医务工作者、消防员及货车驾驶员等一系列具有高负荷、需要轮班制的职业领域中较为常见。根据剥夺程度的不同可将其区分为急性睡眠剥夺和慢性睡眠剥夺。急性睡眠剥夺一般表现为连续37小时保持清醒的状态，而慢性睡眠剥夺则是指在连续两周内，每晚睡眠时长被限制在6小时以内的状态。（史健，龙立荣, 2018）根据剥夺时长的不同可将睡眠剥夺区分为全部睡眠剥夺和部分睡眠剥夺。全部睡眠剥夺是指至少一夜缺失睡眠所引发的清醒状态，而部分睡眠剥夺则是由针对性间断或缩短睡眠时长所造成的状态，如1天内睡眠时长少于5小时。（Pilcher & Huffcutt, 1996）既往研究者会操纵睡眠时长并通过主观测量和客观测量来对睡眠剥夺进行操作检验。（史健，龙立荣, 2018）

五、 睡眠拖延

睡眠拖延（bedtime procrastination）是一个相对较新的概念，Kroese等（2014）将拖延行为引入睡眠领域，提出了睡眠拖延的概念。睡眠拖延是指个体没有受到客观因素干扰，可以自由安排就寝的时间，但却习惯性地推迟预先安排的就寝时间的行为。Kroese等（2016）提出了睡眠拖延行为的三条判定标准，即延迟就寝时间、缺乏正当的拖延理由以及可预见的糟糕后果。就其测量方式，Kroese等（2014）发展了一个测量睡眠拖延的量表，马晓涵等（2021）对其进行了中文版的修订。诸多研究表明睡眠拖延行为是导致普通人群睡眠不足的重要原因。

六、 睡眠时型

睡眠的昼夜／生物节律是睡眠领域的研究重点之一，也称睡眠-清醒节律。睡眠时型（chronotypes）与个体的昼夜／生物节律密切相关，是指个体对自身睡眠-清醒节律上的主观偏好，主要包括清晨型、中间型和夜晚型。清晨型的个体喜欢早睡早起，清晨时的状态最佳，也被称为"百灵鸟"；夜晚型的个体倾向于晚睡晚起，下午或者晚上的状态最佳，因而被形象地称为"猫头鹰"。大部分个体处于这两个类型中间，属于中间型。清晨型-夜晚型量表（morningness‐eveningness questionnaire，MEQ）是测量睡眠时型的常用工具。该问卷具有良好的心理测量学特征，已被译为多种语言版本。

第三节　睡眠活动的影响因素

一、 人口统计学信息

既有研究证据表明，人口统计学变量和生活习惯与个体的睡眠活动存在不同程度的相关关系。在年龄方面，相较于年轻人，老年个体的入睡时间会提前，总体睡眠时间会变短，夜醒次数增加。与此同时，老年个体也更容易被外部刺激唤醒，深度睡眠时间会减少。（Mander et al., 2017）元分析研究结果显示，相较于男性，女性失眠的频率较高（Zeng et al., 2020；Zhang et al., 2006），且女性的睡眠-清醒节律更倾向于清晨型（Randler, 2007）。几项元分析研究结果指出，无论是青少年还是成年人，过度肥胖、超重或BMI指数偏高的个体的睡眠质量会更差，睡眠时间会更短。（Fatima et al., 2015, 2016；Wu et al., 2014）另外，喜欢喝咖啡的个体总体睡眠时间会减少。（Gardiner et al., 2023）

二、 人格特质

人格特质也能在一定程度上预测个体睡眠活动的好坏。比如，特质性负性情感较丰富的个体通常对负面事件反应更强烈，会经常进行情感反刍，并担心未来工作中可能发生的事情，因而睡眠质量会更差。（Litwiller et al., 2017）与正常个体相比，工作狂个体的睡眠问题会明显增多，如清晨疲倦、开车时睡觉及睡眠质量较差。（Salanova et al., 2016）正念特质较高的个体能聚焦当下，不过度回忆过去，也不过度关注未来，睡眠质量相对较好。（Allen & Kiburz, 2012）此外，黑暗人格中的马基雅维利主义、心理病态与睡眠问题存在高相关关系。（Sabouri et al., 2016）自我控制水平较低的个体更难以抵御诱惑，容易推迟睡觉时间，表现出睡眠拖延行为。（游志麒等，2020）

三、 工作特征

工作特征也是影响个体睡眠活动的核心要素。工作要求-控制-支持模型（job demand-control-support model）是解释工作特征影响个体健康和幸福感的核心理论框架。工作要求是一系列与工作相关的工作负荷或工作压力源，如时间压力、未完成的工作任务、角色冲突和角色模糊等。高工作要求对睡眠质量具有破坏作用，个体承担的工作任务越多，晚上的睡眠质量越差；未完成的工作任务会导致个体出现情感反刍，进而引起失眠。（Syrek et al., 2017; Syrek & Antoni, 2014）工作场所远程压力（使用电子设备在家办公）也会在一定程度上影响个体的睡眠质量。（Barber & Santuzzi, 2015; Lanaj et al., 2014）工作控制也称决策自由度，指的是个体在工作中拥有多少自主权、能在多大程度上使用自己的技能，以及对工作流程的控制能力。工作控制感较强的个体可以通过改变工作环境和工作程序来缓解紧张情绪，其睡眠质量也会更好。（Litwiller et al., 2017）工作支持涉及来自同事、上司和组织的帮助、支持和反馈，是一个重要的心理社会因素。工作支持越多，个体的夜间睡眠质量便越高。此外，也有研究指出工作特征和睡眠质量互为因果关系，高要求及低控制的工作环境会影响个体的睡眠，导致入睡困难及睡眠难以持续；而持续性的睡眠困扰又会影响未来的工作特征。（Törnroos et al., 2017）

四、领导者相关因素

领导者行为也是预测个体睡眠问题的重要变量。作为组织的代言人，领导具有控制工作资源分配与奖惩员工的权力，从而对员工的身心健康和工作产生直接或间接的影响。研究发现，领导者表现出的家庭支持型行为可以显著改善个体的睡眠质量，减少与睡眠相关的损伤。（Sianoja et al., 2019）与此相反，领导者频繁地剥削会负向影响员工的睡眠质量。（Barber et al., 2017）领导者的辱虐管理行为（如呵斥、否定及贬低等）会让员工产生心理压力进而导致失眠。（Rafferty et al., 2010）此外，关心员工睡眠情况、鼓励员工改变睡眠环境和习惯，提供睡眠相关支持等也是睡眠型领导力（sleep leadership）的典型表现，对于提高员工睡眠质量、减少睡眠剥夺也有一定的促进作用。（Gunia et al., 2015）

五、 社交媒体软件使用

随着信息技术的发展，社交媒体软件（如抖音、微信等）广泛进入个体的工作和生活，成为影响个体睡眠活动的重要因素。既有研究指出，冲动性使用社交媒体软件会影响个体的睡眠质量，从而导致睡眠问题。（Tandon et al., 2020）若使用社交媒体软件成瘾还会导致睡眠剥夺。（Rasheed & Saba, 2023）睡前在床上过度使用社交媒体软件的个体更容易失眠，睡眠时间也相对较少。（Bhat et al., 2018）

第四节　睡眠活动的影响效果

一、 情绪和认知

睡眠活动的好坏首先会影响个体的情绪和认知。在情感层面，睡眠不足的个体的抑郁症的发病率显著高于睡眠正常的个体（Nakata, 2011）；即使是面对低强度的压力，睡眠不足的个体也会表现出高水平的焦虑与愤怒情绪（Minkel et al., 2012），更容易表现出敌意情绪。睡眠质量与积极情感状态存在显著的正相关关系，即个体晚上的睡眠质量越好，其次日早晨的积极情感越多。（McGrath et al., 2017）

睡眠活动还会影响个体的认知功能。睡眠剥夺或睡眠质量不佳会减少个体的恢复机会、增加认知疲劳和睡意，进而促使员工难以集中注意力，记忆水平减退并影响信息加工过程。（李宏利，2017）睡意还会导致消极情绪增加、积极情绪减少，以及通过减少对杏仁核的抑制性输入进而导致情绪识别受损。（Mullins et al., 2014）员工的睡眠质量还会影响领导者感知，睡眠质量越好的员工较少表现出敌意情绪，因此领导者对其的评价也会更高。（Guarana & Barnes, 2017）

二、 健康、工作态度和绩效

个体睡眠活动的远端结果变量涉及一系列的身心健康和幸福感、工作态度、工作行为和绩效。

（一） 身心健康和幸福感

睡眠活动对个体的身心健康具有重要影响。个体睡眠质量越好，焦虑、抑郁和压力水平就越低。（Litwiller et al., 2017）一项元分析指出，睡眠障碍、失眠和噩梦会显著增加个体的自杀意念、自杀企图和自杀行为。（Pigeon et al., 2012）较差的睡眠质量也会导致慢性和急性工作疲劳。（Querstret & Cropley, 2012）睡眠缺乏会增加皮质醇的分泌，而皮质醇在抑郁和躁狂形成的过程中具有重要作用。（Holsboer, 2001；杨佳琳等，2015）此外，睡眠不足还会导致心血管炎症，增加肥胖风险。（Spaeth et al., 2013）有失眠症状的个体其心理和主观幸福感也都会较低。（Hamilton et al., 2007）

（二） 工作态度

睡眠活动可在一定程度上预测个体的工作态度。个体的睡眠质量会影响个体早晨起床后的情绪，从而可以预测其一整天的工作态度。（McGrath et al., 2017；Kühnel et al., 2016）当个体睡眠质量较好的时候，其工作满意度也会更高。（Barnes et al., 2013）睡眠质量不佳或失眠可能在一定程度上增加员工的离职倾向。（Brossoit et al., 2020; Litwiller et al., 2017）

（三） 工作行为和绩效

睡眠剥夺或睡眠质量不佳直接影响个体的工作产出。睡眠是自我控制资源进行恢复和补充的重要过程，因此会影响个体日间工作的资源需求。当个体拥有充足的睡眠时，次日的精力也会比较充沛，继而会更积极主动地工作，任务绩效表现更好。（Schmitt et al., 2017）值得注意的是，相较于睡眠时间，睡眠质量与工作绩效的关系更大。（Henderson & Horan, 2021）个体因失眠和休息不好可能导致无法有效执行工作中要求的安全行为，从而导致工作场所事故和身体伤害的发生。（Kao et al., 2016; Uehli et al., 2014）睡眠质量差的个体为了减少自我控制资源的进一步损耗，会在工作场所中滥用资源，出现不专注和不道德工作行为。（Wagner et al., 2012; Barnes et al., 2011）存在睡眠问题的员工也更易缺勤（Sivertsen et al., 2009），较少表现出组织导向的组织公民行为（Barnes et al., 2013）。睡眠被部分剥夺的领导者会表现出较少的魅力型领导行为，同时表现出较多的辱虐管理行为。（Barnes et al., 2015）

综上所述，睡眠与工作相关研究的理论框架如图12-2所示。睡眠活动可通过多种主客观指标进行评价。睡眠活动会受到多种因素的影响，包括人口统计学信息、人格特质、工作特征、领导因素以及社交媒体使用。睡眠活动的好坏会优先影响个体的认知和情绪进而影响个体的身心健康、幸福感、工作态度以及行为和绩效。

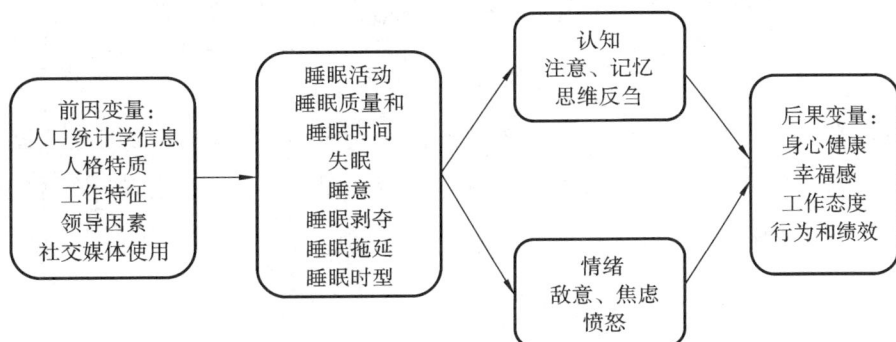

图 12-2　睡眠活动的前因与后果

第五节　失眠的病因分析及干预

一、失眠的病因学理论——3P模型

睡眠领域的知名学者亚瑟·斯皮尔曼教授提出的"3P模型"（图12-3）是目前关于慢性失眠最被广泛引用的病因学理论。第一个"P"是指易感因素（predisposing factor），涉及一系列产生失眠的个体特质，如年龄、性别、焦虑倾向、完美主义、神经质、敏感性、情绪压抑等。第二个"P"是指诱发因素（precipitating factor），涉及一系列导致失眠发生的生活事件。失眠易感个体在经历负性或正性生活事件时，更容易出现失眠症状。如果把易感因素看成是先天不足，那诱发因素就属于后天失调，两者同时出现，极其容易发展为短期失眠。第三个"P"是指持续因素（perpetuating factor），涉及一系列让短暂的失眠延续成为长期失眠的因素。通常来说，当诱发因素消失后，郁闷、焦虑、不安这些消极情绪也逐渐变淡，失眠也会随之消失。然而，因熬夜、玩手机、赖床、长期使用药物等持续因素的介入，有些个体的短期失眠可能会发展为长期失眠。

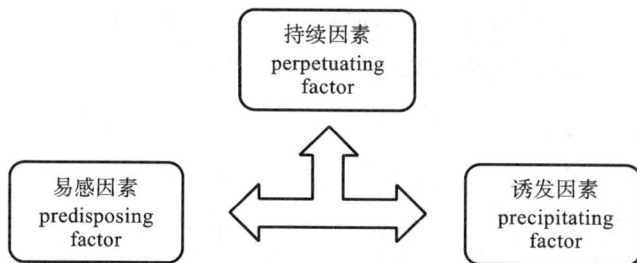

图 12-3　失眠的 3P 模型

易感因素决定了我们是否容易成为有失眠问题的人，但不见得会长期性失眠；诱发因素引发失眠的开始，但经常是短暂性的失眠；持续因素则会干扰睡眠，在诱发因素已经消失后仍然让失眠持续下去。

二、失眠的认知行为疗法

失眠的认知行为疗法（cognitive behavioral therapy for insomnia, CBT-I）是一种专门针对失眠问题的心理治疗方法，也是世界公认的、非药物治疗失眠的最佳方案。CBT-I 的短期治疗效果与药物相当，但长期疗效更为显著，且操作简单，适用于各年龄段的失眠人群。研究已然证明 CBT-I 对失眠严重指数、睡眠效率、睡眠质量、易醒次数等指标具有显著的改善效果。（van Straten et al., 2018; Reynolds et al., 2023）CBT-I 主张对"想法"和"行为"双管齐下，在致力于改变使睡眠问题长期存在的不合理信念和想法的同时，也强调纠正不良睡眠行为，以更好地改善适应不良的睡眠模式。认知疗法（cognitive therapy）涉及识别和改变影响睡眠的消极信念和想法，而行为治疗（behavioral therapy）则主张用促进睡眠的行为替代令个体夜不能寐的行为。CBT-I 主要涉及五个方面，即放松训练、睡眠限制、睡眠卫生、刺激控制和认知疗法，具体内容如图 12-4 所示。

放松训练
- 听舒缓音乐，想象放松；
- 腹式呼吸；
- 渐近肌肉放松；
- 穴位按摩

睡眠限制
- 计算睡眠效率＝（实际睡眠时间/卧床时间）×100%；
- 若睡眠效率＞85%，卧床时间增加10～15分钟，若睡眠效率＜80%，卧床时间减少10～15分钟

睡眠卫生
- 建立规律生物钟；
- 规律锻炼和进餐；
- 保证良好的睡眠环境，使用舒适的床上用品；
- 睡前两小时避免饮酒、吸烟、食入咖啡因

CBT-I

刺激控制
- 困倦时才上床，若无法入睡时，做其他的事情直到睡意来临再上床；
- 无论前一天晚上的睡眠时间多少，第二天早晨都在同一时间起床；
- 白天不能打盹，减少或不再午睡

认知疗法
- 保持合理的睡眠期望，不要把所有问题都归咎于失眠；
- 保持自然入睡，避免过度主观的入睡意图，避免强行要求自己入睡；
- 不要过分关注睡眠，培养对失眠影响的耐受性，不要为夜间睡眠时间不足而采取白天多睡的补偿心理；
- 改善对睡眠的预期焦虑、负性思维，不要因为一晚没睡好就产生挫败感；
- 减少在床上的反刍性思维，避免在床上胡思乱想

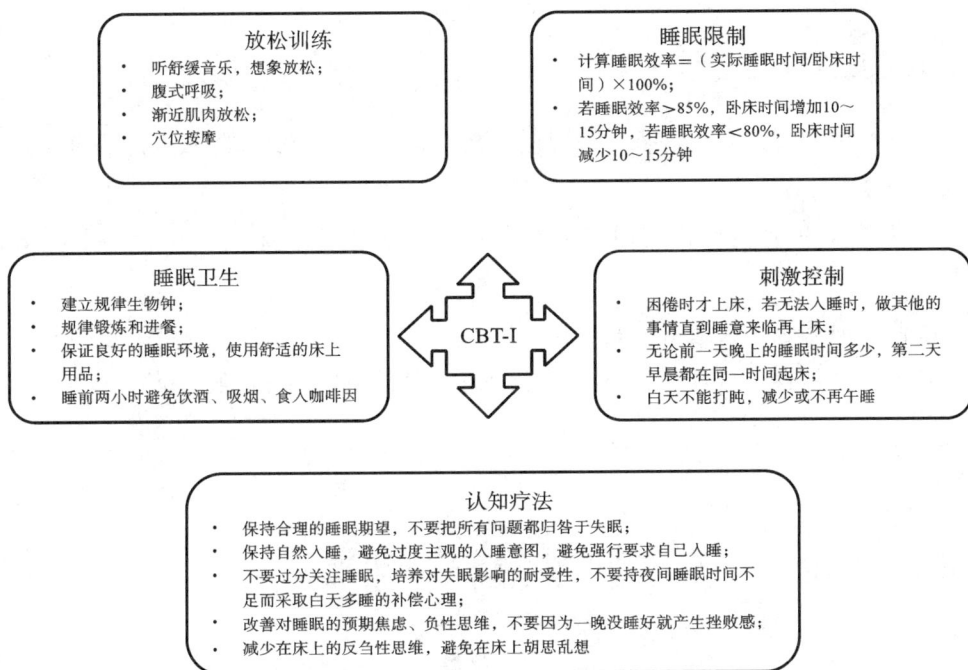

图 12-4 失眠的认知行为疗法（CBT-I）

第六节 本章小结

　　本章以睡眠健康为主题，对"睡眠与工作"这一核心命题进行了重点介绍。首先，睡眠周期及其生物节律构成了个体睡眠活动的生理学基础。多种睡眠指标则揭示了睡眠活动的丰富性和多样性。其次，睡眠活动受多重因素的影响，诸如人口统计学信息、人格特质、工作特征、领导者相关因素及社交媒体软件使用。最后，睡眠活动的好坏会通过影响个体的情绪和认知进一步影响其身心健康和幸福感、工作态度以及工作行为和绩效。

💡 **课后思考**

1.从睡眠周期来看，午休多长时间比较合适？上半夜的睡眠重要还是下半夜的睡眠更重要？

2.夜晚型和清晨型睡眠偏好的个体在日常的工作和生活中会存在哪些具体差异？

3.睡眠时间过长会造成哪些负面影响？

4.心理、社会、个性以及环境因素如何协同影响个体的睡眠活动？

第十二章
参考资料

第十三章
AI与人力资源

本章目标

　　　　学习完本章后，你应该能够：

　　　　·了解人工智能（AI）的概念和发展历程。

　　　　·了解AI对招聘、培训和发展计划的作用。

　　　　·了解AI对员工绩效评估和职业发展的影响。

　　　　·了解数字化时代下人才画像分析在人力资源管理中的关键
　　　　　作用。

人工智能（artificial intelligence，AI）的兴起标志着人类在自我解放与生产力提升方面的又一显著进步。在人力资源（human resource，HR）管理领域，AI技术的应用使得许多基础性、常规性以及量化性任务得以自动化执行。（Jia et al.，2024；王联英，2018）鉴于AI技术的演进趋势，一些观点认为AI将全面替代人力资源管理的所有职能，最终导致该行业的消亡。尽管AI的发展势头强劲且不可逆转，但AI对人力资源行业的积极影响，尤其是对基础岗位从业者，体现在能够将他们从烦琐、日常及技术含量较低的工作中解放出来，从而让他们有更多时间和空间去从事更具战略性、创造性和更有价值的工作。本章将讨论AI时代的人力资源管理，包括AI的基本介绍、人力资源的研究、AI与人力资源的规划、AI与人事招聘、AI时代的员工培训与发展、AI时代的赋能绩效管理和人才画像分析。

第一节　AI的基本介绍

人工智能（artificial intelligence，AI）是指由人造系统所表现出来的智能行为，自20世纪中叶以来逐渐发展成为当今科技领域的前沿技术之一。它致力于创建能够执行通常需要人类智能的任务的系统。（李德毅和于剑，2017）这些任务包括但不限于语言理解、学习、推理、问题解决、感知、运动和操作。

作为当代科技的前沿领域，AI涉及计算机科学、认知心理学、神经科学和哲学等多个领域，旨在创造能够执行复杂任务的智能系统，正深刻影响着社会的各个层面，尤其在人力资源管理中的应用日益广泛。本节将对AI的基本概念进行探讨。AI可以分为两大类：强人工智能（strong AI）和弱人工智能（weak AI）。强人工智能指的是具有自主意识和推理能力的机器，而弱人工智能指的是那些在特定领域内表现出智能行为但没有自主意识的机器。目前，大多数AI研究集中在弱人工智能上。（吴飞和李阳，2016）

一、AI的三大学派

AI领域的发展历史上，存在着三个重要的学派，它们各自具有独特的历史背景、特点和里程碑。这三个学派在AI的发展中各自扮演了重要角色，它们的方法和理念在不同的时期和应用场景中展现出各自的优势。随着时间的推移，这些学派之间的界限逐渐模糊，现代AI研究往往结合了多种方法，以解决更复杂的问题。

（一）符号主义

符号主义（symbolists）起源于20世纪50年代，是较早的AI学派之一，以1956年的达特茅斯会议为标志，这次会议聚集了多位AI先驱，包括马文·闵斯基、约翰·麦卡锡和艾伦·纽厄尔等。符号主义认为智能行为是通过对符号的操作和处理来实现的。它依赖于逻辑推理和知识表示，强调使用形式化的方法来模拟人类思维。与其他学派相比，符号主义更侧重于理性思考和逻辑推理，而不是感知或学习。艾伦·纽厄尔等开发了"逻辑理论家"（logic theorist）程序，能够证明数学定理；以及后来的"通用问题求解器"（general problem solver）。

（二）连接主义

连接主义（connectionism）的历史可以追溯到20世纪40年代，但直到20世纪80年代，随着并行分布处理（PDP）模型的提出，这一学派才真正得以兴起。连接主义基于人工神经网络，模仿人脑神经元的连接和交互方式。它强调通过大量简单单元的并行工作来处理信息。与符号主义不同，连接主义不依赖于显式的知识表达，而是通过学习从数据中提取模式。杰弗里·辛顿的相关研究，特别是反向传播算法的提出，为深度学习的发展奠定了基础。大型语言模型（large language models，LLM）就是连接主义原理在自然语言处理领域的具体应用。

（三）行为主义

行为主义（behaviorism）学派的起源与控制理论有关，它在20世纪中叶得到了发展，特别是在自动控制和机器人技术领域。行为主义强调从外部行为和环境的互动中学习，而不是内部的心理状态或符号操作。行为主义与符号主义的主要区别在于，行为主义更关注感知、动作和适应环境，而不是抽象的逻辑推理。罗德尼·布鲁克斯开发的"布鲁克斯的蚂蚁"和"科塔"机器人，展示了无须复杂内部模型的智能行为。

二、AI的发展历程

自20世纪中叶提出AI概念以来，AI技术经历了多个重要的发展阶段。从最初的逻

辑推理和问题求解，到现代的机器学习、深度学习，AI技术不断取得突破。（陈昭炯和叶东毅，2010）

AI的发展可以追溯到古希腊时期的自动机理念，但现代AI的起点通常被认为是20世纪40—50年代的计算机科学和信息论的发展。1950年，艾伦·麦席森·图灵提出了图灵测试，作为判断机器是否具有智能的标准。随后，在20世纪70年代，专家系统的发展标志着AI在特定领域的应用开始成熟。

三、AI的关键技术

机器学习是AI中较为活跃的研究领域，它通过算法和统计模型使计算机系统利用数据进行学习和改进。（罗文豪等，2022）机器学习包括监督学习、无监督学习等多种方式（Mitchell，1997），每种方式都有各自的特点和优势，适合在不同的场景中应用。监督学习是从标记的训练数据中学习，来对位置数据作出预测。例如，通过分析员工的绩效数据和离职率，每个训练样本都会得到一个对应的标签或者结果值。模型评估在监督学习中是非常重要的，它涉及使用误差来评估模型性能以防止过拟合。（李航，2012）无监督学习是深度神经网络中的预训练方式，对深度神经网络的成功起到了非常重要的作用，该方式主要包括确定型的自编码方式和基于概率型受限玻尔兹曼机的对比散度等学习方式。（殷瑞刚等，2016）

自然语言处理（NLP）使计算机能够理解和生成人类语言，包括语言翻译、情感分析等。（葛娅秀和陈恺宇，2020）其中，情感分析是自然语言处理中的一个重要方向。大型语言模型在自然语言生成和任务理解中起到重要作用，在数据有限的情况下（如少样本和零样本场景），大型语言模型能够达到甚至超越传统监督学习方式的性能，展现出强大的领域泛化性，对传统NLP任务产生了显著影响。（车万翔等，2023）

计算机视觉赋予机器识别、处理和理解图像和视频的能力，广泛应用于自动驾驶、医疗诊断等领域。（陈超红，2020）计算机视觉的应用领域非常广泛，包括但不限于以下几种。第一，自动驾驶汽车，利用摄像头和其他传感器来理解周围环境，实现导航和避障。第二，医疗成像分析，辅助医生进行疾病诊断，提高诊断的准确性和效率。第三，工业检测和安全监控，质量控制流程自动化，检测产品缺陷；实时监控和分析视频数据，用于安全防护和犯罪预防。第四，增强现实（AR），在用户视野中叠加虚拟图像，提供交互式体验。计算机视觉的发展受益于多个学科的交叉融合，包括计算机科学、信号处理、物理学、应用数学和统计学、神经生理学和认知科学等。

机器人技术结合了AI和其他学科的知识，使机器人能够执行复杂任务，如导航、操作和与人类交互等。（Nof，2013）

四、 AI在人力资源管理中的应用

AI的应用已经渗透到日常生活的方方面面，包括但不限于医疗健康、金融服务、教育、交通和娱乐等领域。AI技术在人力资源管理中的应用日益增多，从招聘自动化、员工培训个性化到绩效评估科学化，AI技术正帮助企业提高管理效率和决策质量。（王国新等，2024）

AI为人力资源管理带来了革命性的变化，但同时也提出了新的挑战，如伦理问题和代替人类工作等问题。企业需要在技术应用中找到合适的平衡点，在积极看待AI技术的同时，确保AI技术的发展能够服务于人力资源管理的优化和创新，从而实现AI与人力资源的有机结合。

人力资源规划是指组织为了适应组织发展战略和市场需求，合理安排、配置和利用人力、资源，以保证组织能够有效地实现组织目标的过程。AI技术可以在以下方面优化人力资源规划。

（一） 数据分析与预测

AI可以对大量的人力资源数据进行分析，从中提取有价值的信息，并通过算法进行预测。例如，通过分析员工的绩效数据和离职率，可以预测出哪些员工有可能离职，进而采取相应的激励措施以留住重要人才。

（二） 招聘与选拔

AI可以对招聘信息和简历进行高效筛选和匹配，辅助企业快速找到合适的候选人。利用AI技术可以在招聘过程中进行智能化的筛选，自动匹配候选人与职位要求，并通过自然语言处理技术进行简历分析，提高招聘效率和准确性。人事部门使用AI处理的第一个大数据流量就出现在招聘和甄选环节，它的优势是可以同时处理成百上千个求职者信息，比如基于AI的聊天系统可以对应聘者进行快速筛选，最大限度地降低选录成本。在招聘过程中，简历的筛选是一个必不可少的环节。其一般的流程：应聘者将简历投到企业，企业安排相关人员进行筛选。但是，这样做仅适用于应聘人数较少的情况，在应聘者比较多的时候，这样的方式不仅非常浪费时间，而且很容易使人产生厌倦感，丧失积极性，甚至影响简历筛选的准确性。另外，招聘人员由于自身经历、专业能力和素养的差异以及学识的限制，在进行中高层职位面试的时候就会出现偏差，这个时候

AI的优势就体现出来了，它利用大数据与云计算等技术，能够快速对信息进行基础的匹配，初步筛掉一些不合适的人选，这样不仅使得简历的筛选变得更加简单，也提高了招聘的准确性。

（三）　人才发展与培训

AI可以根据员工的绩效数据和培训需求，自动推荐适合的培训课程，并进行个性化的学习推荐，提升员工的专业技能，帮助企业预判员工的发展方向。培训过程中的首要环节就是要进行需求分析，AI在雇佣和工作关系中，可以预测员工低效率的主要因素，判断哪些员工在遇到问题时可以主动寻求解决问题的办法，到目前为止，人才流失仍然是很多企业存在的最大问题，而AI则能通过大数据分析，预测员工的需求，从而在员工出现低效率和离职前就找到主要的诱因。员工的培训与开发一直以来都是关乎企业发展的事情，但是对于很多企业，尤其是处于初创期的企业来说，企业自身规模以及人员配置等都是较不齐全的，也缺乏专业的培训团队和完善的培训体系，因此没办法独立开展培训，所以很多企业会考虑把培训外包给其他培训机构，但是外包给其他培训机构也存在很多问题，如培训师对企业情况把握是否到位，外包机构的培训内容是否真正有效等。AI的出现，使这些问题得到了很好解决。一方面，AI可以对工作场景进行仿真模拟，然后让员工在一种接近于真实的环境中进行培训，从而大大提升员工的培训效果；另一方面，AI还给员工提供了一种反馈的渠道，并对反馈结果进行分析，从而提高学习效率，并不断完善培训系统。

（四）　绩效与薪酬

目前很多组织的绩效仍然建立在简单、机械的人工绩效考评上，即提前预知员工的效率、工作满意度以及员工离职的早期预警。传统的工资指导线是根据地区的工资总体收入水平、就业及失业率、消费者物价指数等进行发布的，而基于AI的薪酬管理的前提是建立在大数据分析基础上的，除了以上因素以外，还包括周边房价增速、城市发展能力评估等，和传统的薪酬相比，这种管理方式更加科学化、透明化，同时也相对具有更强的竞争力。绩效往往是员工最关心的一个部分，因为绩效的好坏将直接影响到员工的收益问题，所以绩效管理的规范性是员工非常关注的一个问题，常规的绩效管理完全依靠人，这些人可以是员工的直接主管或者人力资源管理者，但是由人评定的话，难免是会存在个人的主观判断，容易造成绩效评估结果不准确，而且还很容易造成企业和员工、各级管理者和员工之间的困扰。总的来说，企业实行绩效管理的目的就是要提高员工绩效，从而提高企业经济效益，给企业带来利润。AI时代下的绩效管理则相对来说更加精确和规范，这是因为机器与人的很大差别就在于机器比较公平，能够根据收集到的信息与绩效考核指标进行对比,从而得出两者的差距,并据此来衡量一名员工的绩效水平,这样可以很好地避免一些人为的主观的影响因素,因此相对常规的绩效管理来说,AI提高了绩效评估的准确性,并使得绩效管理更加规范,从而消除了员工心理的不平衡感。

第二节　人力资源的研究

一、 人力资源的主要研究内容

人力资源管理(human resource management,HRM)是组织管理中的关键领域,涉及如何有效地管理和利用组织的员工资源,以实现战略目标和提升整体绩效。

人力资源规划确保组织在适当时间拥有适当数量及技能的员工。通过预测未来的人力需求、评估当前人力资源状况,制订相应的招聘、培训及发展计划。招聘与选拔是指吸引潜在候选人,并通过筛选、面试和评估,选择最合适人员的过程,不仅可以满足组织的短期需求,还为组织长期发展储备人才。培训与发展能够通过培训和职业发展计划,提升员工的技能和知识,进而提高其工作绩效和工作满意度。绩效管理是设定绩效标准、定期评估员工表现并提供反馈,以促进员工绩效持续改进的过程。这一系统不仅关注结果,也注重过程和个人发展。通过薪酬与福利设计,管理薪酬结构和福利计划,以激励员工,并确保其生活质量,其包括基本工资、奖金、股票期权、健康保险和退休计划等。

劳动关系管理涉及与工会和员工代表的关系,处理集体谈判和劳动争议,以建立和谐的工作环境,减少劳动纠纷,提高员工满意度。员工关系关注员工满意度、工作环境和工作生活平衡等方面,以提高员工的敬业度和忠诚度,包括处理员工投诉、促进良好沟通和提供心理支持等。

在人力资源管理的研究领域,人才获取和保留的研究是如何吸引和留住高素质员工的研究,特别是在竞争激烈的行业和市场中,这涉及雇主品牌建设、招聘渠道优化和员工价值主张(EVP)等。多样性与包容性的研究则是在工作场所促进多样性和包容性,以创造更加创新和谐的工作环境,从而增强组织的适应性和创新能力。员工敬业度的研究探讨影响员工敬业度的因素以及如何提升员工的工作投入和忠诚度,高敬业度的员工通常表现更好,离职率更低,能为组织带来积极影响。领导力发展的研究关注如何通过培训和发展计划培养有效的领导者，这不仅有助于个人职业成长，也能提升整个组织的绩效。工作-生活的平衡研究旨在帮助员工在工作与生活之间找到平衡点，提高工作满意度和生活质量，包括弹性工作时间、远程工作及家庭友好政策等。绩效评估与反馈探讨有效的绩效评估方法和反馈机制，以帮助员工改进表现，这不仅是考核工具，也是提升沟通和推动发展的手段。变革管理的研究是指在组织变革过程中如何有效地管理员工的态度和行为，实现平稳过渡，包括沟通计划、培训和支持系统等。组织文化的研究则探讨文化如何影响员工行为和组织绩效，以及如何塑造和改变文化，积极的组织文化有助于增强凝聚力、提高生产力和促进创新。通过深入研究和应用这些概念，人力资源管理能帮助组织应对内外部环境的变化，提高员工满意度和敬业度，从而实现组织的可持续发展。

二、人力资源的特点

人力资源是组织成功的关键，其独特性体现在多个方面。以下是对人力资源主要特点的扩展讨论。

（一）人力资源具有能动性和智力性

人不同于自然界其他生物，其具有主观能动性，能积极主动、有目的、有意识地采取行为、手段，获得一定的结果。人不仅具有主观能动性，还是知识的载体，这是人力资源区别于其他资源的又一特征。人可以通过自己的整理，使自身能力无限扩展；人还可以传播、深入学习知识，使人力资源更具实用价值。

（二）人力资源具有实效性

人力资源的形成、开发和利用都要受到时间方面的限制。从个体角度来看，作为生物有机体的人，尤其是人类生命的周期，如幼年期、青壮年期、老年期等，各阶段的劳动能力和生产能力各不相同；从社会角度来看，人才的培养和使用也有培训期、成长期、成熟期等。因此，人力资源的开发必须遵循其内在规律，从而使人力资源的形成、开发、配置和使用处于一种动态平衡中。

（三）人力资源的稀缺性

稀缺性是人力资源的一个核心特征。罗文豪等（2022）指出，AI技术的引入正在改变人力资源的稀缺性。AI通过自动化任务和提高决策效率，使人力资源得到更有效的利用。例如，在招聘过程中，AI可以筛选简历，减少人力资源部门的工作量，让招聘人员能够专注于更有价值的任务，如面试和候选人评估。每名员工都有其独特的特质和贡献，这是人力资源不可分割性和不可替代性的体现。王国新等（2024）研究了数字素养对基层公务员创新行为的影响，突出了个体在人力资源中的独特价值。这种独特性要求组织在人力资源管理中采取个性化的方法，尊重和利用每名员工的特点。

（四）人力资源的多样性

人力资源的多样性是组织创新和适应市场变化的基础。AI可以分析员工的背景、技能和经验，以识别团队中潜在的协同效应，促进跨职能团队的形成，从而推动创新。人力资源的状态和能力会随时间和环境变化，这是其动态性的体现。隋皓辰等（2024）探讨了生成式AI技术如何推动人力资源管理的转型。AI可以实时监测员工的工作表现和满意度，及时调整管理策略，以适应不断变化的工作环境和满足员工需求。

（五）人力资源具有再生性

人力资源的再生性意味着通过教育和培训，可以提高员工的技能和扩充其知识面。葛娅秀和陈恺宇（2020）强调，AI为员工培训和发展提供了新途径。AI驱动的学习平台可以根据员工的学习进度和风格提供个性化的学习资源，从而提高培训效率和效果。人口再生产是人口不断增加，人类自身得以延续和发展的过程。人力资源的再生性不同于一般生物的再生性，除了遵循一般生物学规律外，人力资源的再生性还受到人类意识的支配和人类活动的影响。

第三节　AI与人力资源的规划

随着AI技术的快速发展，其与企业人力资源管理（HRM）的融合程度日益加深，行业应用的轮廓也愈发清晰。AI技术的情境介入预示着它将在未来重塑中国企业的管理框架及人力资源管理模式。（王浩佳等，2021）本节从两个维度深入分析中国企业人力资源管理的现状与未来趋势。其一，AI与人力资源管理的融合发展。探讨AI技术如何与人力资源管理实践相结合，以及这种融合对企业运营和人才管理带来的影响。其二，AI在人力资源管理领域的应用。分析AI技术在招聘、培训、绩效评估等人力资源管理关键环节的具体应用，并评估其效果与潜力。

一、 AI与人力资源管理的融合发展

AI技术的发展给人力资源管理带来了革命性的变化。AI技术通过大数据分析、机器学习和自然语言处理等手段，能够提高招聘的准确性、优化员工培训和发展计划，以及实现更公正的绩效评估。例如，AI可以分析大量的简历和面试数据，以预测候选人的工作表现，从而提高招聘的效率和质量。此外，AI还可以根据员工的个人特点和职业发展需求，提供个性化的培训和发展建议。

研究发现，AI的引入将为中国企业的人力资源管理模式带来深刻的变革。然而，这一变革并非没有挑战，它同时带来了成本、伦理等方面的问题。例如，AI技术的投资可能需要巨额的前期成本，而其在数据处理和决策制定中的伦理问题也不容忽视。因此，中国企业在人力资源管理的发展中，应采取"人工智能＋中国思路"的模式。这意味着在推进技术融合与行业变革的同时，还需要深入挖掘具有智能化、伦理化特征，并符合中国特色的人力资源管理创新发展路径。具体而言，中国企业应做到以下几点。

第一，加强技术研发与创新，加大对AI技术的研发投入，以适应不断变化的市场需求。

第二，培养跨界人才，加强员工对AI技术的理解和应用能力，以促进技术与人的协同工作。

第三，制定伦理准则，确保AI技术的应用符合伦理标准，保护员工隐私和权益。

第四，强化政策支持与引导，政府和行业组织应提供政策支持，引导企业合理利用AI技术，促进人力资源管理的可持续发展。

二、 AI在人力资源管理领域的应用

AI技术的融合与应用，将为中国企业的人力资源管理带来前所未有的机遇。通过坚持"人工智能＋中国思路"的发展模式，中国企业不仅能够提升人力资源管理的效率和效果，还能够在全球化竞争中占据有利地位。中国企业需要在确保技术投资回报的同时，处理好与员工隐私、数据安全等相关的伦理问题。为了实现这一目标，中国企业

需要采取一系列措施，包括但不限于：持续投资于AI技术的研发，以保持技术领先；培养能够适应技术发展的跨界人才，以增强团队的创新能力；制定和遵守伦理准则以保护员工权益，确保企业社会责任的履行；寻求政府和行业组织的政策支持和引导，以促进产业升级。通过这些措施，中国企业可以确保在人力资源管理领域实现可持续发展，同时在全球市场中保持竞争力，并在国际舞台上展现中国企业的创新实力和社会责任。

随着AI技术的不断进步，我们可以预见人力资源管理将变得更加智能化、个性化和高效化。企业需要不断探索和实践，找到最适合自身特点的AI应用模式，以实现人力资源管理的持续优化和创新。

第四节　AI与人事招聘

AI技术在企业运营中的应用已经超越了单纯的生产技术层面，现今已广泛渗透至企业管理的多个领域。特别是在人力资源管理领域，AI技术的运用效果显著，为人力资源部门提供了强有力的技术支持。（刘晶晶，2023）

一、AI技术在招聘流程中的应用

以招聘流程为例，AI技术的运用已经成为招聘市场的一种趋势。这种技术的引入不仅彻底改变了传统的招聘模式，而且显著提升了招聘工作的效率与准确性。AI驱动的智能工具和功能在招聘流程的各个环节发挥着重要作用，从精准撰写职位描述到高效记录面试反馈，AI技术帮助人力资源专业人士节省宝贵的时间，优化资源配置，使他们能够专注于候选人评估和选拔。

二、AI技术在人力资源管理领域的优势

AI技术在人力资源管理领域展现出显著的潜力，特别是在招聘过程中，其优势尤为突出。AI技术能够通过算法分析大量的简历和面试数据，快速识别候选人的技能和经验，从而提高招聘的准确性。此外，AI还能够通过自然语言处理技术，分析候选人

的沟通能力和个性特征，为人力资源部门提供更全面的评估依据。

三、 AI技术普及的挑战与企业类型适配性

对于AI技术适用的企业类型及其在不同岗位上的应用，可从以下三个维度进行探讨。一是企业规模与AI招聘的适配性。AI技术在招聘中的应用往往与企业规模密切相关，大型企业由于收到的简历数量庞大，迫切需要高效的技术来提升筛选过程的效率和精确度。此外，这些企业通常拥有较为成熟的招聘流程和IT基础设施，具备充足的资金和技术支持，能够采用更先进的智能模块。二是岗位特性与AI招聘的适用性。AI技术在招聘初级岗位时尤为有效，这些岗位通常招聘要求较低、竞争激烈。AI技术能够处理大量申请，通过简单的算法模型快速筛选候选人。然而，对于高级岗位，AI技术的应用则需要谨慎，因为高级候选人更倾向于与决策者直接沟通，以获得尊重和重视。三是数字化水平与AI招聘的实施。AI招聘的实施对人力资源管理的数字化水平提出了高要求。远程招聘，尤其是非接触式面试流程，是AI招聘的一大优势。这要求人力资源部门在跨部门沟通和多方协调中，能够实现信息的数字化管理和流程的自动化推进。

四、 AI技术在人力资源管理中的挑战

随着AI技术的迅猛发展，其在人力资源管理（HRM）领域的应用已成为提高企业工作效率的重要途径。企业在采纳AI技术时，必须应对包括数据隐私保护、算法偏见，以及技术更新与维护成本等在内的诸多挑战。

（一）AI技术实施的挑战以及数据隐私保护

鉴于AI处理大量个人数据，企业必须确保数据安全和隐私。因此，需要注意以下两点。其一，算法偏见。训练数据的偏差可能导致AI算法产生不公平的招聘决策。其二，技术更新与维护成本。技术的快速迭代要求企业持续投资以保持AI系统的最新状态。

（二）AI招聘的未来趋势

AI招聘正成为人力资源管理的主流趋势，预计未来将朝着以下方向发展。其一，

智能化。AI招聘技术将进一步提升，自动分析职位与候选人的匹配度，提升招聘的精确度。其二，个性化。根据企业和求职者的具体需求，AI招聘将提供更加定制化的体验。

（三）面对AI技术带来的机遇与挑战，企业应采取的策略

建立严格的数据管理政策，保障数据安全和隐私。培养具备AI技能的人力资源专业人才以适应技术发展，满足企业对AI技能的需求。寻找适合企业自身的AI应用模式，以实现最佳效益。

AI技术在人力资源管理领域的应用为企业带来了革命性的变化，同时也带来了伦理和社会问题。企业需要充分认识到AI技术的优势和挑战，并采取有效策略以最大化其效益。通过不断探索和实践，企业可以利用AI技术提升人力资源管理的效率和效果，推动可持续发展。此外，企业还应关注AI技术应用过程中的社会责任和伦理标准，确保技术进步与社会价值的和谐共存。

第五节 AI时代的员工培训与发展

AI在人力资源领域对员工培训与发展的应用，正逐渐展现出其强大的潜力和价值。借助先进的AI技术，企业能够为员工提供更加个性化的、高效的学习与发展路径。

AI系统通过深入分析员工的个人特性、技能需求和工作表现，为他们量身定制培训方案，确保学习内容与实际工作需求紧密相连。同时，智能推荐学习资源和实时监测反馈机制，也极大地提升了员工的学习效率和自我提升能力。这种智能化的培训与发展模式，不仅有助于员工实现个人职业目标，更能为企业打造一支高素质、高绩效的人才队伍，推动企业的持续发展和创新。因此，积极探索和应用AI在员工培训与发展中的实践，已成为现代企业不可或缺的重要战略之一。AI在人力资源领域中对员工培训与发展的应用具有广泛的前景和潜力。通过个性化培训、员工体验提升、自适应学习以及人才管理等方式，AI技术能够帮助企业提高员工的学习效果和职业发展水平，为企业的长远发展奠定坚实的基础。

一、个性化培训

企业的人力资源管理者应当积极转变自身的工作理念，要运用更加先进、前沿的科学技术为企业创造更大的价值。管理人员应当在战略规划上投入更多的精力，将AI技术充分融入企业各业务部门，提高行政办事效率，解放HR（人力资源）主管，从而促使HR主管更加关注企业的长远发展，采用一系列的措施对员工进行全方位的培训和激励。员工培训是企业人力资源管理与开发的重要组成部分和关键职能，也是企业资产增值和企业效益提高的重要途径。（隋皓辰等，2024）生成式AI技术的未来应用可以帮助员工增强学习体验，提供个性化指导。基于现有DeepSeek和ChatGPT产品发布的技术特点，生成式AI可以通过分析员工当前的技能、学习目标和兴趣，制定个性化学习路径；可以开发基于文本的交互式场景或模拟，在培训过程中通过实操来模拟、练习决策制定、解决问题或使用沟通技巧；可以根据培训主题、目标和大纲协助生成多种培训材料（如发布指南、成果测验等）；可以创建一个聊天机器人助手，在员工培训或工作期间按需提供咨询支持、定期发送相关提示，并可以通过持续跟踪反馈，分析员工的成长进步情况，从而为员工的发展提供全面且个性化的支持和反馈。

二、员工体验提升

员工体验即员工对企业的认可度，员工体验的改善可以帮助企业提高员工生产力，营造良好的企业氛围和雇主品牌，进而提升企业的管理效能。生成式AI技术可以通过优化员工的日常工作、增加沟通以及按需提供支持来改善员工的工作体验。例如：实现任务自动化，包括设定项目计划、管理任务时间、起草邮件、定时提醒、生成报告、总结会议纪要和创建会议议程等；实现知识管理，可用于创建知识库或聊天机器人，实现对相关信息、企业政策和实践案例的快速访问，提高生产力和决策制定；按需提供个性化支持，通过在线机器人助手为员工在工作、培训甚至生活中提供建议、探索观点，协助进行头脑风暴和日常答疑；实现员工个人发展支持，帮助分析员工的优劣势，并提供对应资源、技巧或练习来补足短板或提高技能，从而提升了员工的工作满意度和丰富工作体验。（隋皓辰等，2024）

三、 自适应学习

首先，生成式AI技术能够为员工提供个性化的学习路径方案。AI技术能基于大数据模型，根据员工的学历、能力、兴趣、目标、工作业绩等信息，为员工定制培训内容与学习路径。生成式AI技术则能够更好地满足员工的多样化需求，提升培训的针对性与有效性。其次，生成式AI技术有助于在线职业技能培训的开发与实施。借助大数据分析，生成式AI技术能够为企业提供丰富的在线教育资源，员工可以根据自身水平选择合适的学习内容。生成式AI技术支持员工随时随地获取所需的知识与技能，同时提供个性化的学习建议与反馈，促进员工不断学习成长。最后，生成式AI技术的应用还能打造智能化的在线学习与知识共享平台。（杨兆文，2023）通过建立智能化的学习平台，企业可以帮助员工更便捷地获取学习资料、参与培训以及分享交流。通过生成式AI来增强员工分析能力，发现并弥补员工可能存在的技能差距。工作平台会根据员工序列、工作关系、兴趣推荐相关课程，并在智能知识助手中结合日常内部搜索和岗位关系推荐"可能关心"的知识点，推荐相关知识库。（杜洋，2024）

四、 人才管理

AI技术可以帮助企业优化人才管理流程，更加智能化地管理和培养员工，提升整体人才质量和企业竞争力。通过使用大数据和机器学习技术对员工的工作表现进行评估，可以更客观地了解员工的绩效和表现，从而提供改进建议，并发现高绩效员工。AI技术可以根据员工的能力和经验，对员工提供个性化的职业发展建议，启发员工思考自身职业发展的方向和前景，在人才管理中的应用可以帮助企业更好地管理员工和提高人才质量，推动企业的发展。企业将AI技术深度融入员工培训中，能够帮助企业快速适应科学技术带来的变化，能更好地提升员工的个人素质和胜任力，企业管理层也可以将更多的时间和精力用于人力资源发展战略和企业发展中。（安宇涵，2024）

因此，企业应当重视AI技术对企业培训的影响，强化AI技术与企业培训的结合。当然，企业也需要注意一些可能会面临的风险与挑战，如利用AI技术所得到的数据如何保证其隐私性和安全性等。

第六节　AI时代的赋能绩效管理

AI技术在人力资源领域对赋能绩效管理的应用，正日益成为企业实现员工绩效提升和业务目标达成的重要利器。通过AI技术，企业能够更加精准地评估员工的绩效表现，并为他们提供个性化的职业发展建议和培训方案。这将激发员工潜能，提升工作效率。智能化的绩效管理系统能够深入分析员工的工作数据、行为模式和工作成果，为企业领导者提供客观、实时的绩效评估，帮助他们更好地制定激励政策和人才发展策略。

同时，AI技术还能为员工提供个性化的职业发展路径，通过智能推荐学习资源、实时监测反馈等方式，帮助员工不断提升自身技能，实现个人职业目标。这种基于AI的赋能绩效管理模式，不仅有助于提升员工的工作积极性和创造力，更能为企业实现业务目标和长期发展提供有力支持。因此，人力资源部门积极探索和应用AI在赋能绩效管理中的实践，已成为企业提升竞争力、有效管理人才的重要战略之一。

一、数据分析与预测

在大数据时代，企业在开展人力资源绩效管理的过程中会面临大量的信息与数据，这会增加企业绩效管理人员的工作压力，因此需要企业建立起人力资源绩效管理的数据库，以便企业绩效管理人员收集员工的工作数据，并对员工的工作数据进行分析。蔡会（2019）认为企业在开展人力资源绩效管理工作时，能够通过各种途径获取更多的员工工作信息，这会使得这些数据信息的数量和种类更加全面，所以相关管理人员能够通过对海量数据的进一步分析，挖掘员工潜力，了解员工的工作能力，并对员工采取针对性的管理措施，以此切实提高工作的积极性和效率。AI技术可以显著提高决策质量，因为它能够分析更大、更复杂的数据集，发现人类可能忽略的模式和关联。通过预测分析和模拟，AI技术会提供基于数据的洞察和预测，从而降低不确定性，减少人为偏差和错误，从而客观地处理信息。（许立华，2024）通过预测性分析，管理者可以作出相应的人力资源规划和战略决策，以应对未来的挑战和机遇。智能推荐系统则基于员工的数据和偏好，为管理者推荐最佳的人力资源管理策略和方案。这种个性化的推荐系统能够提供针对性的建议，更加客观有效地帮助管理者作出决策。（郭润等，2024）

二、 自动化评估

　　自动化评估是利用AI技术实现绩效测量和评估的过程，可以提高绩效管理的效率和准确性，减少人工评估的时间和成本。AI技术能够构建基于数据的绩效管理体系，以实现更公平准确的绩效评估。通过建立模型并输入多维数据，AI技术能够客观分析员工的工作表现、成果和数据，从而更准确地评估绩效；通过深度分析员工的历史数据和背景信息，预测员工未来的绩效表现和潜在问题。此外，AI技术还可以将抽象的数据转化为精准的分析报告，提供依据和决策支持并及时反馈给管理者。在此基础上，AI技术可以分析员工绩效数据，发现员工的短板、优势和潜力，以便为员工的个性化培训和职业发展提供依据。（杨兆文，2023）基于历史数据、员工表现和其他变量，AI技术可以预测员工的绩效表现和职业前景，以此为依据，进行更有针对性和个性化的绩效管理和培训规划。总之，自动化评估是AI技术在绩效管理领域的重要应用之一，它可以帮助企业更有效地管理绩效，提升员工的能力和增加员工的产能，同时也可为企业提供有效的竞争优势。

三、 个性化发展

　　AI技术可以通过分析员工的背景、工作表现和个人偏好等信息，为员工制订个性化的培训计划，以帮助员工更好地掌握业务知识和技能。例如，企业可以使用AI技术分析员工在特定领域的优缺点，并为其提供相应的培训课程和学习材料，以提高其技能水平和能力。企业应当根据AI技术的系统功能来了解企业员工的个性化需求，充分发挥大数据的预测优势，对不同类型的员工进行个性化培养，要让员工在岗位工作过程中接触更广阔的知识，从而推动其向高端专业人才转变。（朱伟彬，2020）

　　AI技术可以通过分析工作人员的办事能力、知识储备等信息以了解其工作技能的掌握情况，进而制订有针对性的工作培训计划；还可以根据员工的个性特点、思维模式、所处环境的不同，为每名接受培训的员工提供个性化的学习方法和内容，从而大幅提升员工培训的效率。（赵婷婷，2020）

四、 实时监控和反馈

　　绩效管理是指通过识别、衡量和发展个人和团队的绩效，并将绩效与组织的战略目标保持一致的持续过程，是人力资源管理的关键环节。生成式AI技术的应用可以为员工绩效管理提供支持和帮助。AI技术能够实时监控员工的绩效，及时发现潜在问题，并为高层管理者提供任务进度和绩效报告。（隋皓辰等，2024）此外，AI技术还能为员工提供及时的反馈，这有助于员工调整工作策略，优化绩效表现，同时也能提高了员工的工作满意度。在当前的AI时代背景下，企业的人力资源管理人员应当积极应对新的机遇和挑战，转变自身的工作理念，不断优化企业的组织结构，对人才进行更加科学的甄别、培育和管理，提高各岗位、各部门员工的主观能动性，促使企业内部员工积极主动地学习并运用新技术、新方法，提高员工们的行业适应能力，从而有效地控制人力资源管理成本，实现企业的长远快速发展。生成式AI技术系统能够实时监测和评估员工的贡献和表现，根据实际表现给予个性化的薪酬和奖励，从而激发员工的动力和创造力。这种差异化的激励措施有助于提高员工满意度和绩效水平。（杨兆文，2023）

在大数据时代下，很多组织的绩效管理仍然建立在简单、机械的人工绩效考评上，而基于AI技术的人事评价则是建立在精确的记录和精确的判断上。传统的绩效管理建立在科学的工作分析上，如果后者未能科学识别岗位价值，那么绩效管理的科学性也就无从谈起。因此企业在人力资源管理中使用AI技术进行赋能绩效管理可以更加有效客观地进行分析，从而促进企业的长远发展。

第七节　人才画像分析

在数字化时代背景下，人才画像分析逐渐成为企业人力资源管理的关键工具。人才画像分析，即通过分析个体的多维度信息，构建起能够反映个体特征的模型。（阮渊，2022）这种分析方法能够帮助企业更精准地识别、选拔和培养人才，从而提升人力资源管理的效能。

一、人才画像的概念与重要性

人才画像不仅仅是对个人基本信息的简单罗列，更包括技能、经验、教育背景、个性特征以及价值观等多个维度的综合分析。（任娟，2023）它的核心在于通过辨别某类人才的可量化特征与胜任素质，用图像或者标签精准刻画，从而为企业的人事决策提供参考。人才画像技术的优势有全面性、精准性、个性化、实时监测和定制化。

① 全面性

通过收集和分析大量人力资源管理数据，包括基础信息和专业领域信息，构建人才数据库，实现对人才全方位的分析。

② 精准性

基于大数据分析和 AI 技术，能够从多个维度描述和分析岗位特征，包括个人特征、专业技能、工作经验等，并预测未来发展趋势。

③ 个性化

对人才的知识结构、专业技能、工作经验以及性格特质、兴趣爱好等进行综合评估，提出个性化建议。

④ 实时监测

实时监测人才的绩效表现和职业发展动态，评估人才的表现和贡献，及时发现和解决问题。

⑤ 定制化

依据组织的具体需求进行定制，满足不同行业和领域的个性化需求，并通过大数据和可视化技术展示分析结果。

二、 人才画像构建流程

人才画像构建主要包括原始数据采集、数据处理、搭建人才画像模型、动态维护四个阶段。其方法包括基于聚类的方法、基于统计分析的方法、基于贝叶斯网络的方法、基于主题模型的方法和基于规则匹配的方法，利用数据挖掘技术进行信息收集和处理。原始数据采集依赖于真实可靠的信息来源，如数字化人事档案（何小婧和张明亚，2023），帮助企业收集员工或应聘候选人的个人信息，包括教育背景、工作经验、技能、兴趣、价值观等。数据处理阶段则需要用数据分析手段对原始数据进行加工处理，提取有效信息，实现数据的标准化。搭建人才画像模型阶段，需要对指标项赋予权重，并通过不同的方式进行可视化展示。最后的动态维护阶段确保了人才画像能够真实反映人才的实际情况，并适应时代的发展。人才画像的呈现形式主要包括标签图、状态图和雷达图三种形式，分别用于呈现人才的当前状态、精准刻画人才的知识和技能，以及从整体视角进行差异化呈现。通过人才画像技术，组织能够更有效地识别、评估和培养高层次创新人才，优化人力资源配置，提升科技竞争力，实现人才资源的高效利用和合理配置。

三、 人才画像技术在人力资源管理中的应用

人才画像技术在人力资源管理的六大模块（人力资源规划、招聘与配置、培训与开发、绩效管理、薪酬福利管理、劳动关系管理）中均有广泛应用。（何小婧和张明亚，2023）例如，在招聘与配置模块中，人才画像技术能够有效规避招聘的主观性判断，提高招聘质量；在培训与开发模块中，人才画像技术有助于提供个性化的培训方案。在人力资源管理中，人才画像技术可应用于高层次创新人才引进与培养，具体内容如下。

1 需求分析

精准识别高层次创新人才的特质和优势，提供科学的人才选拔依据。

2 个性化培育

为高层次创新人才设计个性化的培育方案和职业生涯规划，发挥人才潜力。

3 动态监测与评价

建立动态的人才评价机制，实时更新人才画像，客观科学地评价人才的学术水平和科研能力。

4 监督管理

利用人才画像技术进行全方位的监督管理，确保人才引进及培育的公平、公正、公开。

四、 人才画像分析的挑战与机遇

尽管人才画像分析为企业提供了诸多便利，但也面临着数据隐私与伦理问题、技术发展与应用的挑战。（杨剑，2022）同时，随着大数据、AI等技术的发展，人才画像分析的方法和应用场景也在不断拓展。人才画像分析作为一项新兴技术，在人力资源管理领域展现出巨大的潜力和价值。企业可以更好地理解员工的潜力和需求，从而制定更加

个性化和有效的人力资源管理策略。未来，人才画像分析将更加注重数据的科学化利用，服务于人才的全面发展，提升人力资源管理工作的效能。

第八节　本章小结

本章围绕AI与人力资源管理的融合展开，系统探讨了AI在人力资源领域的应用场景、价值及挑战，具体包括：AI的基本介绍、人力资源的研究、AI与人力资源的规划、AI与人事招聘、AI时代的员工培训与发展、AI时代的赋能绩效管理、人才画像分析等。

本章通过理论与实践结合，揭示了AI技术对人力资源管理的重塑作用，强调技术应用需要以伦理为底线、以价值创造为导向，为企业数字化转型提供了理论参考与实践路径。

课后思考

1. AI的三大流派分别是什么?
2. AI应用在员工招聘中有什么优势和局限?
3. 人才画像的定义是什么?
4. 人才画像分析在人力资源管理中有什么作用?

第十三章
参考资料

第十四章
职业与组织心理学常用研究方法

本章目标

　　学习完本章后，你应该能够：

　　· 了解不同类型的研究方法，如问卷调查法、实验法等。

　　· 明确如何根据研究问题和研究目标选择合适的研究方法和
　　　设计。

　　· 理解不同定量研究方法的优势和局限性。

在职业与组织心理学领域，研究方法的选择至关重要，它决定了我们如何探索和理解组织内个体和群体的行为规律及心理活动。本章将讨论职业与组织心理学领域常用的研究方法，并着重解析实证研究在职业与组织心理学中的应用及其重要性。

首先，在讨论研究方法之前，需要了解研究方法的含义。简单而言，"方法"是指研究人员在进行研究时使用的技术和程序。（Bryman，2008）"方法"可能是数据收集工具，如利用问卷调查或者访谈收集数据；也可能是统计方法，如用于分析两个或者多个变量之间关系强度和方向的相关分析。研究方法定义了我们观察和解释这个世界的方式，也就是"如何进行研究"。另一个与方法相关的名词叫作"方法论"（methodology），方法论是对所采用的研究方法的研究，它涉及的主要是对方法的基本假设、逻辑和原则。（Bryman，2008）方法论定义了"我们为什么要用这种方式观察和解释这个世界"，回答了"为什么选择这种方法"。

在这里，我们用《论语·阳货》中的"割鸡焉用牛刀"来理解方法论与研究方法的区别。"割鸡焉用牛刀"意思是处理简单的事情不必用复杂或高端的工具。这句话强调了选择合适工具和方法的重要性。在这个例子中，方法论相当于决定在不同情况下选择什么样的工具和策略来完成任务的总体原则和框架，方法论讨论的是"杀鸡应该用什么刀"以及"为什么要用这个刀"；而方法是具体用来执行任务的工具和技术，研究方法讨论的是"如何使用这把刀"。由此可知，方法论指导研究方法的选择，研究方法直接应用于学术任务和解决实际问题。因此，在本章中，我们重点讨论如何选择合适的研究方法。但是方法论作为研究方法的理论基础，涉及了更为抽象和更深层次的哲学思想，有兴趣的读者可以自行进行进一步的探索，这对于深入理解研究方法背后的逻辑和理论，进而选择正确的研究方法具有重要作用。

研究可以依据多种标准进行分类。不同的学者对研究范式（paradigm）的分类有着不同的解释，涉及了规范性研究（normative research）、经验研究（empirical research）、理论研究（theoretical research）、应用研究（applied research）等概念。在本章中，我们将研究分为两类，即规范性研究与经验研究。规范性研究更多依赖于逻辑推理和哲学论证，更关注我们希望世界应该是怎样的，旨在回答"应该是什么"，它涉及理想状态或目标的设定，并且强调"应该"做什么来达到这一目标。这种研究依赖于道德、伦理和价值判断，试图定义"好"或"坏"，并据此提出建议或准则。经验研究由"empirical research"翻译而来，国内也有一些学者将"empirical research"直接译为实证研究。本章采纳了汤茂林和黄展（2020）的观点，认为实证研究（positive research）是经验研究（empirical research）的一种范式。经验研究基于经验主义这一认识论，强调知识源自人们的经验（experience）和感知（sense perception）；相比较基于经验主义（empiricism）的经验研究，基于实证主义（positivism）的实证方法主张严格的外在事实依据，即"经验"要能够被科学验证才有意义，强调结论具有科学性、可重复性和可验证性，排斥主观推断和形而上学。

当应用于研究方法时，实证研究似乎意味着"通过强调量化数据获得更加科学客观的结果"。尽管在自然科学的实证研究中有大量的研究采用了量化的形式，但实证研究并不等于定量研究。让我们回到实证方法的定义去理解这句话。实证方法作为自然科学中一种重要的研究方法，其基本规范就是"用经验材料证明或证伪理论假说"。这些经验材料既可来自研究者的现实观察或实验活动（直接经验），也可来自记录了前人观察或实验结果的历史文献（间接经验）。因此从实证方法的含义来看，"经验材料"是可被检验的，即实证研究在形式上可以是量化的也可以是非量化的。

职业与组织心理学是对行业（industry）和组织（organization）的管理活动中人的行为规律及心理活动进行研究的学科。人类行为和心理的复杂性要求研究者采取一种能够捕捉这种复杂性的方法。实证研究通常包括严格的研究设计、数据收集和分析过程，能深入、细致地理解和处理复杂的组织问题。例如，通过实证研究了解工作环境（work environment）如何影响员工的心理健康，或者研究者可以量化领导力（leadership）对工作满意度（job satisfaction）的影响。接下来，本章将详细介绍职业与组织心理学中实证研究的主要研究方法和应用实例。我们将探讨这些方法如何帮助我们理解组织心理学中的关键问题，以及如何将研究成果有效应用于组织管理和员工发展中。首先，第一节将概论实证研究的一般步骤，并介绍实证研究方法的基本概念，第二节和第三节选取职业与组织心理学中比较常见的研究方法进行详细介绍，第四节是本章小结。

第一节　基本研究方法概论

首先，我们来了解实证研究的一般步骤（图 14-1）。明确研究问题是研究的起点，研究者需要明确提出研究问题，并基于既有理论和文献提出可检验的假设。然后，需要进行详尽的文献综述，以掌握该领域的既有研究成果和理论基础，识别研究空白和创新点。接下来是研究设计，研究者制订详细的研究计划，包括选择适当的研究方法、确定研究样本、变量的定义及其测量方法等，并收集数据。在数据收集完成后，研究者需要采用合适的统计方法或分析工具对数据进行清理和分析，这进一步要求研究者具备扎实的统计学知识和数据处理能力。最后，对结果进行解释和讨论，需要研究者结合文献综述中的理论框架，讨论与既有研究的异同及其理论和实践意义，并根据研究结果给出实际应用的建议或提出进一步研究的方向。在本节中，我们将着重介绍研究的第三步，即如何进行研究设计，研究方法有哪些，以及如何选择合适的研究方法。

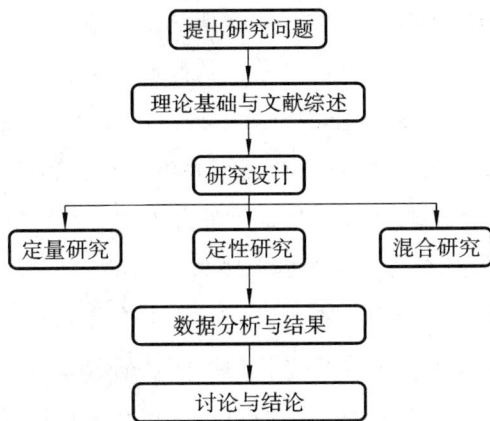

图 14-1　实证研究的一般步骤

一、 提出研究问题

寻找一个优质的研究问题是科学研究和学术探索的核心所在。定性研究虽然并不强调以预设和假设作为起点，但同样要求在既有的学术成果和理论框架内进行建构与发展。因此，不论是定量还是定性研究，都需要立足于丰富的知识积淀和实践经验，并以此为基础展开严谨的科学探究活动。

那么，怎样有效地发现并确定一个高质量的研究问题呢？我们可从实证研究的本质特性出发进行探讨。因为实证研究依赖于对既有研究成果的深入理解和把握，故在构思新研究时，首要步骤便是广泛阅读、细致分析及系统总结特定研究领域的经典文献和最新进展。了解研究问题在既有研究中的位置以及既有研究的发现，这将帮助我们识别当前研究中的空白。站在前人研究的基石之上，我们可以汲取灵感，进而提出创新性的研究问题和假设。这种方法不仅对刚刚步入科研领域的学生极其有益，也适用于任何想要寻求科研突破的研究者。

二、 理论基础与文献综述

在职业与组织心理学的实证研究中，基于坚实的理论基础而构建严谨的假设是研究设计的灵魂。这一过程始于深入的文献回顾和关键概念的厘定。例如，在研究远程办公对员工工作满意度和工作效率的影响时，需要明确界定"远程办公""工作满意度""工作效率"的内涵，覆盖不同形式的远程办公模式、多维度的工作满意度考量以及多样的工作效率评价标准。

接着，通过系统梳理和整合相关文献，构筑起诠释研究变量间相互作用的理论框架，这可能会融合多种理论和模型。在理论框架的支撑下，基于既往研究证据，明晰并阐述研究变量之间的关系，提出具体、可验证的假设。例如，有研究显示远程办公可以提升员工工作满意度（García-Salirrosas et al., 2023），在此基础上，我们可以进一步研究为什么远程办公可以提高员工工作满意度，并借助自我决定理论（self-determination theory）来解释。自我决定理论认为，个体具有自主性、胜任感、归属感三项基本的心理需求，满足这三项需求会增强个体的内在动机。（Deci & Ryan, 2000）在远程办公模式下，员工可以自主选择办公地点与办公时间等，享有更高的自主权，从而更容易对工作感到满意。完善的理论基础和假设体系为后续实证研究设计（包括研究方法选择、样本确定、数据收集和分析方法）提供了方向。确保这些设计决策能够有效检验假设是保证实证研究成功的关键。

三、研究设计

提出一个好的研究问题后，下一步要进行研究设计，在职业与组织心理学的研究实践中，选择适宜的研究方法至关重要。根据前面所述，实证研究可以按照多种标准进行分类，如：按照数据来源可以分为一手数据研究（primary research）和二手数据研究（secondary research）；按照研究的时间维度分为横截面研究（cross-sectional research）和纵向研究（longitudinal research）；按照研究方法可以分为定量研究（quantitative research）、定性研究（qualitative research）和混合研究（mixed research）。本章将按照定量研究（quantitative research）、定性研究（qualitative research）、混合研究（mixed research）三种范式进行解释（图14-2）。

（一）定量研究

如前面所述，基于实证主义（positivism）的实证研究，主张即"经验"要能够被科学验证（特别是能够经得起数理验证）才有意义，通常会事先设定具体的假设来指导研究，强调世界存在统一的本质和规律。鉴于定量研究基于统计学与概率论来量化研究问题，通过数值发现和解释规律的本质，因此从这个角度看，定量研究更贴近实证研究的内涵。

从定量研究需要的数据类型来看，其一般是指可以通过数值来表示的数据，便于用统计学方法进行量化分析。这类数据可以是连续的或离散的，通过计量和计数来描述和解释现象。定量研究数据的分析侧重于测量结果的大小、频率和其他可以量化的属性，通常被用于测试假设或验证理论模型。数据的获取源头及其收集方式在研究中扮演着决定性角色，它们直接影响到研究的可靠程度、准确度以及普适价值。定量研究的数据来

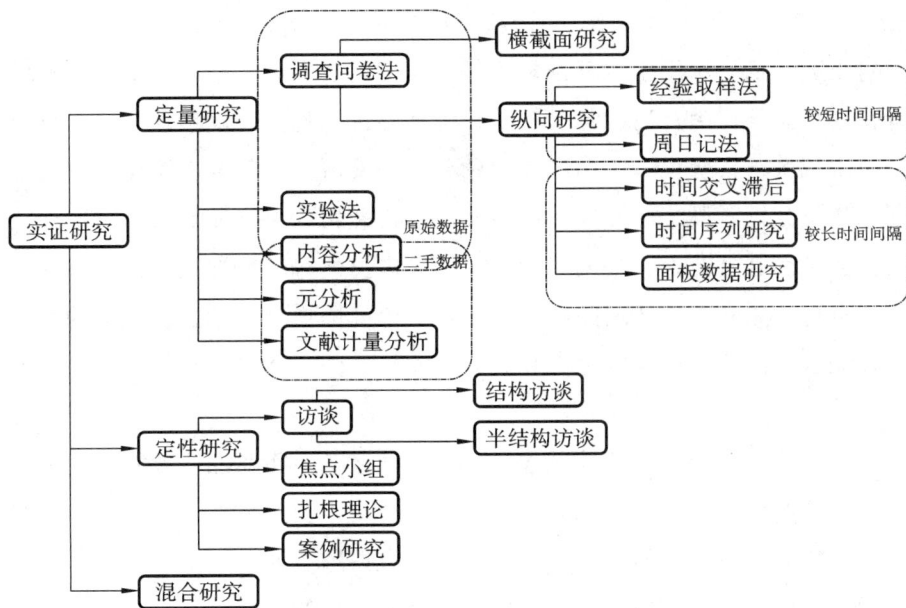

图 14-2 实证研究的方法

源呈现出多元化特征，其中，原始数据与二手数据是两种常见的类型。

原始数据，也被称为一手数据，特指那些为了解决某一特定研究问题而直接从原始出处收集、未经他人加工处理的数据。例如，为了获取特定主题的资料，研究者可能会通过设计问卷调查、进行实验室实验等方式，直接从目标群体中提取数据。这类数据的独特之处在于它们与研究问题的高度相关性和时效性，然而，采集一手数据的过程通常伴随着较大的投入，包括耗费较多的时间和财力。问卷调查和实验等研究方法所产出的数据常常被视为原始数据的典型代表。

二手数据，又称次级数据，是指原本为其他研究目的而收集，但现在可用于支持当前研究的数据。这些数据资源广泛分布于多种公开和非公开渠道之中，其中包括政府与国际组织公布的官方统计信息、市场研究企业或行业专家编纂的各类报告，以及互联网统计数据库和学术数据库资源，涵盖了各种经济社会指数、人口普查资料、上市公司年报等各种信息；同时，学术期刊、图书与会议论文中所包含的研究成果亦属此类，学术期刊等这类二手数据常被用于元分析中。二手数据的显著优势在于易于获取、成本较低且覆盖面广泛，然而，研究者必须审慎评估所选用数据的质量、时效以及与当前研究的相关性，确保这些数据真正能够反映并解答当前研究的问题，以免因数据最初收集目的与当前研究目标不完全吻合而导致的数据偏差或不适配。

（二） 定性研究

定性研究的哲学思想更丰富，不仅包括"用经验材料证明或证伪理论假说"的实证主义，还包括阐释主义（interpretivism）或建构主义（constructivism）。纯粹的定性研究着力于对组织情境内部发生的复杂现象进行深度透视，通过反复观察那些难以量化的现象，旨在揭示人类行为背后的意义、动机和社会现象的多元复杂性。这类研究采用叙述性的方式来记载观察所得，其中研究问题允许随着研究进程逐步深化和发展，因为在实际数据采集与分析阶段，研究者往往会发现未曾预期的主题或模式。定性研究的价值观倾向于关注过程胜过结论，强调深刻理解而非广泛的普遍性推论。因此，它采取了一种相对开放且更具探索性的研究路径。尽管定性研究同样会受到既有理论的影响，但它通常并不预先设立具体假设来框定研究方向，而是作为一种提炼研究假设和理论的有效途径。

定性研究所需的经验材料形态大多属于"文本型"，涵盖通过诸如深度访谈、观察等方式获得的访谈记录、观察笔记等多种形式的"文本型"数据，也包括录像视频、录音音频等形式的数据。然而值得注意的是，仅凭数据形态为"文本型"并不能界定一项研究是否为定性研究，比如内容分析（Krippendorff, 1989），这是一种针对文本、图像、声音或视频等各种符号系统内容进行系统化和可重复测量分析的方法，虽处理的是"文本型"数据，但却遵循定量研究的原则和标准，所以我们不能将该研究归类为定性研究。

（三）混合研究

在应对复杂的研究问题时，单一的方法可能存在局限性。混合研究方法的核心价值在于其能够从多个角度和层次深入探究复杂的社会现象和问题，克服单一方法的局限性，提供更为全面、深入和立体的研究结果。通过综合运用定量和定性方法，混合研究能够弥补数据类型和分析视角的不足，增强研究结果的可信度和解释力，为解决实际问题提供更为丰富和有力的科学依据。

综上，在本章的话语体系中，我们将实证研究分为三种，即定量研究、定性研究、混合研究。在职业与组织心理学领域，定量研究是最常见也是使用最多的一种研究形式。在后面的内容中，结合数据类型、数据收集方式，我们将把定量研究细分为问卷调查法、实验法等更具体的方法，进行更详细的介绍。虽然在本章中我们采用了这种分类方式，但实际上，这些研究方法之间并不存在绝对的"互斥"，换句话说，某个研究并不绝对是"定量的"或者"定性的"。例如，在实验法中，研究者可以通过问卷调查来借助量表对概念进行量化处理，也可以采用访谈或者观察的形式，研究者通过使用开放式问题、深入访谈、观察，结果以叙述形式呈现。由此可见，实验法既可以是定量的又可以是定性的。

另外需要注意的是，本章所讨论的"研究方法"并不仅局限于"方法"，而是从更广义的角度上探讨可以采用哪些"方式"来对组织中的问题进行分析。例如，本章稍后介绍的元分析、文献计量分析虽然列在常用的研究方法中，也可以被视作一种统计分析方法（用于解释数据关系的方法）。这些研究方法并无优劣之分，也并不互斥。需要研究者针对研究问题，结合研究者自身擅长的方法进行选择。本章将这些方法之间的关系用图表标示以方便读者更好地理解。接下来的第二至第三节，我们将对定量研究中的问卷调查法、实验法进行逐一分析。

四、数据分析与结果

完成研究设计之后需要对收集到的数据进行整理、统计和解读，揭示数据中隐藏的趋势、模式或关系，以回答第一步提出的研究问题。通常而言，我们首先需要对数据进行清理和预处理，确保数据的完整性和准确性。紧接着需要对数据进行描述性统计，以概览数据的基本特征，如均值、标准差和分布情况等，这为后续分析奠定基础。在了解数据特征后，我们再根据具体的研究问题选择合适的统计方法以揭示数据中潜在的关系和模式。

五、讨论与结论

研究的最后一步是进行讨论与总结。在这一步中，我们梳理研究框架，探讨研究发现的意义，也可以将自己的研究与既有研究进行对话，丰富对研究问题的理解。在这一部分，我们也可以讨论研究的实际应用价值，提出基于研究结果的实践建议。此外，我们还需对研究局限性作出说明以保持研究的客观性，并为未来研究提出改进方向。

第二节　问卷调查法

问卷调查法是职业与组织心理学研究领域最常见也是最普及的研究方法。通常是研究者采用编制好的一系列问题对一个或多个变量进行测量，要求受访者在某一个或多个时间点上对这些问题进行回答。或许你会想"这还不简单"，在日常生活中你可能也被邀请过填写问卷。但是日常生活中的问卷与实证研究中的问卷真的是同样的"问卷"吗？

在实证研究框架下的问卷，相较于日常生活中常见的意见征询或一般性反馈问卷，更强调科学性和有效性。它不仅用于信息收集，更是验证理论、探索关系、评估干预效果的重要手段。

一、 问卷调查法的基本概念

（一） 调查工具

量表（scales）是调查设计中最重要的测量工具，用来将抽象或主观的概念转化为定量数据，其表现形式也就是调查问卷中的"问卷"。量表的信度（reliability）与效度（validity）直接决定了数据的质量。信度指的是量表测量结果的一致性和稳定性。换句话说，如果我们用同一个工具多次测量同一个对象或现象，我们期望得到相同或非常接近的结果。效度则是指量表测量的准确性，即测量工具实际测量到的内容是否与所要测量的目标一致。在实证研究领域，这两个概念尤其重要，因为它们直接影响到研究发现的可靠性和实际应用的有效性。

职业与组织心理学经过一百多年的发展，科研工作者们已经创建了大量信效度良好的研究量表，这些量表涵盖了工作设计（Morgeson & Humphrey, 2006），工作投入（Schaufeli et al., 2003）等职业与组织心理学研究的各个方面。这些经过反复讨论，在不同文化背景下被反复验证的量表，往往具有较高的信度与效度，为实证研究提供了可靠有效的研究工具。在选择研究所要使用的测量工具时，首先应该想到既有的有效量表，并且绝大多数研究都是沿用已经公开发表的量表来进行数据的收集。然而，沿用既有量表时也需要注意结合研究情境与背景。例如，在中国情境下的研究与西方文化背景下的研究可能不同，当沿用西方文化量表用于中国本土研究时，不仅需要考虑量表的适用性，也要考虑翻译的质量。OBHRM 的网站上收录了管理学与心理学研究中比较常用的 400 多个量表，以供读者查阅使用。

当已有的量表已经无法满足研究需求时，研究者也可以开发新的测量工具以满足研究需求。应当注意的是，开发新的量表是一个复杂而严谨的过程，需要通过多个步骤确保新量表的信度和效度，量表的开发具有较强的系统性和科学性，有兴趣的读者可以进一步了解表开发中的关键概念，如项目分析（item analysis）、验证性因子分析（confirmatory factor analysis）、效度检验等。（Hinkin, 1998）

（二） 调查形式

问卷调查法可以借助多种形式进行部署实施，确保数据采集的灵活性和效率。面对面互动式调查是较能确保问卷数据质量的形式。我们亲临现场，向潜在受访者详细解释问卷内容，指导他们完成并提交答卷，这种形式既可以采用传统的纸质问卷，又可以利用电子问卷工具。面对面的调查形式因其高接触性，往往有助于增进受访者的理解，从而收获更为精准和高质量的数据反馈。另一种广泛使用的途径则是依靠在线调研平台进行远程分发，这种方式特别适用于那些资源有限、无法直接联系到理想样本群体的研究者。研究者只需通过这些平台定向推送问卷至目标受访者，不论受访者身处全球何处，只要有网络连接，即可便捷地点击链接参与问卷填写。近年来，像国外的 Prolific、Qualtrics、MTurk 等，以及国内的问卷星、见数（Credamo）等在线调研平台蓬勃发展。虽然有一些学者对在线调研平台的数据来源质疑，他们认为由于无法面对面监督，在线问卷的回答质量可能受到受访者的不认真作答或随意回答的影响；但整体来看，这种在线调查形式所获取的数据是被接受的，不仅在国内外诸多高水平研究项目中得到广泛应用，并且相关研究成果也可以发表在国际顶级期刊，如 *Journal of Applied Psychology*(JAP)、*Journal of Vocational Behavior*(JVB)等。

（三） 调查来源

最为普遍的形式是从受访者那里直接获取所需要的数据，但是数据的收集和评估由同一人完成（自我报告，self-report）时，会带有个人的主观判断，如在受访者可能无法准确回忆信息，根据自己当下的情绪状态来报告信息；或者根据社会期望或者所感知的研究目的来调整他们的回答。因此，在研究设计时，越来越多的研究通过使用其他来源的数据来减少这种偏差。例如，在调查员工的工作对家庭生活的溢出效应时，也可以从其配偶处获得额外的信息进行配对；而研究远程办公如何影响团队合作时，可以直接从远程办公的员工那里收集他们对团队沟通效率的评估，也可以从这些员工的团队领导者处收集关于团队绩效的观察数据。

（四） 调查次数

1 横截面调查

只进行单次的问卷调查也称横截面调查，既所有的数据在同一时间点获得，进行一次调查。(袁帅等, 2021) 这种单一时间点收集数据的方法虽然成本和时间投入较低, 但研究的有效性比多时间点研究的有效性也低很多。(胥彦和李超平, 2019)

② 纵向调查

随着学者们对组织内个体工作行为的理解, 学术界越来越倡导纵向调查 (又称追踪研究), 用于跟踪和分析同一组受访者 (或者相同研究对象) 在不同时间点的变化和发展。对于收集数据的次数, 国内有学者提出应不少于3次。(胥彦和李超平, 2019) 因为两个时间点的测量难以准确反映具体的变化过程, 无法判断当前出现的差异是否会继续发生变化, 也无法评估差异产生的根本原因究竟是变量的实质变化还是测量误差。(胥彦和李超平, 2019) 在职业与组织心理学领域, 常见的纵向研究方法有经验取样法 (experience sampling method)、交叉滞后研究 (cross-lagged study)、时间序列研究 (time-series study)、面板数据研究 (panel data study) 等。经验取样法是职业与组织心理学研究中较常用的研究方法之一, 2023年JVB总共发表了63篇关于经验取样法的文章, 占总文章数的22.22%, 超过1/5; JAP共发表了16篇关于经验取样法的文章。经验取样法已成为一种新兴且正在快速发展的研究方法。(Gabriel et al., 2019)

二、 经验取样法

经验取样法 (exprience sampling method, ESM) 主要描述了对个体瞬时环境、情境或经历的反复评估 (Horstmann, 2020), 适用于捕捉涉及情感、行为、人际互动、工作事件和其他短暂的工作场所现象的即刻波动变化 (Fisher & To, 2012), 更准确地获取个体内的 "真实" 变化(张银普等, 2017)。与经验取样法相似的另一种研究方法叫作日记研究 (dairy study), 都可以归入生态瞬时评估法 (ecological momentary assessment) 这一通用方法中。(Horstmann, 2020) 两者的区别在于, 经验取样法可以全天向被试发出信号, 让他们报告他们当下的情感状态等经历。经验取样法的取样方式有多种, 可以使用随机时间抽样, 被试对偶然的随机信号作出反应, 也可以是定时取样。相比之下, 日记研究往往使用固定时间取样, 在一天中的特定时间填写日记。(Chun, 2016)

经验取样法的优势在于瞬时、及时地收集被试反应, 记录被试当下的状态, 因此回顾性偏差的可能性更低, 并且能够捕捉动态变化。此外, 经验取样法可以捕捉个体内的变化和波动, 而不仅仅是个体间的差异, 因此经验取样法收集的数据可以使用多层次模型 (multilevel modeling) 这种分析方法, 以此能够区分出哪些变化是由个体特征引起的, 哪些是由时间或情境变化引起的。

(一) 研究主题

经验取样法因其能够提供关于个体实际经历的翔实、深刻的见解，尤其适用于那些需要深入探讨行为和经验在日常生活中动态变化的研究主题，为揭示复杂现象的微观过程和理解人类行为与心理经验的多样性提供独特且宝贵的视角。例如，在情感和心理健康领域中，经验取样法可用于研究情绪波动、心理压力、焦虑和抑郁等心理健康问题在日常活动中的变化趋势，同时也可以深入探究正面情感和幸福感如何随生活情境的变换而发生改变。在工作与组织行为研究中，通过经验取样法可以研究工作满意度及员工福利在不同时间和工作环境中的即时变化，以及团队互动、领导风格与员工绩效之间的实时关系。在个人习惯与日常行为的研究中分析个人在时间管理、拖延行为及日常任务完成方面的表现，并检验自我调节策略在应对日常挑战时的有效性等。

(二) 取样方式

经验取样法的一个重要环节是如何规划并执行取样，包括确定取样的时间间隔、频率与周期。

1 时间间隔

就时间间隔而言，目前存在多种主流的经验取样策略。

1) 定时报告

受访者按照固定的时间表进行反馈，如每日在上午10点、下午1点和下午4点进行报告，这样每日报告的时间相对固定且有限制变化。

2) 随机信号报告

在随机信号报告策略下，每天会在不同时间点随机触发报告请求。例如，每2小时内随机选取1个时间点，且2次触发之间至少间隔1个小时，以保证一定的随机性。这一方法常被视为"纯正"的经验取样法，最初设计的目的是捕捉个人生活中的多样事件等。

3) 事件触发报告

受访者在遇到特定类型的离散事件时应立即提交报告，比如社交互动、冲突、愤怒情绪、不公平感、压力事件、突发事件、人际反馈或寻求反馈等情境。采用这种报告方式时，研究者需要对受访者进行细致培训，明确界定何为可报告事件。(Moskowitz &

Sadikaj, 2011)

4）混合模式

研究者还可以将上述方法结合起来使用，比如同时采用定时报告和事件触发报告，对比特定事件发生时与未发生时的反应差异，或是追踪急性事件的前后影响。（Shiffman, 2007）

2 频率与周期

除了时间间隔，研究者还需要规定受访者每天作答的次数，以及整个研究过程的数据收集周期。

首先，参与研究的个体数量和信号发送的次数共同决定了研究的统计功效。因此，为了确保有足够的观测数据支持研究假设的检验，一是需要有足够多的受访者；二是即使面对可能出现的虚报情况，也需要确保受访者作出足够的响应。一般来说，增加受访者的数量往往比单纯增加施测天数更能提升研究的统计功效。其次，在确定每天报告次数时，研究者还需要考虑所关注现象的时间变异特性。换句话说，如果研究的是短时间内快速变化的现象，可能需要更高频次的数据采集，如一天多次；而对于较缓慢变化的过程，则可能无须过于频繁报告，如一天一次。最后，研究者必须顾及受访者长期参与的积极性和耐受度，即他们愿意连续数天应对多次报告信号的程度。过高频次或者过长周期的报告要求可能会导致受访者疲劳或配合度降低，产生漏报或者虚报，进而影响数据质量和研究结果的有效性。因此，在设计研究方案时，研究者需要综合权衡以上各方面因素，制定出既科学又可行的数据采集策略。

参考国内外优质期刊的主流研究做法，日记研究通常设定每天提交一份报告，研究周期持续1～4周。在组织行为研究中采用信号驱动的方法时，通常在1～2周的时间内，每天会设置3～5个信号报告点。当每天需要报告信号的次数增加时，整体研究的持续时间往往会相应缩短，反之，若每天需要报告信号的次数减少时，整体研究的持续期可能需要延长。然而，在更长的时间跨度和更广泛的情境中，受访者对信号的响应率以及数据质量有可能随时间逐渐降低，为了不让受访者感到过度疲劳，一种有效的策略是采用测量波段设计，它允许研究者在非常短的时间内（如连续一周每天测量等）对被试个体进行密集评估，并纵向重复这一过程。因此测量波段设计可以区分出短期和长期的个体变化和波动，提供更丰富的动态信息。（Stawski et al., 2015）

（三）测量工具的选择

为了节约受访者的时间并避免因冗余问题引起反感，研究者普遍倾向于对现有的量表进行精简。长短量表搭配使用也是一种方法，即以一套详尽的长量表测量个体的持久性特征（如性格属性等）或情境因素（如工作任务特性等），同时以一套题目较少的短量表捕捉每日或瞬时的情绪及行为体验。遵循传统的指导原则，单次日常报告的理想完成时间应为5～10分钟，并且每周最多安排5次，每次回应的最长时间控制在2～3分钟。（Hektner et al., 2007）

问卷调查法因其应用范围广泛而备受青睐，经验取样法是使用问卷调查进行纵向研究的方法之一，了解这些方法有助于有效开展研究工作。

第三节　实验法

在科学研究中，研究者往往希望发现变量之间的因果关系与作用机制，因为因果关系的识别能帮助明确问题的根源及变量之间的直接影响。然而，在以问卷调查法为典型代表的非实验研究中，往往存在以下一些问题，使得识别因果关系变得困难。（马亮，2015）首先是内生性的问题。这是指变量之间可能存在双向的影响或由于遗漏变量的影响，使得我们无法确定一个变量对另一个变量的影响是否是单向的。例如，某些隐藏的因素可能同时影响两个变量，从而导致它们看似相关但实际上没有直接因果关系。其次是因果倒置的问题。在问卷调查法中，研究者难以确定变量时间顺序，导致无法明确哪个变量是原因，哪个变量是结果。这可能会导致因果关系的错误推断。例如，认为A导致了B，但实际上是B导致了A。最后是选样偏误的问题。问卷调查法受限于抽样策略，如果样本不具有代表性，研究结果就可能出现偏差，不能准确反映总体情况。

相比之下，在职业与组织心理学研究中能建立变量之间因果关系和发现变量之间作用机制的方法是实验法，其特点是"控制""操控""随机性"（马亮,2015），具体而言，实验法通过严格的实验设计和控制，能够发现变量之间的因果关系以及它们的作用机制。这意味着，研究者可以确定一个变量的变化是如何直接导致另一个变量的变化，并解释这个过程。（Shadish et al., 2002）实验法的一般步骤是，研究者邀请被试参与实验，并将他们随机分配到实验组和对照组，实验组接受变量的操纵和控制，对照组仅进行变量控制，不接受任何操纵。实验组通过变量操纵和控制产生预期结果，而对照组则在控制条件下产生对照结果。最后，研究者通过比较实验组和对照组的结果来得出实验结论，揭示自变量对因变量的影响。（葛林洁等，2021）

根据实验场所或者实验设计的不同，学者将实验研究分为不同类型。例如，情景实验与真实实验，前者主要是情景模拟与角色扮演以区别于真实实验对态度和行为进行观测。（马亮，2015）其中，比较常见的一种分类方法是按照实验场所分为实验室实验（laboratory experiment）和现场实验（field experiment，也被译为实地实验、田野实验）。接下来，我们将对这两种方法进行详细介绍。

一、实验室实验

组织研究中最常见的建立因果关系的方法是实验室实验（laboratory experiment）。在这种实验方法中，被试自愿并知情地被带到一个物理实验室或邀请到一个在线平台（自然组织环境之外的场所），研究者严格地控制实验流程与变量。通过将个体随机分配到各个组别，实验室实验确保了不同组别在可观测特征（如性别、年龄、种族等）和不可观测特征（如动机、偏见、信念等）上的可比性，因此组别间的唯一差别就是研究者引入的自变量变化。这种方法使得研究者能够准确地识别和分析所研究变量之间的因果关系，并通过随机化分配赋予因果关系更强的可信度。

实验室实验的优势在于：第一，对研究变量的测量更加客观和具体，减少了问卷调查法等依赖于被试自我报告的被动观察方法所带来的主观偏差，如社会期许作答（socially desirable responding）等问题。（Thau et al., 2014）举个例子，实验室实验在研究组织内不道德行为等复杂现象方面具有显著优势(e.g., Thau et al., 2014; Pitesa & Thau, 2013)，在 Pitesa 等(2013)的研究中，研究者通过设计任务让被试有机会歪曲表现以获取经济利益，通过比较实际表现和自我报告的表现，客观衡量被试的不道德行为。第二，实验室实验能够严格控制其他影响因变量的因素，减少了因变量变化的替代解释，这样观察到的因变量的差异可以明确归因于自变量的不同，从而提高了研究的内部效度。第三，由于实验室实验大多选择大学生作为被试对象，招募更容易且成本较低，实验室实验往往非常容易复制。研究结果的可重复性是检验研究结论可靠性的最重要标准。

然而实验室实验也存在一定的局限性。首先，由于在实验室中，研究者严格控制了实验环境，与现实情况存在差异。其次，由于实验室实验中的被试多为大学生，通过研究设计和角色扮演等方法模拟研究问题中所涉及的场景（葛林洁等，2021），因此实验室实验的外部效度，也就是该实验的研究结果能应用到真实组织情境中的程度往往较差（Hauser et al., 2017），降低了研究结果的适用性和可推广性。

如果将因果驱动的实验室实验引入真实的自然环境中会怎样呢？接下来，我们将探讨现场实验如何弥补实验室实验在外部效度方面的不足，帮助研究者在真实组织情境中检验因果关系，从而获得更具普遍性和实际应用价值的研究结果。

二、 现场实验

现场实验（field experiment）是指在自然组织情境下检验自变量的变化对因变量造成的影响，以此推断变量之间的因果关系。现场实验与实验室实验的主要差别在于实验背景不同，实验室实验发生在研究者控制的模拟环境中，现场实验是直接发生在真实的自然场景中。因此，与实验室实验相比，现场实验的优势在于研究者能够结合现实世界所发生的事件与科学的实验操作方法，捕捉在实验室中几乎无法捕捉到的行为和动机（如长期持有的团队角色信念、与上司或同事的复杂关系、被雇佣或解雇的实际风险等），从而获取真实的组织相关成果。（Staw, 2016）需要注意的是，尽管现场实验方法能够深入洞察个体、团队乃至整个组织的持续性过程，但其往往发生在自然环境中，存在很多可能影响结果的潜在变量，从而导致现场实验的内部效度较实验室实验差，或者说难以精确地识别因果关系链。

虽然我们在这里把实验法归纳为定量研究，在实际的实验研究操作中可以同时使用定性与定量数据。研究者可以采取定性的方式，运用观察、归纳和描述性方法。（Hauser et al., 2017）例如，最早的现场实验是哈佛大学的心理学教授乔治·埃尔顿·梅奥及其同事开展的经典的霍桑实验，研究者通过对工人进行大量的个人访谈，收集他们对工作环境、同事关系和管理方式的看法。这些访谈提供了丰富的定性数据，有助于理解工人行为的心理和社会因素。现在，在实验研究中，研究者主要采用定量方式，使用现有的或者新开发的量表收集数据。

总的来看，虽然近几年引用实验法的研究逐渐增多，但与调查问卷法等方法相比，实验法的研究数量依然有限。考虑到实验可以模拟真实情境，减少混淆变量的影响，能提供内在有效的证据，我们提倡根据研究问题将实验法与问卷调查法相结合，从而助力理论发展和实践改进。

第四节　本章小结

在本章中，我们从职业与组织心理学研究方法的基本概念入手，系统地介绍了基本研究方法中研究设计的一般步骤。深入探讨了问卷调查法中的调查工具、调查形式、调查来源等核心内容，并详细介绍了经验取样法的操作流程。此外，我们还介绍了实验法，区分了实验室实验和现场实验，展示了实验法的优势与局限性。通过这些内容的系统介绍，我们希望能为读者提供一套完整的"工具箱"，以帮助他们理解和应用适当的研究方法来解决组织和行业中的关键心理学问题。

课后思考

为了进一步帮助学生在实际研究中运用所学知识，我们提出以下思考问题：

1. 如何根据不同的研究问题或目标来选择最合适的研究方法？

2. 定性和定量方法在解决职业与组织心理学问题时各自的优势和局限性是什么？

3. 在设计混合研究时，如何平衡定性和定量数据的收集与分析？

第十四章
参考资料

参考文献

[1] Saks A M . Antecedents and consequences of employee engagement[J]. Journal of Managerial Psychology, 2006, 21(7):600-619.

[2] Sternberg R J , Lubart T I . Investing in creativity[J]. American Psychologist, 1996, 51 (7):677-688.

[3] Trougakos J P , Hideg I , Cheng B H , et al. Lunch breaks unpacked: The role of autonomy as a moderator of recovery during lunch[J]. Academy of Management Journal, 2014, 57(2), 405-421.

[4] Darr W , Johns G . Work strain, health, and absenteeism: A meta-analysis[J]. Journal of Occupational health psychology, 2008, 13(4):293.

[5] Davidson R H , Dey A , Smith A J . CEO materialism and corporate social responsibility[J]. The Accounting Review, 2019, 94(1):101-126.

[6] 保罗·E.斯佩克特.工业与组织心理学原书[M].5版.孟慧,等译.北京:机械工业出版社,2010.

[7] 付瑞平.年流失率逾二成"三低"问题成设痼疾——政府专职消防队伍稳定性调查[J].中国应急管理,2023(7):78-82.

[8] 汤茂林,黄展.Empirical Research到底是实证研究还是经验研究?——兼论学术研究的分类[J].地理研究,2020(12):2855-2860.

[9] 郭小艳，王振宏.积极情绪的概念、功能与意义[J].心理科学进展，2007(5)：810-815.

[10] 王鲁晓，刘晓君，蒋奖.工作场所排斥、物品线索与组织公民行为[J].中国临床心理学杂志，2018(4)：776-779.

[11] 聂伟，风笑天.996在职青年的超时工作及社会心理后果研究——基于CLDS数据的实证分析[J].中国青年研究，2020(5)：76-84.

[12] 马晓涵，祝丽巍，郭婧，等.中文版睡眠拖延行为量表在大学生中的信效度检验[J].中国临床心理学杂志，2021(4)：717-720.

[13] 车万翔，窦志成，冯岩松，等.大模型时代的自然语言处理：挑战、机遇与发展[J].中国科学：信息科学，2023(9)：1645-1687.

[14] 何小婧，张明亚.数字化时代面向外贸岗位需求的跨境商贸人才画像研究[J].商场现代化，2023(9)：51-54.

[15] 袁帅，曹文蕊，张曼玉，等.通向更精确的因果分析：交叉滞后模型的新进展[J].中国人力资源开发，2021(2)：23-41.

[16] 马亮.公共管理实验研究何以可能：一项方法学回顾[J].甘肃行政学院学报，2015(4)：13-23，126.